the Love Revolution

Lebe, liebe, handle - und verändere die Welt

Joyce Meyer

This edition published and arranged with
FaithWords Hachette Book Group, New York, USA.
Originally published in English under the title
The Love Revolution by Joyce Meyer

Joyce Meyer Ministries GmbH
Postfach 76 10 01
22060 Hamburg
www.joyce-meyer.de
Tel. +49 (0) 40/88 88 4 11 11

ISBN 978-3-939627-20-3

Bestellungen bitte an die oben stehende Adresse richten

1. Auflage, September 2009

Alle Bibelzitate wurden, wenn nicht anderweitig gekennzeichnet, folgender Bibelausgabe entnommen: *Revidierte Elberfelder Bibel*, 1985, 1992 SCM R.Brockhaus, Wuppertal

Sonstige verwendete Bibelausgaben:
Hoffnung für alle, 1986, 1996, 2002 International Bible Society; Übersetzung, Herausgeber und Verlag: Brunnen Verlag Basel und Gießen (mit Hfa gekennzeichnet).
Einheitsübersetzung der Heiligen Schrift, Katholische Bibelanstalt, Stuttgart, 1980 (mit EÜ gekennzeichnet).
Neues Leben. Die Bibel. © Copyright der deutschen Ausgabe 2002 und 2006, SCM Hänssler, D-71087 Holzgerlingen (mit NLB gekennzeichnet).

Ergänzungen der Bibelzitate in runden und eckigen Klammern sind direkt aus der englischen, im Original verwendeten *Amplified Bible* übersetzt. *The Amplified® Bible*. Copyright © 1954, 1962, 1965, 1987 by The Lockman Foundation. Hervorhebungen der Autorin sind innerhalb von Bibelzitaten durch Fettdruck gekennzeichnet.

Übersetzung: Elke Wiemer
Lektorat: Ute Mayer
Korrektorat: Barbara Doering, Das gute Wort
Umschlag: Sebastian Tobies
Satz: Satz & Medien Wieser, Stolberg
Druck: GGP Media GmbH, Pößneck

Inhalt

Gastautoren in »The Love Revolution«

Einleitung

Revolution. Wie kein anderes Wort in unserem Wortschatz weckt dieses Wort Hoffnung, Leidenschaft und Loyalität in uns. Schon immer in der Geschichte war der Gedanke an Revolution, als ob man Öl ins Feuer gießen würde und er hat den Schwachen neuen Mut gegeben. Revolutionen haben diejenigen zusammengebracht, die nach etwas Höherem als sich selbst gesucht haben. Revolutionen haben Männern und Frauen, die kein Ziel im Leben hatten, ein Ziel gegeben, für das sie zu sterben bereit waren. Aus Revolutionen sind große Führungspersönlichkeiten hervorgegangen und großartige Menschen, die ihnen gefolgt sind. Sie haben buchstäblich die Welt verändert.

Bei einer Revolution wird der normale Lauf der Dinge plötzlich, tief greifend und vollkommen verändert. Eine Revolution wird gewöhnlich von einer einzelnen Person oder einer kleinen Gruppe von Menschen ausgelöst, die nicht mehr bereit ist, ihr Leben so weiterzuführen wie bisher. Diese Menschen sind überzeugt, dass sich etwas verändern kann und muss, und treiben ihre Ideen so lange voran, bis sie eine ganze Bewegung in Gang gesetzt haben, die letztlich alles verändern wird, und das oft sehr radikal.

Die Welt hat in der Vergangenheit schon oft Revolutionen erlebt, bei denen Regierungen, die die Bürger eines Landes ausgebeutet haben, gestürzt wurden. Das geschah im Amerikanischen Unabhängigkeitskrieg, bei der Französischen Revolution und der Russischen Revolution (auch Oktoberrevolution genannt), um nur ein paar zu nennen. Andere Revolutionen fanden statt, wenn überkommene, uneffektive Methoden durch neue ersetzt wurden oder alte Denkweisen durch neue Gedanken, wie zum Beispiel in der Wissenschaft oder in der industriellen Revolution. Thomas Jefferson hat einmal gesagt, »Jede Generation braucht ihre Revolution«, und ich glaube, dass es jetzt Zeit ist für eine neue Revolution, die größte Revolution überhaupt. Wir brauchen nicht noch mehr dieser Revolutionen, die seit Jahrhunderten wie bunte Punkte über die Menschheitsgeschichte verstreut sind. Wir brauchen keine politischen, wirtschaftlichen oder technischen Revolutionen mehr. Wir brauchen eine Revolution der Liebe.

Wir müssen die Herrschaft der Selbstsucht und des Egoismus in unserem Leben stürzen. Es wird sich nichts in dieser Welt verändern, wenn wir nicht bereit sind, uns selbst zu verändern. Wir wünschen uns so oft, dass diese Welt anders wäre, und dabei merken wir gar nicht, dass der Zustand der Welt nur die Folge davon ist, wie wir unser persönliches Leben leben und welche Entscheidungen wir tagtäglich treffen.

Wenn alle Menschen auf der Welt in der Lage wären, Liebe zu empfangen und zu geben, wäre diese Welt eine ganz andere. Ich denke, wir wissen alle, dass mit unserer Gesellschaft etwas nicht stimmt, und dass sich das ändern muss, aber niemand scheint zu wissen, wie oder wo wir damit anfangen sollen. Wir reagieren auf diese außer Kontrolle geratene Welt, indem wir uns beklagen und denken: *Irgendjemand sollte etwas unternehmen.* Wir glauben und sagen, dass Gott oder die Regierung oder irgendjemand anderes, der eine entsprechende Stellung hat, etwas tun sollte. Aber in Wirklichkeit ist jeder Einzelne von uns gefordert. Wir müssen lernen, das Leben aus einem ganz anderen Blickwinkel zu leben als bisher. Wir müssen bereit sein zu lernen, uns zu verändern und zuzugeben, dass wir selbst das Problem sind.

Was wir nicht verstehen, können wir auch nicht ändern. Deshalb müssen wir zuerst die Wurzel des Problems finden. Warum ist die Mehrzahl der Menschen unglücklich? Warum gibt es so viel Gewalt in Familien, in manchen Stadtvierteln, in den Städten und Ländern? Warum sind die Menschen so wütend? Sie denken jetzt vielleicht, dass das alles so ist, weil wir in einer sündigen Welt leben. Sie sagen vielleicht: »Die Menschen sind Sünder. Das ist das Problem.« Theoretisch stimme ich Ihnen da zu. Aber ich würde das Problem gerne von der praktischen Seite angehen, mit der wir alle jeden Tag zu tun haben. Ich bin fest davon überzeugt, dass die Wurzel dieser und noch vieler anderer Probleme unsere Selbstsucht ist. Natürlich ist Selbstsucht eine Folge der Sünde. Selbstsucht ist, wenn jemand sagt: »Ich will, was ich will, und ich werde alles dafür tun, um es zu bekommen.« Sünde ist überall dort, wo ein Mensch sich gegen Gott und seinen Willen richtet.

Wir tendieren dazu »rückwärts« zu leben – genau anders herum als wir eigentlich sollten. Wir leben ganz für uns selbst und scheinen doch nie das zu finden, was uns wirklich befriedigt. Dabei sollten wir für andere da sein und das wunderbare Geheimnis entdecken, dass alles, was wir weggeben, wieder vielfach zu uns zurückkommt. Ich mag es, wie der berühmte Arzt Lukas es einmal formuliert hat: *Gebt, was ihr habt, dann werdet ihr so reich beschenkt werden, dass ihr gar nicht alles aufnehmen könnt. Mit dem Maßstab, den ihr an andere legt, wird man auch euch messen* (Lukas 6,38; Hfa).

In vielen Ländern sind Besitz, Eigentum und Macht das oberste Ziel der Menschen geworden. Jeder will die Nummer eins sein, was zwangsläufig dazu führen muss, dass viele Menschen enttäuscht sein werden, da immer nur einer zu einem bestimmten Zeitpunkt auf einem bestimmten Gebiet die Nummer eins sein kann. Nur einer kann der beste Läufer der Welt sein. Nur einer kann der Chef der Firma sein oder der berühmteste Schauspieler oder die berühmteste Schauspielerin. Nur einer kann der meistverkaufte Autor oder der beste Maler der Welt sein. Ich bin zwar davon überzeugt, dass wir alle ein Ziel haben und unser Bestes dafür geben sollten, aber ich glaube nicht, dass wir alles nur für uns selbst behalten und uns nicht um andere Menschen kümmern sollten.

Als dieses Buch entstand, hatte ich bereits fünfundsechzig Jahre gelebt, was mich, denke ich, befähigt, ein paar Dinge zu wissen. Ich habe verschiedene Methoden ausprobiert, um glücklich zu werden und festgestellt, was funktioniert und was nicht. Mit Selbstsucht funktioniert das Leben jedenfalls nicht so, wie es sollte. Und Selbstsucht ist ganz sicher nicht Gottes Wille für uns Menschen. Ich denke, ich kann in diesem Buch beweisen, dass die Selbstsucht das Hauptproblem ist, dem wir uns heute weltweit gegenübersehen und dass unsere Antwort nur eine gewaltige Initiative sein kann, sie zu beseitigen. Wir müssen dem Egoismus den Krieg erklären. Wir brauchen eine Revolution der Liebe.

Diese Liebe muss mehr sein als nur Theorie oder ein Wort, sie muss eine Tat sein. Man muss sie sehen und fühlen können. Gott ist Liebe! Die Liebe ist und war schon immer seine Idee. Er ist zu uns gekommen, um uns zu lieben, uns zu zeigen, wie wir ihn lieben können und wie wir uns selbst und andere lieben können.

Wenn wir so leben, ist das Leben wunderbar; wenn nicht, dann läuft nichts richtig. Liebe ist die Antwort auf die Selbstsucht, denn die Liebe gibt, während die Selbstsucht nimmt. Wir müssen von unserem Selbst befreit werden, denn genau dazu ist Jesus gekommen, wie es im 2. Korinther 5,15 heißt: *Und für alle ist er gestorben, damit die, welche leben, nicht mehr sich selbst leben, sondern dem, der für sie gestorben und auferweckt worden ist.*

Als ich vor Kurzem einmal über all die schrecklichen Probleme in unserer Welt nachgedacht habe, über die Millionen von Kindern, die verhungern, über Aids, Kriege, Unterdrückung, Menschenhandel, sexuelle Gewalt und so weiter, habe ich Gott gefragt, »Wie kannst du das alles mit ansehen, ohne etwas zu unternehmen?« Da habe ich im Geist Gottes Antwort gehört: »Ich handle durch Menschen. Ich warte darauf, dass mein Volk sich erhebt und etwas unternimmt.«

Sie denken vielleicht genau wie Millionen anderer Menschen: *Ich weiß, dass es in der Welt Probleme gibt, aber sie sind so riesig. Was kann ich schon dagegen tun?* Das ist genau die Denkweise, die uns lähmt, während das Böse seinen Triumphzug fortführt. Wir müssen aufhören, darüber nachzudenken, was wir *nicht* tun können und anfangen, das zu tun, was wir tun *können.* In diesem Buch werde ich Ihnen mit einigen Gastautoren zusammen viele Ideen und Wege aufzeigen, wie Sie Teil einer Bewegung werden können, die tief greifende, positive Veränderungen bewirken kann.

Ich weigere mich, weiterhin tatenlos zuzusehen, wie sich die Welt in einer Abwärtsspirale immer weiter nach unten bewegt. Ich kann vielleicht nicht alle Probleme, die ich sehe, lösen. Aber ich werde tun, was ich kann. Ich bete, dass Sie sich mit mir gemeinsam gegen Ungerechtigkeit wehren und bereit sind, das Leben radikal anders anzugehen. Es kann im Leben nicht mehr nur darum gehen, was andere für uns tun können, sondern es muss darum gehen, was wir für andere tun können.

Jede Bewegung braucht ein Motto oder ein Bekenntnis, nach dem sie lebt. Wir von *Joyce Meyer Ministries* haben gebetet und dann eine Vereinbarung getroffen, nach der wir leben wollen. Wollen Sie sich uns anschließen?

Ich höre mit den Ausreden **auf** und
fange an, Mitgefühl zu zeigen.
Ich stehe auf gegen Ungerechtigkeit
und **verpflichte mich,** Gottes Liebe durch
einfache Taten weiterzugeben.
Ich weigere mich, untätig zu bleiben.
Dazu bin ich fest entschlossen.
ICH BIN DIE REVOLUTION DER LIEBE.

Ich hoffe, dass Sie diese Worte auch zu Ihrem Lebensmotto machen werden – zu jenem neuen Leitbild, nach dem Sie leben wollen. Warten Sie nicht darauf, was andere beschließen zu tun oder ob es eine weitverbreitete Bewegung wird. Dies hier müssen Sie ganz für sich alleine entscheiden. Sie müssen sich ganz alleine dazu verpflichten. Fragen Sie sich selbst einmal: »Will ich weiterhin Teil des Problems sein? Oder will ich lieber Teil der Lösung sein?« Ich habe für mich beschlossen, Teil der Lösung zu sein. Die Liebe soll das zentrale Thema meines Lebens sein.

Fragen Sie sich selbst einmal: »Will ich weiterhin Teil des Problems sein? Oder will ich lieber Teil der Lösung sein?« Ich habe für mich beschlossen, Teil der Lösung zu sein. Die Liebe soll das zentrale Thema meines Lebens sein.

Und Sie? Wollen Sie die Probleme dieser Welt fortsetzen? Oder werden Sie sie ignorieren und so tun als würden sie nicht existieren? Oder wollen

Sie sich der Love Revolution – der Revolution der Liebe – anschließen?

Kapitel 1

Was um alles in der Welt läuft nur schief?

Ich bin nur ein einzelner Mensch, aber ich bin ein Mensch.
Ich kann nicht alles tun, aber ich kann etwas tun,
und ich werde mich nicht weigern, etwas zu tun,
nur weil ich nicht alles tun kann.
Edward Everett Hale (1822–1909, Geistlicher des US-Senats)

Während ich am Frühstückstisch sitze, meinen Kaffee trinke und den wunderschönen Blick aus dem Fenster genieße, hungern 963 Millionen Menschen.

Über eine Milliarde Menschen verdienen weniger als einen Dollar pro Tag.

Dreißigtausend Kinder werden heute an den Folgen der Armut sterben. Sie sterben in den ärmsten Dörfern der Erde – weit außerhalb des Bewusstseins dieser Welt. Das heißt, dass jede Woche 210 000 Kinder sterben – elf Millionen jährlich – und die meisten davon sind dann noch nicht einmal fünf Jahre alt.

Von den 2,2 Milliarden Kindern weltweit haben 640 Millionen kein angemessenes Zuhause, 400 Millionen kein sauberes Trinkwasser und 270 Millionen sind ohne jede medizinische Versorgung.

Empfinden Sie diese Zahlen auch als so erschütternd wie ich? Ich hoffe es. Das sind die verblüffenden, ernüchternden Fakten dieser Welt, in der wir leben. Diese Dinge geschehen auf unserem

Planeten, vor unseren Augen. Mir ist bewusst, dass die Zahlen, die Sie gerade gelesen haben, vielleicht nicht auf die Stadt oder das Land zutreffen, in dem Sie leben, aber wir alle leben heute mehr denn je in derselben Welt. Wir gehören zu einer weltweiten Gemeinschaft, und Mitglieder unserer großen Menschheitsfamilie erleiden undenkbare, unaussprechliche Dinge.

Ich glaube, es ist Zeit für einen weltweiten Weckruf – einen Weckruf, der uns aus unserer Gleichgültigkeit, aus unserer Unwissenheit und unserer Abneigung gegenüber Schwierigkeiten aufweckt und uns aufrüttelt, etwas gegen Leid und Armut, Verlust und Mangel, Ungerechtigkeit und Unterdrückung und Lebensbedingungen, unter denen ein gesundes, menschenwürdiges Leben unmöglich ist, zu unternehmen. Es ist Zeit für eine Revolution der Liebe.

Ein kleiner Mund mit sechs vereiterten Zähnen

Während eines medizinischen Einsatzes in Kambodscha hat ein Zahnarzt, der ehrenamtlich dort mitgearbeitet hat, einem kleinen Kind einundzwanzig Zähne gezogen, von denen sechs vereitert waren. Diese schmerzhafte Sache erinnert mich daran, wie mein Mann einmal schlimme Zahnschmerzen hatte, als wir nach Australien gereist sind. Es ging ihm sehr schlecht, denn er saß im Flugzeug und konnte nichts dagegen tun. Sobald wir um zehn Uhr abends gelandet waren, hat ihn jemand zu einem Zahnarzt gebracht, der ihm helfen konnte. Aber was ist mit diesem kleinen Mädchen und Tausenden anderer Kinder, die jeden Tag mit Schmerzen leben müssen und keinerlei medizinische Hilfe bekommen? Stellen Sie sich das einmal vor. Wie muss es sich wohl anfühlen, wenn man einundzwanzig Zähne im Mund hat, die voller Karies sind und vor Schmerzen pochen?

Diese Art von unvorstellbarem Leid gibt es. Menschen wie Sie und ich erleben es an abgelegenen Orten. Die meisten von uns wissen entweder nichts davon oder wir sehen bestenfalls ein paar Bilder darüber im Fernsehen. Wir sagen: »Das ist eine

Schande. Man sollte etwas dagegen tun« – und dann trinken wir wieder unseren Kaffee und genießen den Blick aus dem Fenster.

Wo Müll kostbar ist

Die zehnjährige Gchi lebt in Kambodscha auf einer Müllhalde. Mit vier Jahren ist sie dorthin gezogen. Ihre Eltern konnten sie nicht mehr ernähren und haben ihre ältere Schwester gebeten, sich um sie zu kümmern. Die einzige Möglichkeit für die beiden zu überleben war, auf der Müllhalde zu leben und zu arbeiten. Gchi wühlt sieben Tage die Woche mit einer Greifzange oder mit den bloßen Händen im Müll: auf der Suche nach Essensresten oder nach Plastik und Glas, das sie sammelt und verkauft, um Geld für Nahrungsmittel zu bekommen. Gchi lebt jetzt seit sechs Jahren auf der Müllhalde; viele andere leben schon viel länger dort.

Dazu muss man wissen, dass dies die städtische Müllhalde ist. Jeden Abend kommen die Müllautos und laden alles, was andere Menschen wegwerfen, hier ab. Die Kinder arbeiten dann nachts mit Stirnlampen in der Dunkelheit, denn den besten Müll findet man in den frisch abgeladenen Haufen.

Nachdem ich die Müllhalde besucht hatte, hat mich jemand in einem Interview gefragt, was ich davon halte. Während ich versuchte, meine Gedanken in Worte zu fassen, wurde mir bewusst, dass die Situation so schrecklich war, dass ich nicht einmal wusste, was ich denken sollte. Die Erniedrigung dieser Menschen war so unvorstellbar, dass mein Verstand sich weigerte, sie zu begreifen und ich sie nicht in Worte fassen konnte. Aber ich beschloss, etwas dagegen zu tun.

Ein Jahr Arbeit von mehreren Personen sowie finanzielle Mittel von unseren Partnern als auch von Dave und mir persönlich waren nötig, um etwas dagegen zu unternehmen. Aber wir konnten zwei alte Busse zu mobilen Suppenküchen umrüsten. Diese Busse fahren zur Müllhalde, die Kinder steigen in den Bus und bekommen eine ordentliche Mahlzeit und sogar ein wenig Unterricht im Lesen und Rechnen, um ihnen eine bessere Zukunft zu ermöglichen. Natürlich erzählen wir ihnen auch, dass Jesus sie liebt. Aber wir *erzählen* nicht nur davon, sondern *zeigen* es ihnen auch, indem wir ihnen ganz praktisch helfen.

Gute Absichten sind nicht genug

Ich habe einmal von einem Mann gehört, der mit der guten Absicht nach Russland gereist ist, den Menschen dort von der Liebe Jesu zu erzählen. Während seines Aufenthaltes, hungerten dort viele Menschen. Als er einmal eine lange Schlange wartender Menschen sah, die hofften, Brot zu bekommen, ging er die Reihe entlang und erzählte allen von der Liebe Gottes. Er verteilte Traktate, auf denen erklärt wurde, wie man gerettet werden kann. Natürlich versuchte er auf seine Weise zu helfen, aber eine Frau sah ihn an und sagte verbittert: »Das sind schöne Worte, aber davon werde ich nicht satt.«

Ich habe gelernt, dass es Menschen gibt, die zu tief verletzt sind, um die gute Botschaft von Gottes Liebe aufnehmen zu können. Sie müssen diese Liebe erfahren, und einer der besten Wege ist, wenn wir ihnen nicht nur sagen, dass sie geliebt sind, sondern ihnen auch ganz praktisch helfen.

Wir müssen uns davor hüten zu denken, dass gute Worte alleine ausreichend sind. Jesus hat zwar die gute Nachricht gepredigt, aber er hat auch Gutes getan und alle geheilt, die an irgendetwas litten (siehe Apostelgeschichte 10,38).

Wir müssen uns davor hüten zu denken, dass gute Worte alleine ausreichend sind.

Reden ist billig und nicht sehr anstrengend, aber echte Liebe hat einen hohen Preis. Sie hat Gott seinen einzigen Sohn gekostet. Wenn wir es zulassen, dass diese Liebe durch uns fließt, wird es auch uns etwas kosten. Vielleicht müssen wir Zeit opfern, oder Geld, oder Kraft, oder etwas von unserem Besitz. Auf jeden Fall wird es uns etwas kosten!

Gott rechnet mit uns

Ich werde demnächst aus dem Haus gehen, um mit meinem Mann Kaffee trinken zu gehen, und anschließend werden wir zusammen Mittagessen. Wir werden wahrscheinlich etwa zwei Stunden weg sein. In dieser Zeit werden 240 Kinder entführt und in Bordelle verschleppt. Das heißt, dass durch die Selbstsucht und Habgier anderer Menschen in jeder Minute das Leben von zwei Kindern zerstört wird, wenn wir nichts dagegen tun. Was können wir tun? Wir können uns dafür interessieren und uns informieren. Wir können beten; und wir können handeln. Wir können Organisationen und Hilfsdienste unterstützen, die nachweislich Kinder und Frauen aus diesem schrecklichen Umfeld holen. Wenn Gott das von uns will, können wir sogar dort mitarbeiten. Wenn ein Vollzeiteinsatz nicht möglich ist, können wir vielleicht bei einem einzelnen Projekt mithelfen oder einen Kurzzeit-Missionseinsatz mitmachen.

Sex-Sklaverei

Während man die düstere Gasse entlanggeht, begegnen einem in der Dunkelheit überall Anzeichen von Zerfall und Verderben. Metallflicken und Drahtstücke halten die bröckelnden Mauern zusammen. Es stinkt nach verrottendem Abfall und menschlichen Exkrementen. Hinter den verfallenen Häuserfassaden hört man das Weinen eines Kindes, unterdrückte Wutschreie und das grelle Aufheulen eines streunenden Hundes, von denen unzählige durch diese schrecklichen Straßen schleichen.

Aber mehr noch als alles andere *fühlt* man in dieser Umgebung etwas. Es besteht kein Zweifel ... dieser Ort ist durch und durch böse. Auch wenn es für Sie vielleicht schwer vorstellbar ist, aber dieser Ort wurde von bösen, moralisch verwerflichen Menschen geschaffen, die Kinder in Bordelle verschleppen, um mit ihnen Geld zu machen.

Diese Hölle auf Erden wurde Samraworks Zuhause, als sie gerade einmal sieben Jahre alt war. Als sie mit zwölf Jahren am Busbahnhof aus dieser Hölle gerettet wurde, war sie nur noch die leblose Hülle eines kleinen Mädchens. Sie war Haut und Knochen, emotional abgetötet und hatte tief eingesunkene, ausdruckslose Augen. Fünf Jahre lang war sie das Opfer lüsterner, perverser Menschen gewesen, die extra viel dafür bezahlt hatten, ihren kleinen Körper vergewaltigen zu dürfen. Weil sie noch so jung war, hatten sie drei statt nur einen Dollar bezahlt.

Die Verletzungen an Samraworks Geschlechtsorganen waren so schwer, dass sie nur mithilfe von umfangreichen chirurgischen Eingriffen jemals ein normales Leben wird führen können. Aber ihre offensichtlichen körperlichen Schäden waren gering im Vergleich zu den seelischen und emotionalen Schäden, die sie davontrug.

Samrawork wurde HIV-positiv getestet. Sie ist Waise und kann sich an ihre Eltern nicht mehr erinnern. Wie so viele andere ist sie in einer Finsternis gefangen, die man sich nicht vorstellen kann.

Die Statistik belegt:[1]

- 1,2 Millionen Kinder werden jedes Jahr verkauft, zusätzlich zu den Millionen von Kindern, die von den Zuhältern schon gefangen gehalten werden.
- Alle zwei Minuten wird ein Kind in die sexuelle Ausbeutung geschickt.
- Etwa 30 Millionen Kinder haben im letzten Jahr ihre Kindheit durch sexuelle Ausbeutung verloren.

Der Zahnarzt, von dem ich zu Beginn des Kapitels schrieb, hat an einem unserer medizinischen Einsätze mit *Joyce Meyer Ministries* teilgenommen, die wir in Ländern der Dritten Welt machen. Einige der Mitarbeiter bei diesen Einsätzen sind fest bei uns angestellt, aber die meisten arbeiten ehrenamtlich, nehmen Urlaub und bezahlen die Reise selbst. Sie arbeiten dann zwölf bis sechzehn Stunden am Tag – meistens in Ländern, wo die Temperaturen viel höher sind als bei uns, ohne Klimaanlage und manchmal sogar ohne Ventilatoren. Sie arbeiten in entlegenen Dörfern, in Zelten und können so Menschen helfen, die sonst niemals medizinische Hilfe bekommen würden. Wir können den Menschen vor Ort lebensrettende Medikamente und Schmerzmittel bringen. Wir geben ihnen Vitamine, Nahrung und erzählen ihnen, dass Jesus sie wirklich liebt. Jedem wird die Gelegenheit gegeben, sich für Jesus zu entscheiden, und die meisten tun es auch. Mir kommen die Tränen, wenn ich an die Ärzte, Zahnärzte, Krankenschwestern und anderen medizinischen Helfer denke, die uns immer wieder sehr bewegt davon erzählen, wie diese Einsätze ihr Leben verändert haben. Wenn wir uns bei ihnen für die Mitarbeit bedanken wollen, danken sie uns dafür, dass wir ihnen die Augen dafür geöffnet haben, worum es im Leben wirklich geht.

Wir haben einmal eine Buchhalterin, die bei uns arbeitet, mit nach Kambodscha genommen. Obwohl sie schon oft Berichte von unseren Einsätzen gesehen hat, war sie tief beeindruckt von dem, was sie dort persönlich erlebte. Sie sagte: »Es fühlt sich an, als hätte ich mein ganzes Leben lang in einem Kokon gelebt.« Sie wollte damit sagen, dass sie keine Berührung mit der Realität hatte, und ich glaube, das gilt für die meisten von uns. Mir ist klar, dass nicht jeder die Gelegenheit haben wird, in ein Entwicklungsland zu reisen, um aus nächster Nähe zu erleben, unter welchen Bedingungen die Menschen dort leben müssen. Aber wir können zumindest versuchen, daran zu denken, dass das, was wir in den Medien manchmal lesen und sehen, reale Menschenschicksale sind – das Schicksal vieler Menschen. Gott liebt diese Menschen und er rechnet damit, dass wir etwas tun.

Unterernährung

Mehret sieht die Welt aus einer ganz anderen Perspektive. In Angacha, einem kleinen Dorf in Äthiopien, versucht sie so gut es geht mit den anderen Kindern mitzuhalten. Aber sie ist einfach anders.

Bei ihrer Geburt war Mehret gesund, aber durch ständige Mangelernährung wurde ihr Körper geschwächt und ihre Wirbelsäule immer krummer. Sie kann nur mühsam gehen, kann nicht rennen oder mit ihren Freunden spielen. Außerdem wuchs eine große Geschwulst auf ihrem Rücken, die ihr Schmerzen bereitet und sich nicht verbergen lässt. Ihre Knochen sind schwach und sie selbst ist es auch.

Wenn jemand weiß, welche Schmerzen Mehret durchmachen muss, so ist es ihr Vater, Abeba. Eines wünscht er sich mehr als alles andere: seine Kinder ernähren zu können ... *und seine geliebte, kleine Tochter wieder gesund zu machen.* Wenn Mehret die Nährstoffe erhält, die ihr Körper braucht, kann der Zerfall ihres Körpers aufgehalten werden. Aber im Moment gibt es keine Hoffnung.

Tag für Tag kämpft Abeba mit Schuldgefühlen, weil er nicht in der Lage ist, seine Kinder richtig zu ernähren. Er weiß, dass Mehrets Zustand sich weiter verschlechtern wird, wenn nichts geschieht. Bald wird sie nicht mehr laufen können und dann schließlich sterben.

Mehret kennt den Schmerz des Hungers ... und den Schmerz, anders zu sein als die anderen. Und sie weiß, dass jeder neue Tag ein wenig schwieriger sein wird als der vergangene.

In Zusammenarbeit mit der Internationalen Krisenhilfe hat *Joyce Meyer Ministries* angefangen, Mehret mit dem zu versorgen, was sie braucht, damit sie leben kann und sich ihre Wirbelsäule nicht weiter verkrümmt. Aber es gibt noch so viele liebenswerte Kinder, die ähnlich wie Mehret unsere

Hilfe brauchen, um den Kampf gegen die Unterernährung zu gewinnen.

Die Statistik belegt:[2]

- In diesem Moment hungern schätzungsweise 963 Millionen Menschen auf der Erde.
- Jeden Tag sterben fast 16 000 Kinder an den Folgen des Hungers – alle fünf Sekunden ein Kind.
- 2006 sind ca. 9,7 Millionen Kinder vor ihrem fünften Geburtstag gestorben. Fast alle diese Todesfälle haben sich in Entwicklungsländern ereignet, vier Fünftel davon in Zentral- und Südafrika und Südostasien, den Regionen, die auch die höchste Rate an Unter- und Mangelernährung haben.

Risse im Fundament unserer Welt

Ich habe den Eindruck, dass das Fundament unseres Systems Risse hat, aber wir sitzen alle untätig herum und sehen zu, wie es zerfällt. Wenn Sie einmal genau hinhören, merken Sie, wie alle sagen: »Die Welt geht den Bach hinunter.« Das hören wir in den Nachrichten und in Alltagsgesprächen. Es scheint, als sprächen alle von der Ungerechtigkeit in dieser Welt. Aber nur darüber zu sprechen, ohne etwas zu tun, ändert gar nichts. Meine Frage ist: »Wer wird sich gegen die Ungerechtigkeit erheben und etwas dazu beitragen, Recht zu schaffen?« Ich habe beschlossen, dass ich es tun will. Und ich kenne einige Tausend andere Menschen, die beschlossen haben, das Gleiche zu tun. Aber wir brauchen Hunderttausende, die sich uns anschließen, um die Aufgabe zu bewältigen.

Was auch immer Sie tun können, ist die Anstrengung wert

Sie denken vielleicht: *Joyce, das, was ich tun kann, ist nicht einmal ein Tropfen auf den heißen Stein.* Ich weiß, wie Sie sich fühlen, weil es mir einst genauso ging. Aber wenn wir alle so denken, dann tut niemand etwas, und es wird sich nichts verändern. Die Bemühungen eines Einzelnen können die Probleme zwar nicht lösen, aber gemeinsam können wir etwas bewegen. Gott wird uns nicht für das verantwortlich machen, was wir nicht tun konnten. Doch er wird uns für das zur Verantwortung ziehen, was wir hätten tun können.

Vor Kurzem kam ich von einer Reise nach Indien zurück, als eine Frau, die ich oft im Fitnessstudio treffe, mich fragte, ob ich wirklich glaube, dass all die Mühe, die so eine Reise macht, irgendetwas ändern würde. Schließlich hungern immer noch Millionen von Menschen, ganz gleich wie vielen wir helfen. Ich habe ihr erzählt, was Gott mir einmal ans Herz gelegt hat – was diese Frage für mich ein für alle Mal beantwortet hat. Wenn Sie oder ich Hunger hätten, weil wir schon seit drei Tagen nichts mehr gegessen haben, und jemand würde uns eine einzige Mahlzeit anbieten, die unsere Bauchschmerzen für einen Tag lindern würde: Würden wir sie nicht dankbar annehmen? Natürlich. Und so geht es den Menschen, denen wir helfen. Für viele von ihnen können wir dauerhafte Hilfsprogramme einrichten, aber es wird auch immer Menschen geben, denen wir nur ein oder zweimal helfen können. Trotzdem weiß ich, dass diese Einsätze die Mühe wert sind. Wenn wir auch nur einem Menschen helfen können, einen Tag ohne Schmerzen zu leben, war es das wert. Ich habe mir vorgenommen, immer das zu tun, was ich tun kann, und nie zu vergessen, was Gott zu mir gesagt hat: »Auch wenn du nur die Schmerzen eines Menschen für nur eine Stunde lindern kannst, war es das trotzdem wert.«

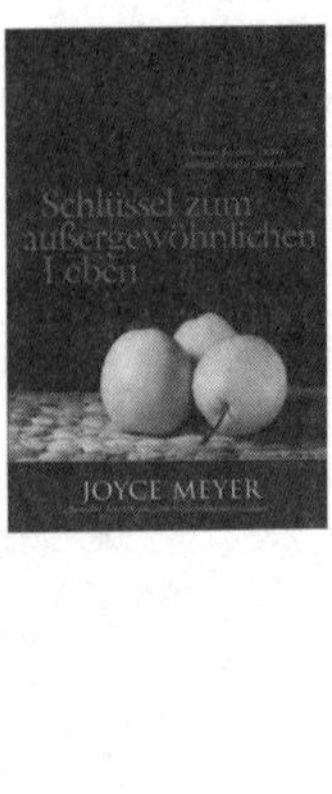

Die Welt ist fade geworden

Ich glaube, man kann guten Gewissens behaupten, dass das meiste, was diese Welt zu bieten hat, geschmacklos ist – und damit meine ich nicht das Essen. Die meisten Filme, die in Hollywood gedreht werden, sind zum Beispiel ziemlich geschmacklos. Viele der Dialoge und der Bilder sind geschmacklos. Wenn wir geschmackloses Verhalten sehen, sind wir meist schnell dabei, »diese Welt« zu beschuldigen. Wir sagen Dinge wie: »Wohin ist die Welt nur geraten?« Aber der Begriff »die Welt« bedeutet nichts anderes, als die Menschen, die darin leben. Wenn die Welt fade geworden ist, liegt das daran, dass das Verhalten und die Einstellung der Menschen geschmacklos geworden sind. Jesus hat gesagt, dass wir das Salz der Erde sind. Aber wenn das Salz seinen Geschmack verliert (seine Würze und Kraft), ist es zu nichts mehr nütze (siehe Matthäus 5,13). Er hat auch gesagt, dass wir das Licht der Welt sind und unser Licht nicht verstecken sollen (siehe Matthäus 5,14).

Sehen Sie es einmal so: Jeden Tag, wenn Sie aus dem Haus gehen, hinaus in eine dunkle, geschmacklose Welt, können Sie das Licht und das Salz sein, das diese Welt braucht. Sie können an Ihrem Arbeitsplatz Freude verbreiten, wenn Sie sich vornehmen, eine gottgefällige Haltung einzunehmen. Es sind Kleinigkeiten, wie zum Beispiel dankbar zu sein, statt wie die meisten anderen Menschen zu jammern. Oder Geduld zu haben, gnädig, vergebungsbereit und freundlich zu sein und andere zu ermutigen. Sogar ein einfaches, freundliches Lächeln kann Würze in diese geschmacklose Gesellschaft bringen.

Ich weiß nicht, wie es Ihnen geht, aber ich mag kein fades Essen. Mein Mann hatte einmal Magenbeschwerden, und sein Arzt verschrieb ihm für einige Tage eine Diät ganz ohne Gewürze. Soweit ich mich daran erinnere, hat er sich nicht aufs Essen gefreut. Dave ist eigentlich kein Nörgler, aber bei jeder Mahlzeit hörte ich ihn immer wieder sagen: »Das Zeug schmeckt nach gar nichts.« Essen braucht ein wenig Salz und Gewürze – und diese Welt ebenso.

Ohne die Liebe mit all ihren wunderbaren Eigenschaften ist das Leben nicht lebenswert. Machen Sie einmal ein Experiment. Denken Sie einfach: *Ich werde heute in die Welt hinausgehen und die Sache ein bisschen würzen.* Bevor Sie morgens zur Tür hinausgehen, machen Sie sich bewusst, dass Sie ein Botschafter Gottes sind, und dass es Ihr Ziel ist, zu geben, die Menschen zu lieben und ein wenig Geschmack in ihr Leben zu bringen. Sie können damit anfangen, indem Sie die Menschen, denen Sie begegnen, anlächeln. Ein Lächeln ist ein Zeichen der Annahme und Zustimmung, was die meisten Menschen dringend brauchen. Vertrauen Sie sich Gott an, und vertrauen Sie darauf, dass er für Sie sorgen wird, während Sie überall, wo Sie hingehen, gute Saat ausstreuen, indem Sie Entscheidungen treffen, die ein Segen für andere sind.

Veränderung fängt bei uns selbst an

Gutes geschieht nie von selbst. Wenn wir Teil einer Revolution sein wollen, heißt das, dass sich etwas ändern muss. Aber es wird sich nichts ändern, wenn die Menschen sich nicht verändern. Wir alle müssen sagen: Die Veränderung fängt bei mir an.

Mir ist klar, dass man nicht alles tun kann. Das steht außer Frage. Zu manchen Dingen muss man Nein sagen, sonst besteht das Leben nur noch aus Stress. Ich kann keine Kinderbetreuung übernehmen oder Essen an alte Menschen austeilen. Aber dafür tue ich viele andere Dinge, um eine positive Veränderung in dieser Welt zu bewirken. Ich glaube, die Frage, die sich jeder von uns stellen muss, ist: »Was tue ich, damit das Leben eines anderen Menschen besser wird?« Oder genauer gesagt: »Was habe ich *heute* getan, um das Leben eines Menschen besser zu machen?«

Dieses Buch wird vielleicht manchmal schwierig zu lesen sein, weil es hoffentlich auch unangenehme Themen anspricht. Aber wir müssen uns damit beschäftigen. Gutes geschieht nie von selbst. Wenn wir Teil einer Revolution sein wollen, heißt das, dass sich etwas ändern muss. Aber es wird sich nichts ändern, wenn die Menschen sich nicht verändern. Wir alle müssen sagen: Die Veränderung fängt bei mir an.

Liebes-Revolutionärin

Darlene Zschech

Der Weg des Herzens ist eines der größten Geheimnisse, die es gibt. Der Jubel und die Traurigkeit, die Hoffnung und das Warten, die Höhen und die Tiefen — und traurigerweise für viele auch die unaussprechliche Enttäuschung, die das Herz in einen Zustand versetzt, in dem es zwar noch funktioniert, aber nichts mehr empfinden will. Wer die große Liebe Gottes nicht kennt, auf die wir uns stützen und in der wir Kraft finden können, dessen Herz findet einen anderen Weg, selbst mit den schwierigsten Umständen fertigzuwerden und sie zu überleben. Genau in dieser Situation befinden sich unzählige Menschen heute, arme wie reiche, denn der Armut des Herzens ist es gleich, in wessen Herz sie zieht.

Der Prophet Jesaja spricht in Jesaja 61,11 von einer radikalen Revolution der Liebe. Dort beschreibt er, wie die Menschen eines Tages Gerechtigkeit finden werden und Jesus einen Weg in der Wüste bahnt. *»Denn [so sicher] wie die Erde ihr Gewächs hervorbringt und wie ein Garten seine Saat aufsprossen lässt, so [sicher] wird der Herr, HERR, Gerechtigkeit und Ruhm aufsprossen lassen vor allen Nationen [durch die Macht seines Wortes, das sich erfüllen wird]«* (Elberfelder mit eigener Übersetzung der Amplified Bible).

Eine Revolution der Liebe ist nicht nur eine großartige Idee, sondern auch eine absolut notwendige Sache, besonders wenn wir erleben wollen, dass die schreiende Ungerechtigkeit in unserer Welt sich wandeln soll — einschließlich der tragischsten Sache überhaupt: der Verzweiflung der Menschen.

Diese Verzweiflung wird uns immer wieder vor Augen geführt, wenn wir zum Beispiel Bilder einer jungen Mutter sehen, die ihr Kind stillt, aber deren eigener Körper von Aids ausgemergelt ist. Sie tut, was sie kann und weiß, dass sie nur zwei Möglichkeiten hat — entweder sie stillt ihr Kind und weiß, dass sie es dadurch ebenfalls mit dem tödlichen Virus infiziert, oder sie sieht zu, wie ihr Kind verhungert, weil es keine andere Nahrung gibt. Diese Mutter ist mehr als verzweifelt. Sie ist genauso eine Mutter wie ich, deren größte Freude es ist, ihr Kind unter ihrer Pflege wachsen und gedeihen zu sehen.

Zu sehen, wie junge Frauen und Männer einfach herumlungern, nichts zu essen und zu trinken haben, nirgends hingehen und nichts tun können, bricht einem das Herz und bringt tiefe Ernüchterung. Die Herzen und Gedanken dieser Menschen sind voller Träume, aber sie können nicht in die Schule gehen oder etwas zu essen kaufen.

Es ist erstaunlich, wozu die Verzweiflung Menschen treiben kann, wodurch nur noch größeres Leid und gegenseitige Gewalt ausgelöst werden. Wie wenig ist Menschen ein Leben noch wert, wenn sie selbst ständig größter Armut ausgesetzt sind. Aber ein Herz kann nur ein bestimmtes Maß an Schmerz ertragen.

Ein vierzehnjähriger Junge zieht seinen jüngeren Bruder, seine kleine Schwester und einen jüngeren Neffen in einer kleinen Blechbaracke, die sie ihr Zuhause nennen, am Rande der Sahara auf. Er arbeitet den ganzen Tag auf einer kleinen Farm und versucht verzweifelt, ihnen allen, einschließlich sich selbst, den Schulbesuch zu ermöglichen und etwas zu essen zu organisieren, damit sie gesund bleiben. Seine Eltern sind an Aids gestorben, und die Kinder wurden aus der Dorfgemeinschaft ausgeschlossen, weil die anderen Bewohner fürchteten, sie hätten auch diese Krankheit. Die Wahrscheinlichkeit ist hoch, sie wurden noch nicht untersucht. Aber das Herz dieses mutigen Vierzehnjährigen wird unter der Belastung durch die ständige, schwere Arbeit, Krankheiten und die Unsicherheit schwach.

Eine junge Mutter aus Sydney, für die ihr Mann und ihre Kinder ihr Leben waren, musste feststellen, dass ihr Mann sie seit Monaten betrogen hatte, und seine neue »Liebe« heiraten will. Die Frau fühlt sich einsam, wertlos, gedemütigt und sieht jetzt nicht nur einer Zukunft ohne ihren Mann entgegen, sondern auch noch ohne ihre Kinder, da der Mann das Sorgerecht einklagt. Sie ist so verzweifelt, dass ihr das Atmen schwerfällt und sie keinen Ausweg mehr sieht.

Ich erinnere mich noch daran, wie ich mich an einem Stadtrand in Uganda einmal mit der Leiterin eines örtlichen Kinderhilfsprogramms unterhielt. Diese beeindruckende Frau erzählte mir, dass sie zwar vielen Waisen helfen konnten, aber dass dennoch zahllose andere Kinder in ihrer unmittelbaren Umgebung nicht einmal das Nötigste zum Überleben hatten. Ich stand auf und fing an, ihre müde herabhängenden Schultern zu massieren, während sie weiter von dem berichtete, was ihr das Herz brach und sie unablässig frustrierte. Schon bald gingen ihre Worte in Schluchzen über. Jahrelang hatte sie ihre Mittel so weit es ging ausgeschöpft, um zu helfen. Trotzdem musste sie ständig zusehen und zuhören, wie Kinder hungrig und einsam ins Bett gingen. Das hatte ihre Seele ausgelaugt.

Ich könnte endlos von Menschen weitererzählen, die ums nackte Überleben kämpfen — im tiefsten Afrika, dem überbevölkerten Asien oder in den USA. Es scheint, als gäbe es, wohin man auch schaut, unüberwindbar hohe Mauern von Verzweiflung, die selbst mit Tonnen von Lebensmitteln, Medikamenten, Seelsorgern und Hilfsteams nicht überwunden werden können. Eine Revolution der Liebe — darin können wir die Aufgabe unseres Lebens finden.

In Lukas 4,18-19 steht es klar und deutlich:

Der Geist des Herrn ist auf mir, weil er mich gesalbt hat, Armen gute Botschaft zu verkündigen; er hat mich gesandt, Gefangenen Freiheit auszurufen und Blinden, dass sie wieder sehen, Zerschlagene in Freiheit hinzusenden, auszurufen ein angenehmes Jahr des Herrn.

Jedes Mal, wenn ich diesen Abschnitt lese und noch einmal lese, werde ich daran erinnert, dass wir unsere Anstrengungen darauf konzentrieren müssen, das Leben anderer Menschen zu verbessern, ganz gleich ob mit kleinen Gesten oder groß angelegten Programmen. Denn jetzt ist die Zeit für uns gekommen, uns zu erheben und unser gegenwärtiges Leben der Bequemlichkeit und des Egoismus aufzugeben und alles zu geben, um unseren Geschwistern in Not auf der ganzen Welt zu helfen.

Es gibt ein großartiges Wort, ja eines der kraftvollsten Worte, das diese Liebe hervorruft, und dieses Wort ist *Hoffnung*. In der Bibel heißt es: *Diese [Hoffnung] haben wir als einen sicheren und festen Anker der Seele* (Hebräer 6,19). Und in Psalm 39,8: *Und nun, auf was harre ich, Herr? Meine Hoffnung, sie gilt dir!* Die Hoffnung stirbt nie, auch wenn die Lage noch so aussichtslos oder scheinbar unmöglich ist. Unser Auftrag ist es, diese Hoffnung zusammen mit dem Glauben und der Liebe zu den leidenden Menschen dieser Welt zu bringen.

Mein Herz ist bis an seine Grenzen strapaziert worden, bei dem Versuch, Antworten für diejenigen zu finden, die unter den Ärmsten der Armen dahinvegetieren. Aber auf wundersame Art spürt man unter diesen liebenswerten Menschen, die rein gar nichts haben und deren Lage so aussichtslos erscheint, Gottes Gnade ganz besonders stark. Sogar in ihrem Überlebenskampf leuchtet Gottes Gegenwart auf. Ich habe unter ihnen viele »auf Hoffnung Gefangene« erlebt (Sacharja 9,12 — *ich liebe diese Vorstellung),* die auf ganz einfache Art, aber von ganzem Herzen glauben und *wissen*, dass Gott alleine ihre Antwort und ihr Versorger ist.

Für mich persönlich ist das oberste Ziel in meinem Leben, Gott zu lieben und ihn mit meinem ganzen Leben anzubeten — ihn zu suchen, ihn zu lieben und ihm zu dienen. Die Bedeutung eines Lebens der Anbetung, den Wert seiner Gegenwart und seine unglaubliche Gnade zu begreifen, ist ein unbeschreibliches Geschenk. Wir werden sicher die ganze Ewigkeit dafür brauchen, um ihm angemessen zu danken für alles, was er für uns getan hat und immer noch tut. Voller Glauben zu singen und Jesus mitten unter Anfechtungen zu loben, war eine der wichtigsten Lektionen, die ich in meinem Innersten gelernt habe. Aber ich lerne immer wieder neu, was Gott in der Anbetung noch alles von uns will. In der gesamten Bibel lese ich wiederholt von seinem Herzensanliegen, nämlich dass Anbetung mehr ist, als nur Lieder zu singen. Anbetung ist, wenn wir ihm unser Leben geben und nur noch das eine wollen — seine Hände und Füße für die Welt um uns herum zu sein.

Vor vielen Jahren habe ich einmal Kinder in einem Aidsheim in Afrika besucht. Alle waren Waisen, und trotzdem strahlten sie eine Begeisterung aus, die nur Menschen mit *Hoffnung* haben können. Sie standen vor mir und sangen »*Alles ist möglich*«. Als ihre Kinderstimmen den Raum mit Freude und Leben erfüllten, forderte mich das sehr heraus und inspirierte mich. Es war ein unvergesslicher Augenblick und eine unvergessliche Erinnerung daran, was Gottes Wort in unserem Leben bewirken kann.

In Hebräer 13,15 heißt es: *Durch ihn nun lasst uns Gott stets ein Opfer des Lobes darbringen! Das ist: Frucht der Lippen, die seinen Namen bekennen.* In Vers 16 heißt es dann: *Das Wohltun und Mitteilen aber vergesst nicht! Denn an solchen Opfern hat Gott Wohlgefallen.*

Gott Lieder zu singen und in den großen Chor der Ewigkeit mit einzustimmen, ist eine der größten Freuden in diesem Leben. Es stärkt uns, bestimmt uns und seine Gegenwart spornt uns an, den Missionsauftrag auszuleben — mit den Händen zum Himmel erhoben und bereit zu dienen. Wie der Kirchenvater Augustinus schon sagte: »Unser ganzes Leben sollte von Kopf bis Fuß ein einziges Halleluja sein.«

Aber die Anbetung mit Liedern ist nur der Anfang, wenn es darum geht, was unser Schöpfer von uns möchte. Mehr als vierzig Mal werden wir in der Bibel aufgefordert, ein neues Lied zu singen, aber noch öfter werden wir aufgefordert, dem Herrn unseren Gehorsam als kostbares Opfer zu bringen. Doch etwa 2 000 Mal spricht die Bibel davon, dass wir Gott unser *Leben* als Opfer darbringen sollen, indem wir uns um die kümmern, die in irgendeinem Bereich des Lebens nicht alleine klarkommen. Es ist allerdings gut, nicht zu vergessen, dass unser Dienst ohne Gebet, ohne Nachdenken über Gottes Wort und diese überwältigenden Momente einer engen Beziehung zu Jesus ganz schnell zu einer leeren Hülle werden kann. Dann geht es nur noch um uns und nicht mehr um die Menschen, denen wir dienen wollen.

Durch fest eingeplante Zeiten der Anbetung wird unser Herz bereit, sich hinzugeben und sich in der Gegenwart Gottes verändern zu lassen. Da das ganze christliche Leben ein Weg des Herzens ist, werden Sie verstehen, dass es ein wichtiger Schritt ist zu lernen, Gott mit allem, was wir sind, *anzubeten*. Gott wollte schon immer *Aufrichtigkeit*, wenn es um unseren Dienst für ihn ging. Aufrichtigkeit kommt aus dem Herzen. Deshalb ist es von größter Wichtigkeit, dass wir unser Herz pflegen und gesund erhalten.

Mehr als alles, was man sonst bewahrt, behüte dein Herz!
Denn in ihm entspringt die Quelle des Lebens.
(Sprüche 4,23)

Ich werde nie vergessen, wie Bill Hybels, Pastor der Willow-Creek-Gemeinde in Chicago, uns vor einigen Jahren einmal herausgefordert hat, indem er sagte, für Christen und für christliche Leiter genüge es nicht, nur über Ungerechtigkeit zu reden und sich DVDs darüber anzuschauen. Er sagte, wir müssten es zulassen, dass die Armut uns direkt berühre und uns engagieren. Der Geruch und die Realität des Überlebenskampfes anderswo dürfe nie zu etwas werden, das wir bequem wieder vergessen können, oder wo wir einfach Geld spenden und denken, damit hätten wir unseren Beitrag geleistet. Wir sind durch Gottes große Liebe alle dazu aufgerufen zu handeln, seine Liebe und sein Leben weiterzutragen und darauf zu vertrauen, dass er einen Weg für uns bereitet. Und hier fängt unsere tätige Liebe und unsere Anbetung mit unserem ganzen Sein an.

Und wenn jemand ***ein*** *solches Kind*
aufnehmen wird in meinem Namen,
nimmt er mich auf.
(Matthäus 18,5)

»Wer wird sich um meine Kinder kümmern?«, fragt die sterbende Mutter weinend und weiß, dass ihre Kinder schon bald das Schicksal Millionen anderer teilen werden, die nach einer neuen Mutter suchen. Das gleiche Gebet habe ich schon von Freunden gehört, die Krebs hatten. Ich kann mir keine größere Verzweiflung inmitten tiefster Finsternis vorstellen. Ich möchte am liebsten laut schreien: »*Wir*.« Das ist ganz bestimmt eine Situation, in der wir die Ärmel hochkrempeln, kräftig schlucken, beten, *vertrauen* und dann im Glauben Schritte gehen müssen. Man muss nicht in einem Entwicklungsland leben, um Waisen zu finden, die ein neues Zuhause suchen. Oder einsame Menschen, die Freunde brauchen. Wir alle leben in Städten, wo Kinder von Behörden hin- und hergeschoben werden, die versuchen, Bedürfnisse zu befriedigen, die wir, die Gemeinde, befriedigen könnten.

Ich liebe die Gemeinde. Sie ist so vielfältig und breitet sich auf der ganzen Erde mit einem ganz neuen Bewusstsein und einer neuen Ausstrahlung aus. Aber das Schönste an der Gemeinde ist, wenn sie Gott mit allem, was sie ist, liebt und dann mit ausgebreiteten Armen dasteht, um den Menschen in dieser kaputten Welt zu helfen und sie mit Jesus in Verbindung zu bringen. Wenn sie die Armen nicht verurteilt oder kritisiert, sondern einfach *liebt*. Liebe ist kostspielig, und sie ist ein Tunwort, kein Hauptwort. Gemeinsam können wir für diejenigen einstehen, die keine Stimme haben und so den Herrn, unseren Gott von ganzem

Herzen, ganzer Seele, ganzem Verstand und mit ganzer Kraft lieben und unseren Nächsten wie uns selbst. Das ist überwältigend!

Wie sollen wir also diese scheinbar so unüberwindbare Hoffnungslosigkeit in Angriff nehmen? Wie schaffen wir es, denen, die in diesem gefährlichen Gefängnis sitzen, die Tür zu öffnen?

Keiner von uns kann das alleine. Selbst die intelligentesten und engagiertesten Menschenfreunde brauchen andere und Teams von Fachleuten, mit denen sie zusammenarbeiten, um das Beste für so viele Menschen wie möglich zu erreichen. Aber wir müssen irgendwo anfangen. Vielleicht unterstützen wir ein Kind, setzen uns für verzweifelte Menschen um uns herum ein, stellen uns als Pflegeeltern zur Verfügung, sammeln Spenden für ein gemeinnütziges Werk oder eine andere Sache, die uns am Herzen liegt, engagieren uns in Projekten unserer Kirchengemeinde. Die Liste der Möglichkeiten ist endlos. Wir sollten uns einfach in Bewegung setzen, ein wenig einfacher leben und daran denken, dass wir leben sollen, um zu geben, nicht um alles auszugeben.

Aber genauso wichtig ist es, dass unser eigenes Herz brennt und bereit ist für jede Gelegenheit, die sich uns täglich bietet, sei es vor Ort oder weltweit. So wie der barmherzige Samariter, der weit über das übliche Maß an Hilfsbereitschaft seiner Zeit hinausging, und alles tat, um zu helfen, wo andere einfach vorbeigingen. Dieser Samariter war von Mitgefühl *getrieben* und das nicht nur rein gefühlsmäßig, sondern er hat auch danach gehandelt.

Wenn Sie gerade eine Phase durchmachen, in der Sie das Gefühl haben, dass Sie eher Hilfe und Ermutigung brauchen, statt sie geben zu können, dann will ich Ihnen Mut machen. Schaffen Sie sich eine Umgebung von Lob und Anbetung. Hören Sie zu Hause und im Auto Musik, die Sie inspiriert. Verbringen Sie Zeit mit Angehörigen und Freunden aus Ihrer Gemeinde, die Sie ermutigen und lassen Sie sich vom Heiligen Geist beständig neu von innen heraus erfüllen. Ganz gleich, ob Sie Heilung brauchen oder finanzielle Hilfe oder ein Wunder in einer Beziehungskrise — unser Gott ist dazu in der Lage. Lassen Sie sich in seine starken Arme fallen, denn er wird Sie niemals im Stich lassen. Ihm zu vertrauen, ist die größte Freude und Hoffnung, die Sie haben. Aber ich will Sie noch einmal daran erinnern: *Lieben* Sie den Herrn, Ihren Gott, von ganzem Herzen, ganzem Verstand, ganzer Seele und mit ganzer

Kraft *und* lieben Sie Ihren Nächsten wie sich selbst. *Sie* sind absolut geliebt und wertgeschätzt. Vergessen Sie das nie!

Von ganzem Herzen,
Darlene Z.

Der Weg des Herzens ist eines der größten Geheimnisse, die es gibt. Der Jubel und die Traurigkeit, die Hoffnung und das Warten – und für viele auch die unaussprechliche Enttäuschung, in der das Herz nichts mehr empfinden will. Wenn wir die große Liebe Gottes nicht begreifen, auf die wir uns stützen und in der wir Kraft finden können, findet unser Herz einen anderen Weg, selbst mit den schwierigsten Umständen fertigzuwerden und sie zu überleben. Und genau in dieser Situation befinden sich unzählige Menschen heute, arme wie reiche, denn der Armut des Herzens ist es gleich, in wessen Herz sie wohnt.

Darlene Zschech hat uns daran erinnert, dass der Prophet Jesaja in Jesaja 61,11 von einer radikalen Revolution der Liebe spricht. Dort beschreibt er, wie die Menschen eines Tages Gerechtigkeit finden werden und Jesus einen Weg in der Wüste bahnt. *Denn [so sicher] wie die Erde ihr Gewächs hervorbringt und wie ein Garten seine Saat aufsprossen lässt, so [sicher] wird der Herr, HERR, Gerechtigkeit und Ruhm aufsprossen lassen vor allen Nationen [durch die Macht seines Wortes, das sich erfüllen wird]* (Elberfelder und Amplified).

Mehr als eine großartige Idee

Eine Revolution der Liebe ist nicht nur eine großartige Idee, sondern auch eine absolut notwendige Sache, wenn wir erleben wollen, dass die schreiende Ungerechtigkeit in unserer Welt sich wandeln soll, einschließlich der tragischsten Sache überhaupt: der Verzweiflung der Menschen. In Psalm 27,3 heißt es, *Wenn sich ein Heer gegen mich lagert, so fürchtet sich mein Herz nicht; wenn sich auch Krieg gegen mich erhebt, trotzdem bin ich vertrauensvoll.* Genau das muss in den Herzen der Menschen geschehen.

Kapitel 2

Die Wurzel des Übels

Der Schlüssel zum Glücklichsein ist nicht, geliebt zu werden, sondern jemanden lieben zu können.
Verfasser unbekannt

Die Wurzel einer Sache ist ihre Quelle, ihr Ursprung, das, wovon sie lebt. Wurzeln sind gewöhnlich unterirdisch. Genau deshalb beachten wir sie meist nicht und achten nur auf das, was man über der Erde sieht. Ein Mensch, der Zahnschmerzen hat, braucht oft eine Wurzelbehandlung. Die Zahnwurzel ist angegriffen und muss behandelt werden, sonst hören die Zahnschmerzen nie auf. Man kann die Zahnwurzel nicht sehen, aber man weiß, dass sie existiert, weil man starke Schmerzen hat. Unsere Welt leidet, und diese Schmerzen werden nicht nachlassen, wenn wir uns nicht der Wurzel des Problems annehmen, das sowohl Einzelne als auch die ganze Gesellschaft plagt. Ich glaube, dass diese Wurzel die Selbstsucht ist.

Ich habe versucht, ein Problem zu finden, das nicht auf Selbstsucht zurückzuführen ist, aber mir ist kein einziges eingefallen.

Ich habe versucht, ein Problem zu finden, das nicht auf Selbstsucht zurückzuführen ist, aber mir ist kein einziges eingefallen. Die Menschen denken sich überhaupt nichts dabei, das Leben eines anderen Menschen zu ruinieren, um das zu bekommen, was sie wollen, oder was sich für sie gerade gut anfühlt. Die Selbstsucht ist die Wurzel aller Probleme dieser Welt.

Selbstsucht hat viele Gesichter

Die Selbstsucht hat viele Gesichter. Vielleicht ist gerade das der Grund, dass wir sie oft nicht erkennen. Selbstsucht lebt in Kleinkindern, die schreien, wenn sie nicht bekommen, was sie wollen. Sie lebt in Kindern, die anderen die Spielsachen wegnehmen. Sie zeigt sich in unserem Verlangen, besser auszusehen oder etwas besser zu machen als andere. Die Selbstsucht will bei allem zuerst drankommen. Es ist zwar absolut nichts falsch daran, unser Bestes geben zu wollen, aber es ist falsch, sich am Misserfolg anderer zu freuen, nur um selbst besser dazustehen.

Ich bin der Überzeugung, dass jede Form der Selbstsucht schlecht ist und Probleme nach sich zieht. In diesem Kapitel will ich unsere Aufmerksamkeit auf drei Arten der Selbstsucht lenken, die in unserer Welt heute sehr weit verbreitet sind, und ihre negativen Auswirkungen aufzeigen.

Sexueller Missbrauch. Ann ist dreizehn Jahre alt. Ihr Vater sagt ihr, dass sie jetzt eine Frau ist, und dass es Zeit wird, das zu tun, was Frauen tun. Nachdem er ihr gezeigt hat, was es heißt, eine Frau zu sein, schämt sie sich, hat Angst und fühlt sich schmutzig. Obwohl ihr Vater ihr versichert, dass das, was er mit ihr gemacht hat, etwas Gutes ist, fragt sie sich, weshalb er dann verlangt, dass sie niemandem etwas davon sagt und warum sie sich so schlecht dabei fühlt. Während ihr Vater sie über die Jahre hinweg immer wieder belästigt und vergewaltigt, verschließt Ann sich emotional immer mehr, damit sie den Schmerz nicht mehr fühlen muss. Anns Vater hat ihr ihre Kindheit, ihre Jungfräulichkeit und ihre Unschuld geraubt. Wenn Gott nicht eingreift, hat er ihr auch ihr Leben geraubt – und das alles nur, damit er bekommt, was er haben will.

Wenn wir von sexuellem Missbrauch in Familien hören, macht uns das ganz krank. Aber in Wahrheit bleiben 90 bis 95 Prozent aller Fälle unentdeckt. Ich wurde viele Jahre lang von meinem Vater sexuell missbraucht. Zwei Mal habe ich versucht, jemandem zu erzählen, was mit mir geschah. Aber da mir niemand half, litt ich still für mich weiter, bis ich erwachsen war und anfing, anderen meine Geschichte zu erzählen und Gottes Heilung zu empfangen. Mein Vater starb im Alter von sechsundachtzig Jahren, ohne je für seine Taten zur Verantwortung gezogen worden zu sein. Die Menschen, mit denen er zusammen arbeitete, auf Partys oder Picknicks ging, erfuhren nie, dass er seine Tochter von klein auf vergewaltigt hatte.

Wir sehen, was Menschen tun, und fällen schnell ein Urteil darüber. Aber nur selten erkennen wir die eigentliche Ursache ihres Verhaltens. Viele Frauen, die wir für »gesellschaftlich problematisch« halten, sind in Wirklichkeit Vergewaltigungsopfer. Zum Beispiel

- sind 66 Prozent aller Prostituierten als Kinder sexuell missbraucht worden.
- sind 36,7 Prozent aller Frauen in US-Gefängnissen als Kinder missbraucht worden.
- werden ein Drittel aller missbrauchten und vernachlässigten Kinder später ihre Kinder ebenfalls missbrauchen und vernachlässigen.
- sind 94 Prozent aller Opfer sexuellen Missbrauchs jünger als zwölf Jahre, wenn sie zum ersten Mal missbraucht werden.

Der Schmerz, der in dieser Welt alleine durch sexuellen Missbrauch und Vergewaltigung verursacht wird, ist schockierend. All das geschieht nur, weil es Menschen gibt, die selbstsüchtig sind und denen es egal ist, dass jemand anderes zutiefst verletzt wird, solange sie nur bekommen, was sie wollen.

Natürlich würden Sie niemanden umbringen, stehlen, lügen oder Gewalt gegen Kinder anwenden. Aber wahrscheinlich sind auch Sie auf die eine oder andere Art selbstsüchtig. Solange wir unsere eigene Selbstsucht damit entschuldigen, dass die kriminellen Taten anderer ja noch viel schlimmer sind, werden wir die Probleme in unserer Gesellschaft nie wirklich in den Griff bekommen. Jeder von uns muss die Verantwortung für sein eigenes selbstsüchtiges Verhalten übernehmen, ganz gleich auf welchem Niveau es angesiedelt ist und wie es sich zeigt.

Habgier. Selbstsucht zeigt sich häufig in Form von Habgier. Die Habgier ist nie zufrieden mit dem, was sie hat. Unsere Gesellschaft ist heutzutage eindeutig konsumorientiert. Wenn ich im Auto unterwegs bin, erstaunt es mich immer wieder, wie viele Einkaufszentren es gibt und wie viele bereits im Bau sind. Wo wir auch hinsehen, wird uns etwas zum Kauf angeboten. Zeug, Zeug und noch mehr Zeug – und alles ist nur Illusion. Es verspricht uns ein besseres Leben und mehr Glück, aber für viele Menschen bringt es nur erdrückende Schulden.

Der Zwang und die Versuchung, immer mehr zu kaufen, hält uns in unserer Selbstsucht gefangen. Aber die gute Nachricht ist, dass wir uns verändern können, wenn wir es wirklich wollen. Wir sollten lernen, nur das zu kaufen, was wir wirklich brauchen, und ein wenig von dem, was wir gerne hätten. Dann sollten wir lernen, viel von dem, was wir haben, vor allem Dinge, die wir nicht mehr brauchen, an Menschen zu verschenken, die weniger haben als wir. Wir sollten das Geben so lange üben, bis es das Natürlichste der Welt für uns ist und wir es jeden Tag tun. Für die meisten Menschen wäre das wirklich ein revolutionärer Lebensstil.

Die Bibel sagt, dass die Liebe zum Geld die Wurzel allen Übels ist (1. Timotheus 6,10). Der einzige Grund, weshalb die Menschen das Geld lieben und beinahe alles dafür tun, ist, dass sie glauben, dass sie damit alles bekommen können, was sie wollen. Sie glauben, dass es sie glücklich machen wird. Immer wieder töten, stehlen und lügen Menschen für Geld – und der Grund für das alles ist die Selbstsucht. Vor Kurzem habe ich einen Artikel eines bekannten Schauspielers gelesen, der schrieb, dass die Menschen glauben, sie würden glücklich werden, wenn sie alles hätten, was sie sich wünschen. Aber das ist ein falsches

Versprechen. Er schrieb weiter, dass er alles hatte, was man sich nur wünschen konnte, und feststellen musste, dass es ihn nicht glücklich gemacht hatte. Denn wenn man das Ziel – alles zu besitzen, was die Welt einem zu bieten hat –, einmal erreicht hat, muss man sich trotzdem noch mit sich selbst auseinandersetzen.

Scheidung. Selbstsucht ist auch die Ursache von Scheidungen. Oft heiraten Menschen mit einer falschen Vorstellung von Ehe. Viele von uns glauben, dass es die Aufgabe des Ehepartners ist, uns glücklich zu machen. Wenn das nicht mehr klappt, herrscht Krieg. Wie anders würde die Sache aussehen, wenn wir heiraten und uns dabei vornehmen, alles zu tun, um unseren Partner glücklich zu machen!

Jetzt denken Sie vielleicht: *Das werde ich ganz bestimmt nicht tun, denn dann werde ich nur ausgenutzt.* Früher hätte ich Ihnen da zugestimmt. Aber nachdem ich beinahe ein ganzes Leben hinter mir habe, glaube ich, dass die Bibel doch recht hat. Sie sagt, dass die Liebe niemals aufhört (1. Korinther 13,8). Sie sagt auch, dass der Mensch ernten wird, was er gesät hat (Galater 6,7). Wenn ich also der Bibel glaube – und das tue ich –, dann liegt es in meiner Hand, was ich im Leben ernten werde, weil es davon abhängt, welche Saat ich ausgestreut habe. Wer Gnade sät, wird Gnade ernten. Wer Freundlichkeit sät, wird Freundlichkeit ernten.

Ich hatte nur mich im Sinn

Wenn ich auf die zweiundvierzig Jahre zurückblicke, die Dave und ich nun schon verheiratet sind, bin ich schockiert darüber, wie egoistisch ich vor allem am Anfang war. Ich kann nur aufrichtig sagen, dass ich es nicht besser wusste. In meinem Elternhaus habe ich nichts anderes als Egoismus erlebt. Niemand lehrte mich etwas anderes. Wenn ich gewusst hätte, wie man gibt, statt zu nehmen, wären die ersten Jahre meiner Ehe sicher viel einfacher gewesen. Aber weil Gott eingegriffen hat, durfte ich erleben, wie sich vieles verändert hat und alte Wunden geheilt sind. Allerdings habe ich viele Jahre vergeudet, die ich nicht mehr zurückholen kann.

Ganz im Gegensatz zu der Art wie ich aufgewachsen bin, wuchs Dave in einer christlichen Familie auf. Seine Mutter war eine gläubige Frau, die viel betete und ihren Kindern beibrachte zu geben. Deshalb hatte Dave Eigenschaften, die ich, bevor ich ihn kennenlernte, noch niemals an einem Menschen erlebt hatte. Sein Vorbild war für mich ungeheuer wertvoll. Wäre er nicht so geduldig gewesen – was auch ein Aspekt der Liebe ist –, hätte unsere Ehe bestimmt nicht gehalten. Aber ich danke Gott, dass sie gehalten hat. Nach zweiundvierzig Jahren Ehe kann ich ehrlich sagen, dass es immer besser wird. Ich bin heute glücklicher als je zuvor, weil ich mehr in unsere Beziehung investiere als je zuvor. Es macht mir wirklich Freude, wenn Dave Dinge tut, die ihm Spaß machen – ganz im Gegensatz zu all den Jahren, in denen ich jedes Mal wütend war, wenn es nicht nach meinem Willen ging.

Ich hatte nur mich im Sinn. Das änderte sich erst, als ich es satthatte, dass sich in meinem Leben immer nur alles um mich, mich und noch einmal mich drehte. Jesus kam, um Gefängnisse zu öffnen und die Gefangenen zu befreien (Jesaja 61,1). Er hat mich von vielem befreit, vor allem aber von mir selbst! Ich wachse immer noch täglich in dieser Freiheit und freue mich zu sehen, dass echte Freude nicht daher kommt, dass es immer nach unserem Willen geht.

Vielleicht hatten Sie genau wie ich einige schlechte Vorbilder im Leben und müssen manches, was Sie als Kind gelernt haben, umlernen. Seien Sie ehrlich: Wie reagieren Sie, wenn Sie nicht bekommen, was Sie wollen? Werden Sie wütend? Murren Sie und beklagen Sie sich? Können Sie Gott vertrauen, dass er für Sie sorgen wird? Oder leben Sie in der Angst, dass sich niemand um Sie kümmert, wenn Sie es nicht selbst tun? Wenn Sie glauben, dass Sie sich um sich selbst kümmern müssen, führt das zur Selbstsucht. Das wiederum führt zu einem unglücklichen Leben. Wenden Sie sich noch heute von der Selbstsucht ab und fangen

Sie an, andere wertzuschätzen, sich um sie zu kümmern und sie aufrichtig zu lieben.

Selbstsucht ist eine Entscheidung

Die meisten von uns verbringen viel Zeit damit, über unsere Pläne nachzudenken, darüber zu sprechen und sie zu schmieden. Obwohl ich immer wieder lehre, dass wir uns selbst auf eine ausgewogene Art und Weise lieben sollen, bin ich nicht der Überzeugung, dass wir so selbstverliebt sein sollten, dass wir im Mittelpunkt unserer Welt stehen und nur noch darauf bedacht sind zu bekommen, was wir wollen. Natürlich müssen wir uns um uns selbst kümmern, weil wir für Gottes Plan mit dieser Welt extrem wertvoll sind. Er hat uns unser Leben geschenkt, damit wir es genießen (Johannes 10,10). Also sollten wir das auch tun. Aber wir dürfen nicht vergessen, dass der Weg zum wahren Glück bedeutet, unser Leben hinzugeben, und nicht, es für uns zu behalten.

Jesus sagt, dass wir uns selbst vergessen, uns selbst und unsere eigenen Interessen aufgeben und ihm nachfolgen müssen, wenn wir seine Jünger sein wollen (Markus 8,34). Ich muss zugeben, dass das ein beängstigender Gedanke ist. Aber ich bin hier im Vorteil, weil ich schon lange genug gelebt habe, um es auszuprobieren. Ich habe festgestellt, dass es funktioniert. Jesus hat außerdem gesagt, dass wir das »höhere« (uneigennützige) Leben finden können, wenn wir das »niedere« (selbstsüchtige) Leben aufgeben. Wenn wir jedoch am »niederen« Leben festhalten, werden wir das »höhere« Leben verlieren (Markus 8,35). Jesus lässt uns die Wahl, wie wir leben wollen. Er sagt uns, was funktioniert und überlässt es dann uns, ob wir es tun wollen oder nicht. Wir können egoistisch bleiben, aber die gute Nachricht ist, dass wir es nicht müssen. Wir können uns selbst mit Gottes Kraft und seiner Hilfe überwinden und so leben, dass wir andere glücklich machen.

Die Reise

Egoismus ist kein angelerntes Verhalten; wir kommen damit auf die Welt. Er gehört zu unserer Natur. Die Bibel bezeichnet das als »sündige Natur«. Adam und Eva haben gegen Gott gesündigt, indem sie taten, was er ihnen verboten hatte. Das Prinzip der Sünde, das sie damit eingeführt hatten, wurde von da an allen Menschen weitergegeben. Gott hat seinen Sohn Jesus geschickt, um für unsere Sünde zu sterben und uns davon zu befreien. Er kam, um das wieder ungeschehen zu machen, was Adam getan hatte. Wenn wir Jesus als unseren Retter annehmen, lebt er in unserem Geist. Wenn wir es zulassen, dass dieser erneuerte Teil unserer selbst unsere Entscheidungen bestimmt, können wir unsere sündige Natur überwinden. Sie verschwindet nicht ganz, aber derjenige, der in uns lebt und größer ist, hilft uns jeden Tag neu, sie zu besiegen (Galater 5,16). Das heißt nicht, dass wir nie wieder sündigen, aber wir können im Laufe unseres Lebens Fortschritte machen und uns verbessern.

Ich kann nicht sagen, dass ich den Egoismus vollkommen überwunden habe, und ich bezweifle auch, dass das überhaupt jemand kann. Das zu behaupten wäre so gut wie zu sagen, wir würden nicht sündigen. Jede Sünde hat ihre Wurzel in irgendeiner Form der Selbstsucht. Ich habe die Selbstsucht noch nicht vollkommen überwunden, aber ich habe die Hoffnung, mich täglich zu verbessern. Ich bin auf dem Weg, und obwohl ich vielleicht in diesem Leben nicht mehr ans Ziel komme, habe ich mir doch vorgenommen, dass Jesus, wenn er zurückkommt, um mich zu sich zu holen, sieht, dass ich das Ziel anstrebe (Philipper 3,12-13).

Der Apostel Paulus hat einmal Folgendes geschrieben: *... nicht mehr lebe ich, sondern Christus lebt in mir ...* (Galater 2,20). Damit meinte Paulus, dass er nicht mehr für sich selbst und seinen eigenen Willen lebte, sondern für Gott und seinen Willen. Es hat mich sehr ermutigt, als ich eines Tages beim Bibelstudium entdeckte, dass Paulus diese Aussage etwa 20 Jahre nach seiner Bekehrung gemacht hat. Ein selbstloses Leben zu lernen, war für ihn ebenfalls ein so langer Weg wie für jeden von uns. Paulus schrieb auch: *Täglich sterbe ich [täglich sehe ich dem Tod ins Auge und sterbe meinem Ich]* (1. Korinther 15,31; Elberfelder mit eigener Übersetzung der Amplified Bible). Anders ausgedrückt: Die Bedürfnisse anderer den eigenen voranzustellen war ein täglicher Kampf und erforderte täglich neue Entscheidungen. Jeder von uns muss sich entscheiden, wie und wofür er leben will. Es gibt keinen besseren Augenblick dazu als jetzt. Sie und ich haben nur ein einziges Leben zu leben und ein einziges Leben zu geben, also stellt sich die Frage: »Wie soll ich es leben?« Ich bin fest davon überzeugt, dass wir Teil einer Revolution sein werden, die die Kraft hat, die Welt zu verändern, wenn jeder von uns seinen Teil dazu beiträgt, das Wohlergehen anderer an die erste Stelle zu stellen.

Kein Mensch ist eine Insel

Sie kennen sicher jenen berühmten Satz des englischen Schriftstellers und Theologen John Donne: »Kein Mensch ist eine Insel.« Damit drückt er aus, dass wir Menschen uns gegenseitig brauchen und uns gegenseitig beeinflussen. So wie das Leben meines Vaters mich negativ beeinflusste und Daves Leben mich positiv beeinflusste, kann und wird unser aller Leben andere Menschen beeinflussen. Jesus hat gesagt, wir sollen einander lieben, weil das der einzige Weg ist, wie die Welt erfährt, dass es ihn gibt (Johannes 13,34-35). Gott ist Liebe. Wenn wir diese Liebe in unseren Worten und Taten zeigen, dann zeigen wir den Menschen wie Gott ist. Paulus schrieb, dass wir Botschafter Gottes sind, seine persönlichen Vertreter, und dass er die Welt durch uns zu sich ruft (2. Korinther 5,20). Jedes Mal, wenn ich an diesen Bibelvers denke, kann ich nur sagen, »Wow! Was für ein Vorrecht und was für eine Verantwortung.«

Eine Sache, die ich im Leben lernen musste, war, dass es kein Vorrecht ohne Verantwortung gibt. Das ist eines der Probleme in unserer heutigen Gesellschaft. Die Menschen wollen Dinge haben, aber sie sind nicht bereit, sie sich zu verdienen. Der Egoismus sagt: »Gib her. Ich will es, und ich will es jetzt.« Die Weisheit sagt: »Gib mir nichts, für dessen Umgang ich noch nicht reif genug bin.« Der Welt fehlt es an Dankbarkeit. Das liegt zum großen Teil daran, dass wir nicht mehr bereit sind, auf etwas zu warten oder ein Opfer dafür zu bringen. Ich habe festgestellt, dass ich für die Dinge, für die ich am schwersten arbeiten musste und auf die ich am längsten warten musste, am dankbarsten bin. Was uns zufällt, hat für uns meistens keinen besonderen Wert.

In vielerlei Hinsicht erziehen wir unsere Kinder zu einer selbstsüchtigen Generation, weil wir ihnen zu früh zu viel geben. Oft kaufen wir das erste Fahrrad schon ein Jahr bevor sie groß genug dafür sind und das erste Auto bevor sie den Führerschein haben. Wir bezahlen das Studium, kaufen ihnen ein Haus, wenn sie heiraten, und stellen dann auch noch teure Möbel hinein. Wenn unsere Kinder in finanzielle Schwierigkeiten kommen, helfen wir ihnen, soweit es geht. Wir sind immer für sie da, wenn sie uns brauchen. Das alles tun wir aus Liebe. Aber lieben wir sie damit wirklich oder verwöhnen wir sie nur? Manchmal versuchen Eltern ihre Kinder mit diesen Dingen dafür zu entschädigen, dass sie, als sie klein waren, nicht genug Zeit für sie hatten. Sie beschwichtigen damit ihr Gewissen. Für den, der es sich leisten kann, ist es leichter, seinen Kindern Geld hinterherzuwerfen, statt Zeit für sie zu haben.

Wir tun alle unseren Kindern gern etwas Gutes, aber wir sollten sehr diszipliniert sein und nicht aus dem Auge verlieren, wie viel wir für sie tun. König Salomon rät uns, »Zucht mit Einsicht« anzuwenden (Sprüche 1,3). Manchmal ist ein Nein vielleicht das Beste, was wir unseren Kindern geben können, weil sie dadurch lernen, dass zu Vorrechten auch Verantwortung gehört.

Vorbildliche Großzügigkeit

Seien Sie ein Vorbild an Großzügigkeit, nicht nur für Ihre Kinder, sondern für alle Menschen, mit denen Sie zu tun haben. Wenn

Sie geben, statt zu nehmen, wird es nicht lange dauern, bis andere merken, dass Sie ganz anders sind als die Menschen, die sie kennen. Wenn sie dann Ihre Freude dabei sehen, können sie vielleicht eins und eins zusammenzählen und merken, dass Geben einen Menschen glücklicher macht als Egoismus. Die Menschen beobachten uns. Ich bin oft erstaunt darüber, was sie alles bemerken und woran sie sich erinnern.

Paulus schrieb, dass wir alle Menschen unsere Selbstlosigkeit, unsere Rücksichtnahme und unsere Milde sehen lassen sollen (Philipper 4,5). Jesus hat uns ermutigt, alle Menschen unsere guten Taten sehen zu lassen, damit sie darin Gott erkennen und ihn loben (Matthäus 5,16). Damit hat Jesus nicht gemeint, dass wir angeben sollen oder nur Gutes tun sollen, um gesehen zu werden. Er wollte uns nur zeigen, wie sehr wir die Menschen um uns herum beeinflussen. Natürlich beeinflusst negatives Verhalten andere. Aber auch Großzügigkeit beeinflusst die Menschen um uns herum sehr positiv und macht uns selbst glücklich.

Und wo bleibe ich?

Inzwischen denken Sie vielleicht: *Und wo bleibe ich? Wer tut etwas für mich?* Genau diese Gedanken halten uns meistens davon ab, so zu leben, wie es Gottes Wille für uns ist. Letztlich läuft alles auf das »Ich« hinaus. Und ich? Was ist mit mir? Wir sind so sehr daran gewöhnt, uns um unsere eigenen Interessen zu kümmern, dass uns schon allein der Gedanke, uns selbst auch nur für einen Tag zu vergessen, Angst macht. Aber wenn wir den Mut aufbringen, uns darauf einzulassen, werden wir uns wundern, wie viel Freiheit und Freude wir erleben.

Die längste Zeit meines Lebens bin ich morgens aufgewacht, habe im Bett gelegen und Pläne für mich geschmiedet. Ich habe überlegt, was ich will, was am besten für mich wäre und wie ich meine Familie und Freunde überreden könnte, bei meinen Plänen mitzumachen. Ich bin aufgestanden und mit mir selbst im

Kopf durch den Tag gegangen. Jedes Mal, wenn etwas nicht so lief, wie ich es wollte, war ich ärgerlich, ungeduldig, frustriert und sogar wütend. Ich dachte, ich sei unglücklich, weil ich nicht bekam, was ich wollte. Aber *in Wirklichkeit* war ich unglücklich, weil ich immer nur versuchte, das zu bekommen, was ich wollte, ohne mich je um andere zu kümmern.

Jetzt, wo ich entdecke, dass das Geheimnis der Freude darin liegt, sein Leben zu verschenken, anstatt es zu behalten, verläuft mein Morgen ganz anders. Heute Morgen, bevor ich angefangen habe, an diesem Kapitel zu schreiben, habe ich gebetet und habe mir dann ein wenig Zeit genommen, um an all die Menschen zu denken, von denen ich wusste, dass ich ihnen heute begegnen würde. Dann habe ich mit Römer 12,1 gebetet, wo es darum geht, uns ganz Gott als lebendiges Opfer hinzugeben und ihm alle unsere Fähigkeiten zur Verfügung zu stellen. Als ich so an die Menschen dachte, mit denen ich heute zusammenarbeiten würde oder denen ich wahrscheinlich begegnen würde, bat ich Gott, mir zu zeigen, was ich für sie tun könnte. Ich nahm mir vor, sie zu ermutigen und freundlich zu ihnen zu sein. Jedem von uns wird für die Menschen, denen wir begegnen, etwas Nettes einfallen. Schon allein der Versuch wird uns helfen, nicht ständig an uns selbst zu denken. Ich vertraue darauf, dass Gott mich durch diesen Tag führen wird.

»Herr, ich gebe dir meine Augen, meine Ohren, meinen Mund, meine Hände, meine Füße, mein Herz, mein Geld, meine Gaben, Talente und Fähigkeiten, meine Zeit und meine Kraft. Gebrauche mich, um heute für andere ein Segen zu sein.«

Wenn Sie sich Gott hingeben wollen, damit er Sie gebrauchen kann, um andere zu lieben und ihnen zu helfen, schlage ich folgendes Gebet vor: »Herr, ich gebe dir meine Augen, meine Ohren, meinen Mund, meine Hände, meine Füße, mein Herz, mein Geld, meine Gaben, Talente und Fähigkeiten, meine Zeit und meine Kraft. Gebrauche mich, um heute für andere ein Segen zu sein.«

Wenn Sie es nicht einfach ausprobieren, werden Sie nie erfahren, wie viel Freude dieser Lebensstil bereitet. Ich nenne das eine »heilige Gewohnheit«, und wie alle Gewohnheiten muss man sie einüben. An manchen Tagen bin ich immer noch ganz in mir selbst gefangen und vergesse, meine neue Gewohnheit zu trainieren. Aber wenn ich dann meine Freude und Begeisterung für das Leben verliere, werde ich ganz schnell daran erinnert, dass ich mich habe ablenken lassen.

Ich versuche nun seit einigen Jahren so zu leben, und es ist ein ziemlicher Kampf. Das »Ich-Leben« steckt tief in jeder Faser unseres Seins und lässt sich nicht so leicht verdrängen. Ich habe Bücher zum Thema Liebe gelesen, habe immer wieder nachgelesen, was die Bibel dazu sagt und gebetet. Ich habe mit Freunden darüber gesprochen, darüber gepredigt und alles getan, was ich konnte, um es mir immer wieder ins Gedächtnis zu rufen. Wenn ich wieder einmal merke, dass ich selbstsüchtig war, rege ich mich nicht darüber auf. Denn wenn ich das tue, beschäftige ich mich nur wieder mit mir selbst. Wenn ich versage, bitte ich Gott um Vergebung und fange noch einmal von vorne an. Ich glaube, dies ist die beste Taktik. Wir verlieren viel zu viel Zeit damit, uns über uns selbst und unsere Fehler aufzuregen. Nur Gott kann uns vergeben. Er ist mehr als bereit dazu, wenn wir ihn einfach darum bitten.

Ja, ich bin fest davon überzeugt, dass die Wurzel aller Probleme in unserer Welt die Selbstsucht ist. Aber es ist auch möglich in dieser Welt zu leben, ohne wie diese Welt zu sein. Wenn Sie sich mir anschließen und mit mir eine Revolution der Liebe anfangen, wenn Sie anfangen radikal anders zu leben und aktiv beginnen zu leben um zu lieben, und nicht um geliebt zu werden, dann können Sie die Lösung des Problems sein, statt das Problem selbst. Sind Sie dazu bereit?

Kapitel 3

Das Gute geschieht nicht von alleine

Denn ich wache über mein Wort und führe es aus.
Jeremia 1,12 (EÜ)

Keine der Revolutionen, die die Welt verändert haben, ist von alleine geschehen. Manche haben damit angefangen, dass eine Handvoll Menschen über notwendige Veränderungen diskutierten. Ganz gleich, ob diese geschichtlich bedeutenden Ereignisse durch eine allgemeine Unruhe oder einen genau geplanten Aufstand ins Leben gerufen wurden – sie sind nie von alleine passiert. Es waren absichtliche, bewusste, leidenschaftliche und strategische Ereignisse. Sie fingen an, weil sich jemand weigerte, untätig zu bleiben. Jemand weigerte sich, den Dingen einfach »ihren Lauf« zu lassen. Jemand weigerte sich, passiv und untätig zu bleiben, während die Ungerechtigkeit ausuferte. Revolutionen geschehen, wenn jemand beschließt zu handeln.

Handeln Sie jetzt!

Die Bibel ist voller Anweisungen an uns, aktiv zu werden. Die Anweisung aktiv zu sein, statt passiv zu bleiben, ist ganz einfach, aber Millionen von Menschen ignorieren sie. Vielleicht denken sie, dass die Dinge von alleine wieder besser werden. Aber das werden sie nicht. Das Gute geschieht nicht von alleine. Als ich das irgendwann begriffen hatte, hat sich mein Leben zum Guten verändert.

Uns etwas nur zu wünschen, führt noch nicht zu dem gewünschten Ergebnis. Wir müssen aktiv das tun, was getan werden muss, um es zu erreichen. Kein erfolgreicher Mann hat sein Leben lang nur herumgesessen und sich gewünscht, erfolgreich zu sein. Genauso wenig wird ein Mann, der nichts tut, plötzlich erfolgreich sein. Das Gleiche gilt für die Revolution der Liebe. Wenn wir die Menschen so lieben wollen, wie Jesus es uns geboten hat, dann müssen wir es bewusst tun. Von alleine wird es nicht geschehen.

Die Bibel sagt, dass wir danach *streben* sollen, freundlich und gütig zu sein (1. Thessalonicher 5,15). *Streben* ist ein starker Ausdruck, der »etwas verlangen, verfolgen, nachgehen« bedeutet. Wenn wir nach Gelegenheiten streben, werden wir ganz sicher welche finden. Das wird uns davon abhalten, untätig und unproduktiv zu sein. Wir müssen uns selbst fragen, ob wir wachsam und aktiv oder träge und passiv sind. Gott ist wachsam und aktiv! Darüber bin ich froh, denn sonst würde sich unser Leben rapide verschlechtern. Gott hat diese Welt und alles, was wir darin sehen und genießen, nicht nur erschaffen. Er hält sie auch aktiv aufrecht, weil er weiß, dass das Gute nicht von alleine geschieht, sondern aktiv erhalten werden muss (Hebräer 1,3).

Von Gott inspirierte, ausgewogene Aktivität bewahrt uns davor, untätig und unproduktiv zu sein und ist somit zu unserem eigenen Schutz. Damit beschäftigt zu sein, das Richtige zu tun, hält uns davon ab, das Falsche zu tun. Scheinbar bedarf es keiner großen Anstrengung, das Falsche zu tun. Wir neigen schon von Natur aus in diese Richtung, wenn wir nicht bewusst das Richtige wählen.

So müssen wir zum Beispiel nicht beschließen krank zu werden. Wir müssen uns nur den Erregern aussetzen, dann passiert es von ganz alleine. Aber wir müssen uns entschließen gesund zu bleiben. Um gesund zu bleiben, müssen wir in Bezug auf Bewegung, Schlaf und Ernährung ständig das Richtige tun. Ich muss mich dazu entschließen, mir keine Sorgen zu machen, denn davon werde ich müde und bekomme womöglich auch andere körperliche Probleme. Um gesund zu bleiben, muss ich aktiv etwas für meine Gesundheit tun. Aber krank werde ich, indem ich einfach nichts für meinen Körper tue.

Das Fleisch ist träge

Der Apostel Paulus lehrt ganz klar, dass das Fleisch träge und lüstern ist und viele schlechte Dinge begehrt (Römer 13,14). Gott sei Dank sind wir mehr als nur unser Fleisch. Wir haben auch einen Geist, und diese geistliche Seite eines Christen ist der Ort, an dem Gott in uns wohnt. Gott ist gut, und dass er in uns lebt, bedeutet, dass das Gute auch in uns wohnt. Mit unserem Geist können wir unser Fleisch beherrschen und kontrollieren – aber das erfordert schon ein wenig Anstrengung. Es erfordert, dass wir mit dem Heiligen Geist gemeinsame Sache machen, der uns die Kraft gibt, Gutes zu tun. Paulus schreibt, dass wir keine Vorsorge für das Fleisch treffen sollen. Ich glaube, eine Art wie wir Vorsorge für das Fleisch treffen ist, indem wir einfach nichts tun.

Nichts zu tun, kann süchtig machen. Je öfter wir nichts tun, desto mehr wollen wir nichts tun. Sie haben sicher auch schon einmal die Erfahrung gemacht, dass es umso schwieriger wird aufzustehen, je länger man im Bett liegen bleibt. Wenn man dann aufsteht, fühlt sich zuerst alles steif und müde an. Doch wenn man sich dann zwingt, sich zu bewegen, kehrt die Energie zurück.

Als ich heute aufgewacht bin, war meine Stimmung nicht sehr gut. Ich habe das ganze Wochenende hart gearbeitet, weil ich auf einer Konferenz gesprochen habe, und bin immer noch etwas müde. Dazu kommt noch, dass ich persönlich ein wenig enttäuscht bin, weil etwas, auf das ich gehofft hatte, nicht eingetreten ist. Ich hätte Lust gehabt, den ganzen Tag nur auf dem Sofa zu liegen und in Selbstmitleid zu schwelgen. Aber da ich damit jahrelange Erfahrung habe und feststellen musste, dass es nichts bringt, habe ich mich anders entschieden. Ich habe beschlossen, dieses Kapitel über das Aktivwerden zu schreiben. Das war meine persönliche Kriegserklärung an mein Fleisch. Je länger ich jetzt schreibe, desto besser fühle ich mich.

In Situationen, in denen uns unser Fleisch dazu verleiten will, träge zu sein, können wir es überwinden, indem wir Gott um Hilfe bitten und indem wir uns bewusst entscheiden, aktiv zu werden, anstatt untätig zu sein. Wenn wir dann entsprechend unserem Entschluss handeln, werden wir merken, dass unser Gefühl nachzieht. Gott hat mir zwar Selbstdisziplin für Tage wie diesen geschenkt, aber es liegt immer noch an mir zu entscheiden, ob ich diese Gabe einsetze oder einfach auf mein Fleisch höre.

Paulus schreibt auch über »fleischlich gesinnte« Christen: Menschen, die Jesus zwar als ihren Retter angenommen, aber nie mit dem Heiligen Geist zusammengearbeitet haben, um geistliche Reife zu erlangen. In 1. Korinther 3,1-3 schrieb Paulus an die Christen in Korinth, dass er mit ihnen wie mit ungeistlichen Menschen reden muss, in denen die fleischliche Natur vorherrscht. Er konnte ihnen keine schwierigen Dinge beibringen, sondern musste ihnen leichte Kost vorsetzen: »Milch«, wie er schreibt. Er sagte ihnen, sie seien »ungeistlich«, weil sie sich von niederen Instinkten leiten ließen. Lassen Sie es zu, dass Sie von niederen Instinkten geleitet werden? Ich war heute sehr versucht, mich von solchen Instinkten leiten zu lassen. Ehrlich gesagt werde ich mit dieser Versuchung wahrscheinlich den ganzen Tag zu kämpfen haben. Um zu widerstehen, muss ich aktiv bleiben und etwas tun, das mir sinnvoll erscheint. Ich kann es mir nicht leisten, meinen Gefühlen nachzugeben, weil ich diesen Tag nicht vergeuden will.

Passivität bringt keinen Gewinn

Niemand kann es sich leisten, durch Nichtstun Zeit zu vergeuden. Gott belohnt Passivität nicht. Passive Menschen setzen ihren freien Willen nicht ein, um das Richtige zu tun. Stattdessen warten sie ab, bis sie sich danach fühlen etwas zu tun. Oder bis sie durch eine geheimnisvolle äußere Kraft dazu motiviert werden. Sie wünschen sich, es würde etwas Gutes passieren, vor allem ihnen selbst. Sie sind entschlossen, nichts zu tun und abzuwarten, ob es passiert. Gott begrüßt diese Einstellung nicht, denn sie ist eigentlich ziemlich gefährlich.

Auch die Entscheidung nichts zu tun ist eine Entscheidung, und zwar eine, die uns zunehmend schwächt. Sie gibt dem Teufel immer mehr Möglichkeiten, uns zu beherrschen. Auch ein leerer Raum ist ein Raum. Die Bibel sagt, dass der Teufel, wenn er irgendwo Leere vorfindet, diesen Raum sofort besetzt (Matthäus 12,43-44). Untätigkeit heißt, dass wir mit dem einverstanden sind, was auch immer gerade geschieht. Denn wenn wir nichts tun, um etwas zu verändern, denken wir scheinbar, dass alles in Ordnung ist, so wie es ist.

Tun Sie etwas

Wir haben schon verschiedene Menschen mit auf unsere Missionseinsätze genommen, um Menschen in Not zu helfen. Aber nicht alle reagieren gleich darauf. Alle verspüren Mitleid, wenn sie die schrecklichen Umstände sehen, unter denen die Menschen in entlegenen Dörfern in Afrika, Indien oder anderen Ländern leben müssen. Viele von ihnen weinen. Die meisten schütteln den Kopf und denken, dass diese Situation schrecklich ist. Aber nicht alle beschließen, etwas zu unternehmen, um die Lage zu ändern. Viele beten, dass Gott etwas tun solle und sind froh, dass unsere Organisation etwas tut. Aber sie denken nie daran, Gott eindringlich zu bitten, ihnen zu zeigen, was sie selbst tun können. Ich wage zu behaupten, dass die meisten von ihnen, wenn sie nach Hause zurückkehren, wieder mit ihrem eigenen Leben beschäftigt sind und schon bald wieder vergessen, was sie gesehen haben. Aber Gott sei Dank gibt es einige, die entschlossen sind, etwas zu verändern. Denken Sie daran: Die Gleichgültigkeit findet eine Ausrede, die Liebe eine Lösung. Jeder kann irgendetwas tun!

Denken Sie daran: Die Gleichgültigkeit findet eine Ausrede, die Liebe eine Lösung.

Ich erinnere mich noch an eine Frau, die beschlossen hatte, sie müsse unbedingt irgendwie helfen. Einige Zeit lang wusste sie nicht, was sie tun sollte, da sie kein Geld übrig hatte, um es zu spenden, und sie auch nicht in die Mission gehen konnte. Aber während sie fortwährend für die Situation betete, ermutigte Gott sie, auf das zu schauen, was sie hatte, statt auf das, was sie nicht hatte. Ihr wurde klar, dass sie sehr gut backen konnte. Also fragte sie den Pastor ihrer Gemeinde, ob sie sonntags Backwaren zum Verkauf anbieten dürfe, um den Erlös einem Missionswerk zu spenden. Auf diese Art konnten sie und auch einige andere Mitglieder ihrer Gemeinde etwas für die Mission tun und sie halfen anderen Menschen.

Ich kenne auch eine Frau, die so verzweifelt irgendetwas tun wollte, dass sie sich ihre wunderschönen langen Haare abschneiden ließ, sie verkaufte und das Geld für ein Waisenhaus spendete. Das klingt vielleicht ziemlich radikal, aber es ist mit Sicherheit besser, als nichts zu tun. Nichtstun ist gefährlich, weil es dem Teufel eine Gelegenheit gibt, in unser Leben einzugreifen.

Eine andere Frau, die ich einmal interviewt habe, ist Physiotherapeutin. Nachdem sie auf einer Konferenz gewesen war, auf der ich davon gesprochen hatte, wie wichtig es ist, sich um andere zu kümmern, organisierte sie einen Wellnesstag und beschloss, alle Einnahmen zu spenden. Sie nahm eintausend Dollar ein und spendete sie für ein Missionsprojekt. Sie erzählte mir auch, dass diese Aktion ihr Leben und das Leben derjenigen, die gekommen waren, verändert hatte. Sie erzählte mir, wie sehr sich alle gefreut hatten, mit ihr gemeinsam den Armen und Bedürftigen zu helfen.

Wir alle brauchen die Liebe anderer, aber ich glaube, dass unsere eigene Lebensfreude ganz eng damit verbunden ist, dass wir andere lieben. Wenn wir geben, geschieht etwas Wunderbares in uns.

Passivität ist eine Einladung an den Feind

Sich aufs Sofa zu legen oder in den Sessel zu setzen und Gott zu bitten, sich um alles zu kümmern, was erledigt werden muss, ist zwar einfach, aber wir sind dabei untätig und unproduktiv und öffnen uns so den Angriffen des Teufels. Wenn wir keine guten Gedanken im Kopf haben, dann kann der Teufel ihn ganz leicht mit schlechten Gedanken füllen. Wenn wir faul und träge sind, kann er uns ganz schnell dazu verführen, etwas Falsches zu tun, oder sogar zu sündigen. Die Bibel sagt uns wiederholt, dass wir handeln sollen, weil es uns davon abhält, faul und unproduktiv zu sein. Wenn wir darüber nachdenken, was wir für andere tun können, dann bleibt keine Zeit, etwas Schlechtes zu denken.

Untätige Menschen sind leicht entmutigt, depressiv und voller Selbstmitleid. Sie können alle möglichen Sünden begehen. Der Apostel Paulus schrieb, dass eine junge Witwe wieder heiraten solle, damit sie keine Tratschtante und Wichtigtuerin wird (1. Timotheus 5,11-15). Er schrieb sogar, dass einige der jungen Witwen durch ihr Nichtstun vom Glauben abgekommen sind und sich Satan zugewandt haben. Wie wichtig ist es also, aktiv zu bleiben? Ich glaube, die Briefe von Paulus zeigen, dass es lebenswichtig ist.

In der ganzen Bibel ermahnt uns Gott, nicht untätig zu sein. Wenn im Alten Testament ein Israelit starb, war es den Angehörigen nur für dreißig Tage gestattet zu trauern (5. Mose 34,8). Das mag auf den ersten Blick unsensibel klingen, aber Gott hat dieses Gesetz absichtlich gegeben, weil er weiß, dass lange Zeiten der

Trauer und Untätigkeit zu ernsthaften Problemen führen können.

Wir müssen aktiv bleiben – nicht übermäßig, damit wir keinen Burn-out bekommen, aber doch so, dass wir nicht vom richtigen Weg abkommen. Eine gesunde Balance ist hier sehr wichtig. Wir können nicht die ganze Zeit nur anderen helfen. Doch wenn wir nie jemandem helfen, bekommen wir auch ernste Probleme. Wenn Sie jemanden kennen, der untätig, faul und passiv ist, dann wird Ihnen wahrscheinlich auffallen, dass diese Person unglücklich ist, weil Untätigkeit und Unglücklichsein zusammengehören.

Vor einigen Jahren musste meine Tante in ein Haus mit betreutem Wohnen ziehen. Die ersten drei oder vier Jahre wollte sie dort gar nichts tun. Sie war traurig darüber, dass sie aus ihrem Haus ausziehen musste und hatte keinerlei Interesse daran, an dem neuen Leben teilzunehmen. Obwohl es zahlreiche Angebote gab und sogar die Möglichkeit, anderen zu helfen, bestand sie darauf, nichts zu tun. Tag für Tag saß sie in ihrer Wohnung und war deprimiert. Sie fühlte sich körperlich schwach, und es war oft schwer, mit ihr auszukommen. Schließlich beschloss sie, dass sie nicht länger herumsitzen und nichts tun wollte. Sie ging in eine Bibelstudiengruppe und besuchte die Patienten im Pflegeheim nebenan. Sie spielte mit anderen, ging zu Feiern und fand viele neue Freunde. Schon bald erzählte sie mir, dass sie glücklicher war als je zuvor und sich auch körperlich großartig fühlte.

Wer untätig ist, dessen Zustand verschlechtert sich immer mehr, bis die Untätigkeit sich auf alle Lebensbereiche auswirkt. Weil ein solcher Mensch passiv ist, lässt er sich von seiner Umgebung und den Umständen bestimmen. Er lässt sich von seinen Gefühlen leiten. Weil ihm nie danach ist, etwas zu tun, sieht er nur zu und beklagt sich, während sein Leben auseinanderbricht. Er möchte so vieles tun, wird aber von einem fast unbeschreiblichen Gefühl erdrückt. Er fühlt sich träge und hat keine Ideen. Er denkt vielleicht sogar, dass körperlich etwas mit ihm nicht stimmt, und dass seine fehlende Energie daher kommt. Das Leben ist für ihn zu einer langen Reihe unüberwindbarer Probleme geworden.

Wir werden häufig untätig, nachdem wir einen Rückschlag oder eine Reihe von Enttäuschungen oder etwas Tragisches erlebt haben. Darauf werde ich am Ende dieses Kapitels noch eingehen. Wenn so etwas passiert, wollen wir manchmal einfach aufgeben. Aber wenn wir das tun, wartet Satan schon darauf, über uns herzufallen und unsere Lage auszunutzen. Wir dürfen den Feind unter keinen Umständen durch Passivität in unser Leben lassen.

Mit Aktivität einen schlechten Tag besiegen

Während dieser Tag heute für mich ziemlich hart ist, gibt es Millionen von Menschen auf dieser Welt, die denken könnten, dass ich es sehr gut habe im Vergleich zu dem, was sie durchmachen. Seit mehr als zwei Jahrzehnten verschleppen Widerstandskämpfer in Ostafrika Kinder und zwingen sie, als Soldaten in einem Krieg zu kämpfen, der von diesen Guerillas angezettelt wurde. Sie haben dazu noch die Frechheit, sich »The Lord's Resistance Army (LRA)« – die Widerstandsarmee des Herrn – zu nennen. Diese Guerillas terrorisieren den Norden Ugandas. Sie entführen sogar Siebenjährige und zwingen sie zum Kämpfen oder machen sie zu Sex-Sklaven oder verlangen andere erniedrigende Tätigkeiten von ihnen. Manche Statistiken behaupten, dass bereits bis zu dreißig- oder vierzigtausend Kinder entführt worden sind. Was als Widerstand gegen die Regierung angefangen hatte, hat sich zu einem Abschlachten unschuldiger Menschen durch einen Befehlshaber entwickelt, der behauptet, eine Gesellschaft auf Basis der Zehn Gebote errichten zu wollen. Dabei bricht er jedes einzelne dieser Gebote.

Dieser Mann, Joseph Kony, war einmal Messdiener in der katholischen Kirche gewesen. Jetzt vermischt er das Alte Testament mit dem Koran und Stammesritualen, um daraus seine eigene Lehre zu entwickeln. Seine Vorgehensweise ist brutal. Während ich das schreibe, wurde ein Waffenstillstand vereinbart und viele der Kinder werden freigelassen. Aber die meisten ihrer Eltern wurden ermordet, sodass sie kein Zuhause mehr haben. Den meisten Kindern wurden Drogen gegeben, sodass sie jetzt davon abhängig sind. Sie wurden gezwungen, Gewalttaten zu verüben, die selbst für einen Erwachsenen unvorstellbar sind. Kinder wurden gezwungen, ihre gesamte Familie zu erschießen. Was sollen sie jetzt tun? Sie irren voller Zorn durch die Straßen und versuchen irgendwie zu vergessen, was sie getan haben. Sie brauchen Hilfe. Ich kann Gott jetzt bitten, mich dabei zu gebrauchen. Ich kann mich selbst vergessen und an Menschen wie diese Kinder denken – Menschen mit echten Problemen.

Ich kann mich noch an den hoffnungslosen Ausdruck in den Gesichtern der Menschen erinnern, als ich einmal nach Uganda reiste. Und darum werde ich mich weiterhin bemühen, ihnen Hilfe zu schicken. Ich kann mir überlegen, wie ich diese kleinen Gesichter zum Lächeln bringen kann, damit sie den Zorn vergessen, den ich gesehen habe, als ich dort ankam. Ich kann mir überlegen, wie ihr Leben aussehen könnte, wenn wir mithelfen, ein neues Dorf für sie aufzubauen, in dem sie Adoptiveltern bekommen, richtiges Essen, Liebe, Schulbildung und natürlich auch von Jesus und seinem Plan für ihr Leben erfahren.

Kindersoldaten

»Bitte, Gott, mach, dass heute niemand mehr getötet wird. Ich kann es nicht mehr mit ansehen.« So betet er.

In der Ferne kann Allen die Schreie und die Gewehrschüsse hören. Blankes Entsetzen überkommt ihn. Er weiß nur allzu gut, was diese Geräusche bedeuten. Wie könnte er das je vergessen? Es waren dieselben Geräusche, die er gehört hatte, unmittelbar bevor die Soldaten in sein Dorf gestürmt waren, seine Eltern gewaltsam entführt und dann zu Tode geprügelt hatten, um die anderen Geiseln zum Gehorsam zu zwingen.

An jenem schrecklichen Tag hatten die Rebellen Allen zurückgelassen. Aber nachdem er sich mit fünf anderen Jungen zusammen wochenlang im Busch versteckt gehalten hatte, ohne Nahrung und Wasser, hatten die Rebellen sie gefunden. Allen war damals erst zehn.

Seit er verschleppt worden war, hatte man ihn zwei bis drei Mal am Tag geschlagen und ihm kaum Nahrung und Wasser gegeben. *»Aufstehen, Junge. Es ist Zeit, deinen Freunden beim Sterben zuzusehen«*, schrie der Soldat Allen an. Er wurde gezwungen, hilflos zuzusehen wie die Rebellen seine Freunde mit Knüppeln auf den Kopf schlugen, bis sie reglos in ihrem eigenen Blut liegen blieben. Unter Todesdrohungen zwangen die Rebellen auch ihn, abscheuliche Dinge zu tun. Er spürte, wie sein Herz in der Finsternis versank ...

Heute Abend, wenn sie ihn wieder zum Holz sammeln schicken werden, will Allen davonlaufen. Er wird sehr schnell laufen; wenn es sein muss, wird er rennen, bis er zusammenbricht. Er träumt von der Freiheit. Wenn er weit genug läuft, kann er vielleicht einen Tag lang ohne das Töten leben und anfangen, wieder heil zu werden.

Allen lebt zurzeit in einem neuen Dorf in Gulu, Uganda, das für Kindersoldaten gebaut wurde. *Joyce Meyer Ministries* hat dieses Dorf gemeinsam mit *Watoto Ministries* aufgebaut, um betroffenen Kindern zu helfen.

Die Statistik belegt:

- Die LRA hat in Uganda bereits mehr als dreißigtausend Kinder verschleppt und zu Kindersoldaten oder Sex-Sklaven gemacht.[1]
- Bis 2007 gab es weltweit schätzungsweise 250 000 Kindersoldaten.[2]

Während ich mir noch überlege, ob ich den ganzen Tag deprimiert sein will, bekomme ich eine E-Mail von einigen Freunden, die schon seit über fünfundzwanzig Jahren im Dienst für Gott stehen. Sie berichten von ihrem 22-jährigen Sohn, der lebensgefährlich an Schilddrüsenkrebs erkrankt ist. Wenn ich über meinen eigenen Tellerrand hinausschaue und merke, was sonst noch alles in der Welt läuft, dann bin ich nicht mehr ganz so in meinen eigenen Problemen gefangen und bin dankbarer für das Gute, das ich empfange.

Es ist erstaunlich, wie viele unserer Probleme nur damit zusammenhängen, woran wir denken. Solange ich daran denke, was ich gerne hätte und nicht bekommen habe, wird meine Stimmung immer schlechter und schlechter und schlechter. Aber wenn ich daran denke, was ich habe und welche Tragödien andere Menschen durchstehen müssen, wird mir bewusst, dass ich eigentlich gar kein Problem habe. Statt in Selbstmitleid zu versinken, kann ich dankbar sein.

Ich bin Gott unendlich dankbar dafür, dass er mich immer wieder daran erinnert, dass ich Gutes tun soll. Denken Sie daran: Wir überwinden das Böse mit dem Guten (Römer 12,21). Hat jemand Sie schlecht behandelt? Beten Sie doch einfach für die Person. Dann geht es Ihnen besser. Sind Sie enttäuscht? Bitten Sie Gott, Ihnen andere Menschen zu zeigen, die noch mehr enttäuscht sind und versuchen Sie sie aufzubauen. Damit helfen Sie den anderen und gleichzeitig geht es Ihnen dabei auch besser.

Diese Welt wird immer gewaltsamer. Während ich weiterschreibe, kommt noch eine andere E-Mail. In einer Gemeinde in einer anderen Stadt gab es gestern Abend eine Schießerei, bei der zwei Menschen ums Leben kamen und fünf verletzt wurden. Das erinnert mich daran, was in Matthäus 24 steht. Dort nennt Jesus die Zeichen der Endzeit und sagt, dass mitten in aller Gewalt und Not die Liebe zwischen den Menschen erkalten wird. Dagegen müssen wir kämpfen. Wir dürfen es nicht zulassen, dass die Liebe verschwindet. Wenn das passiert, dann überlassen wir unsere Welt dem Bösen.

Als ich von der Schießerei in der Gemeinde erfuhr, hätte ich sagen können: »Oh, wie schrecklich.« Ich hätte für einige Minuten traurig sein und mich dann wieder meiner eigenen Enttäuschung widmen können. Aber das habe ich nicht zugelassen, weil ich nicht mit dieser Einstellung leben will. Nachdem ich von diesem Vorfall erfuhr, dachte ich einige Minuten nach und beschloss dann, meinen Sohn zu bitten, den Pastor anzurufen und ihn zu fragen, was wir für sie tun können. Vielleicht brauchten die Familien, die einen Angehörigen verloren hatten, irgendetwas. Oder vielleicht half es auch schon, wenn sie nur wussten, dass sich jemand um sie sorgte.

Es ist erstaunlich, wie oft wir schwere Zeiten durchmachen und niemand uns anruft. Wahrscheinlich meinen alle, die anderen würden anrufen. Doch am Ende ruft keiner an.

Wessen Aufgabe ist das?

Die folgende Geschichte habe ich vor Jahren einmal gehört. Sie handelt von vier Menschen namens Jeder, Jemand, Irgendwer und Niemand. Es gab eine wichtige Aufgabe zu erledigen. Jeder war sich ganz sicher, dass Jemand sie schon erledigen würde. Irgendwer hätte sie erledigen können, aber Niemand tat es. Jemand wurde wütend darüber, weil es eigentlich die Aufgabe von Jedem gewesen wäre. Jeder hatte gedacht, das könne doch Irgendwer machen, aber Niemand merkte, dass Jeder es nicht tat. Letzten Endes gab Jeder Jemand die Schuld, weil Niemand tat, was Irgendwer hätte tun sollen.

Ich habe einmal von einem schockierenden Zwischenfall gelesen, der das Prinzip dieser Geschichte belegt. Leider war dies wirklich geschehen. 1964 wurde Catherine Genovese im New Yorker Stadtteil Queens vor ihrer Wohnung fünfunddreißig Minuten lang brutal zu Tode gestochen, während achtunddreißig Nachbarn zusahen. Ihre Reaktion wurde als kalt und gleichgültig beschrieben, das Resultat großstädtischer Teilnahmslosigkeit und Entfremdung. Spätere Nachforschungen der Wissenschaftler Latane und Darley zeigten, dass schlichtweg deshalb niemand geholfen hatte, weil es so viele gesehen hatten. Die Beobachter warteten darauf, dass einer die Initiative ergreifen würde. Da niemand etwas unternahm, schlossen sie daraus, dass es nicht nötig war.

Je mehr Beobachter es gibt, desto geringer ist die Chance, dass Menschen in einer Notsituation geholfen wird. Bei einer Studie, in der ein Student vorgab, einen epileptischen Anfall zu haben, wurde ihm in 85 Prozent der Fälle geholfen, wenn nur ein Beobachter anwesend war. Aber wenn mehrere Beobachter zugegen waren, wurde ihm nur in 31 Prozent der Fälle geholfen.

Diese Studie belegt: Je mehr Menschen untätig bleiben, desto mehr bleiben andere ebenfalls untätig. Aber wenn auch nur eine kleine Gruppe von Menschen anfängt, sich mit Fürsorge, Liebe, einem Lächeln, Lob, Wertschätzung und Respekt um andere zu kümmern, wird diese Bewegung wachsen.

Studien belegen, dass wir sehr stark von dem beeinflusst werden, was die Menschen um uns herum tun. Wir warten darauf, dass jemand vorangeht, auch wenn uns das vielleicht gar nicht so bewusst ist. Die meisten Menschen richten sich nach der Mehrheit, auch wenn sie in Wirklichkeit vielleicht anderer Meinung sind. Sie tun es einfach, um kein Außenseiter zu sein.

Wenn wir bei der Revolution der Liebe mitmachen wollen, dann müssen wir als Christen mit gutem Beispiel vorangehen, statt uns dem gesellschaftlichen System anzupassen. Wäre jemand mutig genug gewesen, einzugreifen, oder hätte genug Nächstenliebe gezeigt, dann könnte Catherine Genovese vielleicht noch am Leben sein.

Beten Sie so, dass Gott Sie erhören kann?

Ich möchte Ihnen einen Vorschlag machen, wie Sie beten können. Fragen Sie Gott jeden Tag, was Sie für ihn tun können. Achten Sie dann tagsüber besonders auf Situationen, in denen Sie das tun können, was Sie glauben, dass Jesus getan hätte, wenn er heute noch leibhaftig bei uns wäre. Wenn Sie Christ sind, lebt er in Ihnen und Sie sind sein Botschafter. Sorgen Sie also dafür, dass Sie ihn gut repräsentieren. Ich habe Gott jahrelang in meiner morgendlichen Gebetszeit immer gesagt, was er für mich tun soll. Erst viel später habe ich ein neues Gebet zu meiner Liste hinzugefügt: »Gott, was kann ich heute für dich tun?«

Vor Kurzem habe ich Gott gebeten, einer Freundin zu helfen, die gerade eine sehr schwierige Situation durchmacht. Sie brauchte etwas, und ich bat Gott, es ihr zu geben. Zu meiner großen Überraschung antwortete er mir: »Hör auf, mich darum zu bitten, ihr zu helfen. Bitte mich lieber, dir zu zeigen, was *du* tun kannst.« Mir wurde bewusst, dass ich Gott oft bitte, dass er etwas für mich tut, obwohl er eigentlich möchte, dass ich es selbst tue. Er erwartet nicht von mir, dass ich irgendetwas ohne seine Hilfe tue, aber genauso wenig wird er alles für mich tun, während ich untätig daneben sitze. Gott will, dass wir bereit sind, uns einbinden zu lassen. Er will, dass wir anderen im Rahmen unserer Möglichkeiten helfen. Und wenn das, was wir tun können, nicht reicht, dann können wir andere auffordern mitzuhelfen, damit wir der Not gemeinsam begegnen können.

Gott will, dass wir bereit sind, uns einbinden zu lassen.

Ich möchte Sie herausfordern, so zu beten, dass Gott Sie erhören kann. Sie sind sein Partner und er will mit Ihnen und durch Sie wirken. Bitten Sie ihn, Ihnen zu zeigen, was Sie tun können. Verlassen Sie sich ganz auf ihn, Ihnen nicht nur die Ideen, sondern auch die Mittel und Fähigkeiten zu geben, es zu tun.

Keine Angst, wenn ich schreibe: »Nutzen Sie Ihre Mittel und Fähigkeiten.« Ich meine damit nicht nur das Geld. Zu unseren Mitteln gehören außer dem Geld auch unsere Kraft, unsere Zeit, unsere Gaben und unser materieller Besitz. Jemandem zu helfen kann bedeuten, Geld zu geben. Aber sehr oft bedeutet es auch, Zeit zu geben. Ich glaube in unserer heutigen Gesellschaft ist die Zeit so knapp, dass es uns oft leichter fällt, Geld zu geben, als uns für jemanden in Not Zeit zu nehmen. Ich bin zu der Überzeugung gelangt, dass das »Da-Sein« das ist, was die Menschen am meisten brauchen.

Eine Freundin von mir wohnt in einer Großstadt, in der Obdachlosigkeit ein großes Problem ist. Im Winter kam sie einmal von der Arbeit nach Hause und ging an einem Mann vorbei, der um Geld bat. Es war dunkel und kalt, sie hatte einen langen Arbeitstag hinter sich und wollte möglichst schnell nach Hause. In dieser nicht ganz ungefährlichen Situation wollte sie ihren Geldbeutel nicht herausholen. So griff sie in ihre Handtasche, um nach ein paar losen Münzen zu kramen. Während sie vergeblich suchte, erzählte ihr der Mann, dass man ihm im Obdachlosenheim, wo er die Nacht verbracht hatte, den Mantel gestohlen hatte und erzählte noch von einigen anderen Schwierigkeiten. Während sie noch versuchte, ein paar Münzen aus ihrer Tasche zu fischen, nickte sie immer wieder zustimmend und sagte ab und zu: »Das ist ja wirklich schlimm.« Als sie endlich ein paar Münzen fand, ließ sie sie in den Becher des Mannes fallen. Er lächelte und sagte: »Danke, dass Sie sich mit mir unterhalten haben.« Meine Freundin sagte, ihr sei an jenem Abend klar geworden, dass er zwar für die fünfzig Cent dankbar gewesen sei, aber die Tatsache, dass jemand ihm zugehört und geantwortet hatte, viel bedeutsamer für ihn gewesen war.

In unserer Organisation haben wir ein Team von Mitarbeitern, die versuchen, den Menschen zu helfen, die unter den Brücken und in den Unterführungen der Stadt leben. All diese Menschen haben einmal anders gelebt und haben ihre eigene Geschichte. Dann ist irgendetwas Tragisches passiert, was sie in ihre gegenwärtige Lage gebracht hat. Sie sind dankbar für die Brote und dass sie in die Gemeinderäume gebracht werden, wo sie duschen können und saubere Kleidung bekommen. Aber am meisten freuen sie sich darüber, dass sie jemandem wichtig genug sind, dass er sich mit ihnen unterhält und sich anhört, wer sie sind und was ihnen passiert ist.

Ich möchte Ihnen Mut machen, alles zu tun, was Sie nur können, um anderen zu helfen. Wenn jemand Sie braucht, nehmen Sie sich die Zeit. Fragen Sie Gott, was er von Ihnen möchte, dann wird er Ihr Gebet sicher erhören, damit Sie es tun können.

Üben Sie sich in aktiver Güte

Glauben Sie, dass die Welt voller Ungerechtigkeit ist? Meinen Sie, man sollte etwas dagegen tun, dass Kinder verhungern? Sollte jemand den 1,1 Millionen Menschen helfen, die kein sauberes Trinkwasser haben? Sollen Menschen auf der Straße und unter Brücken leben? Darf es sein, dass einer Familie, mit der Sie Jahre lang zusammen in den Gottesdienst gegangen sind, ein Unglück widerfährt, und niemand ruft sie an und fragt nach, weshalb sie nicht mehr in den Gottesdienst kommen? Ist es richtig, nur zu beten und nichts zu unternehmen, wenn in Ihrer Stadt das Gebäude einer anderen Gemeinde abbrennt? Glauben Sie, jemand sollte etwas gegen die Ungerechtigkeit tun? Irgendwie habe ich den Eindruck, dass Sie alle diese Fragen richtig beantwortet haben. Deshalb habe ich jetzt noch eine letzte Frage. Was werden Sie unternehmen? Werden Sie der »Jemand« sein, der das tut, was getan werden muss?

Wenn ich Sie jetzt frage, was Sie tun werden, haben Sie dann ein wenig Angst, weil Sie nicht wissen, was es bedeuten wird, »etwas zu tun«? Ich verstehe diese Angst sehr gut. Was wird aus mir, wenn ich wirklich beschließe, mich selbst loszulassen und aktiv anderen Menschen zu helfen? Wer wird sich um mich kümmern, wenn ich das nicht tue? Gott hat zugesagt, dass er es tut. Deshalb denke ich, dass wir ausprobieren sollten, ob er es wirklich ernst gemeint hat. Wie wäre es, wenn wir uns aus der »Selbst-Pflege« zurückziehen und abwarten, ob Gott das nicht viel besser kann als wir. Wenn wir uns um seine Angelegenheiten kümmern, nämlich den Armen und Leidenden zu helfen, wird er sich um uns kümmern. Davon bin ich überzeugt.

Nur weiter!

Am Ende dieses Kapitels möchte ich noch sagen, dass mir bewusst ist, dass manchmal Dinge in unserem Leben geschehen, bei denen wir uns am liebsten eine Weile aus dieser Welt zurückziehen würden. Mir ist klar, dass es manchmal große Veränderungen im Leben gibt, auf die man sich erst wieder neu einstellen muss. Oder ein tragischer Verlust oder ein traumatisches Erlebnis bringt Menschen dazu, sich zurückzuziehen. Ich habe großes Verständnis für diese Situationen. Wenn Sie in irgendeiner Weise einen Verlust erlitten haben und jetzt wie betäubt sind und Ihnen gar nicht danach ist, irgendetwas zu tun, kann ich gut verstehen, wie Sie sich fühlen. Aber ich möchte Ihnen Mut machen, sich selbst zu zwingen, weiterzumachen. Satan möchte Sie isolieren, weil Sie im Moment vielleicht nicht die Kraft haben, sich gegen seine Lügen zu wehren. Mir ist klar, dass es vielleicht beinahe lächerlich klingt, wenn ich Ihnen sage, Sie sollen jemand anderem helfen. Aber ich bin fest davon überzeugt, dass das Ihr bester Schutz ist und zugleich die Antwort auf die Probleme dieser Welt.

Ich will es noch einmal sagen: Ich bin fest davon überzeugt, dass wir eine Revolution der Liebe brauchen. Egoismus, Depressionen, Entmutigung und Selbstmitleid haben wir schon ausprobiert – und gesehen, was es bringt. Überall auf der Welt sehen wir das Ergebnis. Lassen Sie uns gemeinsam beschließen, das Leben so zu leben, wie Gott es von uns will. Denken Sie daran, für andere ein Segen zu sein (Galater 6,10). Ziehen Sie die Liebe an (Kolosser 3,14). Das heißt, dass man sich bewusst anderen Menschen zuwendet. Beten Sie und halten Sie die Augen nach Gelegenheiten offen. Seien Sie ein Spion für Gott! Jesus hat jeden Tag Gutes getan (Apostelgeschichte 10,38). Das klingt so einfach. Ich frage mich, wie wir es die ganze Zeit verpassen konnten.

Kapitel 4

Sich von Gott unterbrechen lassen

Jetzt ist der richtige Zeitpunkt, nicht morgen und auch nicht zu einer passenderen Gelegenheit. Heute, nicht an irgendeinem anderen Tag oder in einem anderen Jahr, können wir unsere beste Arbeit tun.
W. E. B. DuBois (amerikanischer Bürgerrechtler, 1868–1963)

Während meiner dienstlichen Reisen übernachte ich oft in Hotels. Wenn ich dann in meinem Zimmer bin, hänge ich immer das »Bitte nicht stören«-Schild an die Tür, damit mich alle in Ruhe lassen. An der Tür meines Hotelzimmers ist so ein Schild in Ordnung, aber an der Tür meines Lebens nicht.

Ist Ihnen schon einmal aufgefallen, dass Gott nicht immer alles nach Ihrem Zeitplan oder Ihren Vorstellungen macht? Paulus schrieb an Timotheus, dass er als Diener Gottes und Mitarbeiter am Evangelium seine Pflicht zu passender und unpassender Zeit zu erfüllen habe (2. Timotheus 4,2). Ich glaube nicht, dass Timotheus auch nur annähernd so bequem war wie wir heute. Dennoch hielt Paulus es für wichtig, ihn daran zu erinnern, dass er darauf gefasst sein muss, von Gott gestört zu werden. Wenn Timotheus diese Erinnerung nötig hatte, dann müssen wir sie ganz sicher auch oft hören, denn wir hängen bestimmt noch viel mehr an unserer Bequemlichkeit als Timotheus. Ich muss nur mir selbst einmal zuhören, wenn ich wieder jammere, weil irgendein Gerät nicht richtig läuft – der Geschirrspüler, die Klimaanlage, der Föhn, der Wäschetrockner, die Waschmaschine, die Mikrowelle und so weiter. Dann weiß ich, wie sehr ich Bequemlichkeit schätze.

Ich höre wie Teilnehmer unserer Veranstaltungen in Amerika sich beschweren, weil sie ein paar Straßen vom Veranstaltungsort entfernt parken müssen. Doch in Indien gehen die Menschen drei Tage zu Fuß, um an einer Konferenz teilzunehmen. In Amerika beobachte ich, wie Teilnehmer ihre Sitznachbarn stören, weil sie auf die Toilette gehen, sich etwas zu trinken holen oder einen Anruf entgegennehmen wollen. In Indien dagegen sitzen die Menschen fast den ganzen Tag auf dem Boden, ohne sich zu rühren. Bei uns beklagt man sich, wenn es zu heiß oder zu kalt ist. Aber in Indien höre ich Klagen über die Hitze nur von unseren eigenen Leuten – einschließlich mir selbst.

Ich glaube, wir sind bequemlichkeitssüchtig. Damit will ich nicht sagen, dass wir unsere modernen technischen Geräte ausschalten sollten. Mir ist auch klar, dass wir uns wünschen, was wir gewohnt sind. Aber wir brauchen die richtige Einstellung zur Bequemlichkeit. Gott sei Dank (im wahrsten Sinn des Wortes), dass wir diese Dinge haben. Aber wenn wir sie nicht haben können, sollte uns das niemals davon abhalten, das zu tun, was Gott von uns will.

Ich erinnere mich noch an eine Begebenheit vor einigen Jahren, als ein blindes Ehepaar mittwochabends zu unseren Vorträgen kommen wollte, die wir in der Festhalle in St. Louis abhielten. Normalerweise kamen sie mit dem Bus. Aber ihre Buslinie fuhr nicht mehr. So hätte sie jemand abholen und nach Hause bringen müssen, wenn sie weiterhin kommen wollten. Welch eine großartige Gelegenheit! Ich dachte, die Menschen würden sich darum reißen, ihnen zu helfen. Aber niemand erklärte sich bereit, weil sie »ab vom Schuss« wohnten.

Anders ausgedrückt: Dieses Ehepaar zu fahren, wäre sehr unbequem gewesen. Ich weiß noch, dass ich einen unserer Mitarbeiter abstellen musste, um sie zu fahren, wofür wir ihn bezahlen mussten. Es ist erstaunlich, wie viel bereitwilliger wir »helfen«, wenn wir dafür bezahlt werden. Wir sollten daran denken, dass die Liebe zum Geld die Wurzel allen Übels ist. Wir dürfen es nicht zulassen, dass das Geld unsere größte Motivation im Leben ist. Wir alle brauchen Geld, aber wir alle müssen auch etwas für andere tun. Die Tatsache, dass diese guten Taten manchmal unbequem sind, ist sogar gut für uns. Oft sind solche Gelegenheiten Momente, in denen wir auf die Probe gestellt werden. Dann will Gott sehen, ob wir es wirklich ernst meinen. Wenn Sie bereit sind, jemand anderes eine Freundlichkeit zu erweisen, ohne Bezahlung und vielleicht sogar ohne Anerkennung, ist das ein positives Zeichen dafür, dass Ihr Herz noch in einem geistlich guten Zustand ist.

Als Gott sehen wollte, ob die Israeliten seine Gebote befolgten, führte er sie den langen, schweren Weg durch die Wüste (5. Mose 8,1-2). Manchmal macht er mit uns das Gleiche. Wir sind sofort bereit, Gott zu »gehorchen«, wenn es einfach ist und unsere Anstrengungen gleich belohnt werden. Aber wie sieht es aus, wenn es unbequem ist, wenn es nicht nach unserem Plan geht, und wenn dabei nichts für uns herausspringt? Wie gehorsam sind wir dann noch? Diese Fragen sollten wir uns stellen, denn wir müssen mit unserer Hingabe ehrlich sein. Es ist einfach, im Gottesdienst zu singen: »Alles will ich weih'n.« Aber wie sieht es aus, wenn die Hingabe nicht nur ein Lied ist, sondern praktisch gefordert wird?

Gott, jetzt passt es gerade gar nicht

Die Bibel erzählt die Geschichte eines Mannes, der Jesus nicht nachfolgte, weil es unpassend gewesen wäre. Dieser Mann namens Felix bat Paulus zu kommen und ihm das Evangelium zu predigen. Aber als Paulus ihm vom rechten Lebensstil, Reinheit und Selbstbeherrschung erzählte, bekam es Felix mit der Angst zu tun. Er befahl Paulus zu gehen und sagte, er werde ihn zu einer passenderen Zeit wieder rufen (Apostelgeschichte 24,25).

Ich finde das sehr amüsant, nicht weil es tatsächlich lustig ist, sondern weil es so deutlich zeigt, wie wir sind. Es macht uns nichts aus zu hören, wie sehr Gott uns liebt und dass er gute Pläne für unser Leben hat. Aber wenn Gott anfängt, uns zu züchtigen oder in irgendeiner Weise zurechtzuweisen, wollen wir ihm sagen, dass dafür im Moment nicht der »passende« Zeitpunkt ist. Ich bezweifle, dass Gott dafür je einen Zeitpunkt wählen würde, den wir als »passend« empfinden. Ich glaube, dass er das mit Absicht tut!

Als die Israeliten durch die Wüste wanderten, wurden sie am Tag von einer Wolkensäule und bei Nacht von einer Feuersäule geführt. Immer wenn die Wolkensäule weiterzog, mussten sie weiterziehen. Wenn sie stehen blieb, schlugen sie dort ihr Lager auf. Das Interessante daran ist, dass es keinen ihnen bekannten Plan und keine Regel gab, nach der sich die Wolke bewegte. Sie mussten einfach weiterziehen, wenn die Wolkensäule weiterzog (4. Mose 9,15-23). Die Bibel berichtet, dass sie manchmal am Tag und manchmal nachts weiterzog. Manchmal blieb sie einige Tage an einem Ort, manchmal nur einen. Ich wage zu bezweifeln, dass die Israeliten nachts alle ein »Bitte nicht stören«-Schild am Zelteingang hängen hatten, um Gott zu sagen, dass er sie bitte in Ruhe lassen solle. Wenn Gott beschloss, dass es Zeit war weiterzuziehen, packten sie alles zusammen und folgten ihm. Und wenn er beschließt, dass es für uns an der Zeit ist, auf unserer Lebensreise mit ihm einen Schritt weiterzugehen, sollten wir niemals sagen: »Jetzt passt es gerade gar nicht!«

Wäre es nicht nett, wenn Gott den Israeliten einen Zeitplan gegeben hätte, auf dem alle Tage, an denen sie weiterziehen mussten, eingetragen gewesen wären, damit sie sich mental, emotional und praktisch darauf vorbereiten konnten? Warum hat er das wohl nicht getan? Ist es vielleicht, weil er uns absichtlich stört, um zu sehen, wie wir reagieren?

Gott weiß es am besten, und sein Zeitplan passt immer ganz genau. Die Tatsache, dass ich mich nicht danach *fühle*, mich mit etwas auseinanderzusetzen, heißt nicht, dass es jetzt nicht dran ist. Gott leitet das Mittel-und-Wege-Komitee, und seine Wege sind nicht unsere Wege, denn sie sind höher und besser als unsere Wege (Jesaja 55,9).

Warum kann es nicht einfacher sein?

Warum macht Gott es nicht leichter und kostengünstiger für uns, wenn er will, dass wir anderen Menschen helfen? Lassen Sie mich diese Frage mit einer Gegenfrage beantworten. Musste Jesus etwas opfern, um uns von der Sünde zu befreien? Warum hat Gott wohl den Plan für unsere Rettung nicht einfacher gestaltet? Schließlich hätte er alles planen können, wie er es wollte, und hätte dann nur sagen müssen: »Das wird funktionieren.« Es scheint so, als ob nach Gottes Rechnung etwas Billiges nichts wert ist. König David hat einmal gesagt, er wolle Gott kein Opfer bringen, das ihn nichts gekostet hat (2. Samuel 24,24). Ich selbst habe gelernt, dass Geben nur dann echtes Geben ist, wenn man es fühlt. Meine ausgedienten Kleidungsstücke und Haushaltsgeräte zu verschenken, mag zwar eine nette Geste sein, aber es ist nicht das Gleiche wie echtes Geben. Echtes Geben ist, wenn ich jemandem etwas gebe, das ich gerne noch behalten würde. Sie kennen sicher auch solche schweren Momente, in denen Gott Sie auffordert, etwas zu verschenken, was Sie selbst mögen. Er hat uns seinen einzigen Sohn gegeben, weil er uns liebt. Und wozu wird die Liebe uns drängen? Lassen wir uns wenigstens ab und zu stören oder tun etwas Unbequemes, um einem Menschen in Not zu helfen?

Vor Kurzem sah ich im Fernsehen die Geschichte eines jungen Paares, das sich sehr liebte und bald heiraten wollte. Tragischerweise hatte sie einen Verkehrsunfall und lag monatelang im Koma. Ihr Verlobter saß Tag für Tag an ihrem Bett, bis sie schließlich aufwachte. Aber sie hatte eine Gehirnverletzung und würde für immer behindert sein und vieles nicht alleine tun können. Der junge Mann dachte nicht einen Moment daran, sie nicht zu heiraten. Sie kam im Rollstuhl zum Altar und war aufgrund ihrer Verletzungen nicht in der Lage, deutlich zu sprechen, aber offensichtlich überglücklich. Für den Rest seines Lebens sorgte der Mann für sie und sie genossen ihr gemeinsames Leben. Durch seine Unterstützung und Ermutigung konnte sie sogar an den Paralympischen Spielen teilnehmen und Erstaunliches leisten.

Es wäre so einfach und für die meisten von uns sogar verständlich gewesen, wenn der junge Mann sie einfach verlassen hätte. Bei ihr zu bleiben hieß schließlich, dass er ein Opfer bringen musste und das Leben jeden Tag sehr unbequem würde. Aber er ist nicht einfach gegangen, wie so viele Menschen, wenn sie unbequemen Situationen gegenüberstehen. Er blieb bei ihr und hat wahrscheinlich mehr Freude im Leben erlebt, als die meisten von uns.

Wenn es Ihnen so geht wie mir, dann lesen Sie gerne Geschichten von Menschen, die für andere große Opfer gebracht haben. Aber ich vermute, dass Gott mehr will, als dass wir nur derartige Geschichten lesen. Vielleicht möchte er, dass Sie selbst so eine Geschichte haben.

Unannehmlichkeiten für anderer Leute Annehmlichkeit

Gott kann einen Menschen stören und ihn auffordern, etwas Unbequemes zu tun, damit das Leben eines anderen Menschen angenehmer wird. Wir müssen Gottes Wege verstehen, damit wir uns nicht gegen das wehren, wofür wir eigentlich offen sein sollten. Die Wahrheit ist ganz einfach: Wir müssen geben, um glücklich zu werden. Geben ist kein echtes Geben, wenn es kein Opfer für uns bedeutet.

Petrus, Andreas, Jakobus, Johannes und die übrigen Jünger wurden sehr geehrt. Sie wurden auserwählt, die zwölf Jünger zu sein, die von Jesus lernen und später das Evangelium in die ganze Welt hinaustragen sollten. Als Jesus sie berief, waren sie alle beschäftigt. Sie führten ein Leben mit Familie und Beruf. Ganz ohne Vorwarnung kam Jesus daher und sagte: »Komm, folge mir nach.« Die Bibel berichtet, dass Petrus und Andreas dabei waren, ihre Fischernetze auszuwerfen, als Jesus sie rief. Und sie ließen ihre Netze zurück und folgten ihm (Matthäus 4,18-21). So viel zum Thema Störung! Jesus kam nicht und sagte, sie sollten einmal darüber beten, oder nachdenken, oder nach Hause gehen und mit ihren Frauen und Kindern darüber sprechen. Er sagte einfach: »Komm, folge mir nach.«

Sie fragten nicht, wie lange sie weg sein würden oder was Jesus ihnen als Lohn zahlen würde. Sie fragten nicht nach Extras, Reisekostenerstattung oder in welchem Hotel sie untergebracht sein würden. Sie fragten ihn nicht einmal nach einer Arbeitsplatzbeschreibung. Sie ließen einfach alles zurück und folgten ihm nach. Sogar wenn ich es jetzt lese, scheint es mir ziemlich gravierend. Aber vielleicht erfordert eine große Gelegenheit auch ein großes Opfer.

Ich kann mich noch daran erinnern, dass ich mich einmal über etwas beklagte, das Gott von mir zu verlangen schien. Ich hatte das Gefühl, dass er von anderen weniger verlangte. Er antwortete mir einfach: »Joyce, du hast mich um viel gebeten. Willst du es, oder nicht?« Ich hatte ihn gebeten, mich zu befähigen, vielen Menschen auf der ganzen Welt helfen zu können. Doch jetzt musste ich lernen, dass das Vorrecht, das tun zu können, oft auch störend und unbequem war.

Es ist unmöglich, etwas zu ernten, wenn man keine Saat ausgestreut hat. König Salomo schrieb, dass wir niemals etwas ernten werden, wenn wir warten, bis alle Voraussetzungen zum Säen ideal sind (Prediger 11,4). Anders ausgedrückt: Wir müssen geben und Gott gehorchen, auch wenn es unbequem ist und uns etwas kostet. Vielleicht wurden diese zwölf Männer auserwählt, weil sie bereit waren, das zu tun, wozu andere nicht bereit waren. Die Bibel berichtet zwar nicht davon, dass Jesus auch Menschen berufen hat, die sich geweigert haben, aber vielleicht hat er es getan. Vielleicht musste er mit Tausenden sprechen, um zwölf zu finden. Zumindest denke ich, dass es heute so ist. Menschen, die bereit sind etwas zu opfern, sich stören und ihre Pläne durchkreuzen zu lassen, gibt es nur wenige. Viele singen von ihrer Liebe zu Jesus. Das ist schön. Aber wir müssen daran denken, dass Singen zwar schön ist, aber kein Opfer von uns verlangt. Wahre Liebe verlangt Opfer.

Ich glaube, dass man deshalb in der Welt nur selten wahre Liebe sieht, weil sie anstrengend ist und immer einen Preis hat. Wenn wir ernsthaft an einer Revolution der Liebe teilnehmen wollen, dürfen wir das nicht vergessen. Es ist immer klug, zuerst den Preis zu überschlagen, bevor man sich ernsthaft auf etwas einlässt, sonst werden wir die Sache wahrscheinlich nicht zu Ende führen.

Von Gott gestört werden

Je mehr ich mich mit den unserer Meinung nach »großen« Männern und Frauen der Bibel beschäftige, desto mehr erkenne ich, dass sie alle große Opfer gebracht haben. Was Gott von ihnen verlangte, war alles andere als bequem.

Abraham musste sein Land, seine Verwandten und seine Heimat verlassen, um in ein Land zu ziehen, von dem Gott ihm noch nicht einmal sagte, wo es war, bis er dorthin kam. Vielleicht dachte Abraham, er käme als König in einen Palast. Stattdessen musste er im Zelt von Ort zu Ort wandern. Während einer Hungersnot landete er in Ägypten, einem schwer gebeutelten Land (1. Mose 12,10). Obwohl er ein großes Opfer bringen musste, bekam Abraham doch das Vorrecht, der Mann zu sein, mit dem Gott seinen Bund schloss, und durch ihn können alle Familien auf dieser Erde von Gott gesegnet werden (1. Mose 22,18). *Wow!*

Josef bewahrte ein ganzes Volk vor dem Hungertod. Aber dazu musste Gott ihn erst gewaltsam von seinem bequemen Zuhause entfernen, wo er Papas Liebling war, und ihn für viele Jahre an einen sehr unbequemen Ort bringen. Gott tat das, damit Joseph später zum richtigen Zeitpunkt am richtigen Ort war. Aber das erfuhr Josef erst hinterher. Wir verstehen oft nicht, warum wir dort sind, wo wir sind, und sagen: »Gott, was soll ich hier?« Ich weiß, dass ich das oft zu Gott gesagt habe. Obwohl er mir darauf nicht sofort eine Antwort gegeben hat, sehe ich jetzt im

Rückblick, dass mich jeder Ort, an dem ich war, ein Stück näher an den Ort gebracht hat, an dem ich heute stehe.

Ester rettete die Juden vor der Vernichtung, aber dazu hat Gott erst einmal ihre eigenen Pläne durchkreuzt. Sie war eine junge, unverheiratete Frau, die ganz sicher eigene Pläne für ihre Zukunft hatte, als sie plötzlich ohne jede Vorwarnung in den königlichen Harem geholt wurde. Dort gewann sie die Gunst des Königs und konnte so den Plan des bösen Haman aufdecken, der alle Juden umbringen lassen wollte.

Ester musste Dinge tun, bei denen sie um ihr Leben fürchtete. Aber ihr Onkel sagte in weiser Voraussicht: *Denn wenn du zu diesem Zeitpunkt wirklich schweigst, so wird Befreiung und Rettung für die Juden von einem andern Ort her erstehen. Du aber und das Haus deines Vaters, ihr werdet umkommen Und wer erkennt, ob du nicht gerade für einen Zeitpunkt wie diesen zur Königswürde gelangt bist?* (Ester 4,14).

Wäre Ester zu diesem Opfer nicht bereit gewesen, hätte Gott jemand anderes gefunden. Aber es war ihr Schicksal, ihr eigenes Volk zu retten. Es war ihre Lebensaufgabe. Verpassen Sie Ihre Lebensaufgabe nicht, nur weil Sie nicht wollen, dass Gott Ihre Pläne durchkreuzt.

Die Liste der Menschen, die in ihrem Gehorsam Opfer gebracht haben, könnte man endlos weiterführen. Die Bibel nennt sie Menschen, derer die Welt nicht wert war (Hebräer 11,38).

Diese Menschen, von denen wir da lesen, mussten Unannehmlichkeiten auf sich nehmen, damit das Leben anderer Menschen angenehmer wurde. Jesus starb, damit wir das Leben haben können, und zwar das Leben in Fülle. Väter gehen arbeiten, damit es ihre Familien gut haben. Mütter erdulden Geburtswehen, um ein Kind zur Welt zu bringen. Es scheint offensichtlich zu sein, dass jemand Schmerzen oder Unannehmlichkeiten erdulden muss, damit jemand anderes einen Nutzen davon hat.

Dieses Kapitel ist sehr wichtig, denn wenn eine Revolution der Liebe für Sie nur ein schöner Gedanke ist, bei dem Sie ein gutes Gefühl haben, dann werden Sie ganz schnell Ihre Meinung ändern, wenn Sie merken, dass Sie einige Dinge tun müssen, die

Sie lieber nicht tun würden, um bei dieser Revolution mitzumachen. Sie müssen vielleicht mit jemandem auskommen, dem Sie lieber aus dem Weg gehen würden, weil die Liebe die Fehler und Schwächen der anderen erträgt. Vielleicht müssen Sie es in einer Situation aushalten, die nicht besonders viel Freude macht, weil Sie dort das einzige Licht in der Dunkelheit sind. Vielleicht müssen Sie auch einen Ort verlassen, in dessen Umgebung Sie zur Sünde verführt werden. Abraham lebte übrigens unter lauter Götzenanbetern, einschließlich seiner eigenen Familie. Es ist also kein Wunder, dass Gott ihn aufforderte, diesen Ort und diese Menschen zu verlassen. Manchmal muss Gott uns von dem, was uns vertraut ist, loslösen, damit er uns zeigen kann, was wir sehen sollen.

Wenn Sie zu dem Entschluss kommen, dass Ihnen Unannehmlichkeiten und Störungen nichts ausmachen, kann Gott Sie gebrauchen.

Wenn Sie zu dem Entschluss kommen, dass Ihnen Unannehmlichkeiten und Störungen nichts ausmachen, kann Gott Sie gebrauchen. Dann können Sie in dieser Welt etwas verändern.

Aber wenn Sie an Ihrem Komfort hängen, muss Gott sich jemand anderes suchen, der mehr aushält.

Sodom und Gomorra

Sie haben vermutlich schon von Sodom und Gomorra und der Verruchtheit dieser beiden Städte gehört. Aber was haben diese Menschen eigentlich getan, das Gott so sehr missfiel? Wir stellen uns oft vor, dass die sexuelle Perversion dort das Fass schließlich zum Überlaufen gebracht hat und Gott dazu veranlasste, sie zu vernichten. Aber es war eigentlich etwas ganz anderes, das Gott veranlasst hat, sich gegen diese Städte zu stellen. Ich war schockiert, als ich den eigentlichen Grund ihrer Zerstörung entdeckte. Ich entdeckte ihn, als ich in der Bibel nach Stellen über die

Notwendigkeit, für die Armen zu sorgen, suchte. *Siehe, das war die Schuld deiner Schwester Sodom: Hochmut, Fülle von Brot und sorglose Ruhe hatte sie mit ihren Töchtern, aber die Hand des Elenden und des Armen stärkte sie nicht; und sie wurden hochmütig und verübten Gräuel vor meinem Angesicht. Und ich tat sie hinweg, sobald ich es sah* (Hesekiel 16,49-50).

Die Schuld von Sodom und Gomorra war, dass sie zu viel hatten und nicht mit Menschen in Not teilten. Sie waren träge und lebten im Überfluss, was sie dazu verführte, Gräueltaten zu verüben. An diesem Beispiel können wir klar erkennen, dass Trägheit und zu viele Annehmlichkeiten nicht gut für uns sind und uns nur in immer größere Schwierigkeiten bringen. Das, was wir haben, nicht mit denen zu teilen, die weniger haben als wir, ist schlecht für uns. Ja, es ist sogar gefährlich, weil dieser egoistische Lebensstil dem Bösen Tür und Tor öffnet. Diese Dinge sind nicht nur schlecht für uns, sie beleidigen auch Gott. Er erwartet, dass wir der Kanal sind, durch den er seinen Segen fließen lassen kann, und kein Rückhaltebecken, das alles für sich behält.

Wir schätzen die Annehmlichkeiten, die wir heutzutage haben. Doch ich glaube, dass Satan sie benutzt, um unsere Bereitschaft zunichtezumachen, uns auf Unannehmlichkeiten einzulassen, um Gott zu dienen und anderen zu helfen. Wir hängen sehr an unserer Bequemlichkeit und müssen aufpassen. Wie die meisten Menschen mag auch ich schöne, angenehme Dinge. Ich mag Annehmlichkeiten, aber ich bemühe mich auch, nicht zu jammern, wenn es nicht so läuft, wie ich es mir vorstelle. Mir ist auch klar, dass Unannehmlichkeiten fast immer dazugehören, wenn man anderen hilft. Und ich weiß, dass Gott mich auffordert, anderen zu helfen und dabei eine positive Einstellung zu bewahren.

Ich mag es nicht, wenn man mich beim Schreiben stört. Es ist sehr mühsam, wenn ich unterbrochen werde, weil ich dann erst wieder in die Arbeit hineinfinden muss. Vor wenigen Minuten wurde ich auf die Probe gestellt. Mein Telefon klingelte und ich sah, dass es eine Frau war, der ich vermutlich aufgrund ihrer

Eheprobleme eine ganze Weile zuhören müsste. Ich wollte meine Arbeit nicht unbedingt unterbrechen, aber ich hatte das Gefühl, dass ich es tun sollte. Diese Frau steht in der Öffentlichkeit und hat sonst niemanden, mit dem sie vertraulich sprechen kann. Nur weil jemand sehr bekannt ist, heißt das nicht, dass derjenige nicht auch einsam sein kann. Sie ist eine einsame Frau von internationalem Ruf mit einem Problem. Und Gott wollte, dass ich meine Arbeit an diesem Buch über Liebe unterbrach, um diese Liebe zu praktizieren! Stellen Sie sich das einmal vor: Gott will, dass wir das ausleben, was wir behaupten zu glauben.

Kapitel 5

Die Liebe findet eine Lösung

Das Versagen wird mich niemals einholen, wenn mein Entschluss, das Ziel zu erreichen, nur stark genug ist.
Og Mandino (amerikanischer Bestseller-Autor, 1923–1996)

Verlangen ist eine starke Motivation. Ich habe endlich begriffen, dass ich tatsächlich etwas erreichen kann, wenn ich es wirklich will. Ich werde oft gefragt, wie ich es schaffe, all das zu tun, was ich tue. Da sage ich einfach: »Ich will es eben.« Ich weiß, dass Gott mir gnädig ist und mir Wünsche ins Herz gelegt hat. Aber erst wenn ich etwas wirklich *will*, bin ich auch motiviert, es zu tun. Ich will das tun, was Gott von mir will. Ich will Menschen helfen und meine Lebensaufgabe erfüllen, oder, wie es der Apostel Paulus ausdrückt: »Ich will das Rennen zu Ende laufen.«

Jetzt fragen Sie sich vielleicht: »Was ist, wenn ich dieses Verlangen nicht habe?« Sie haben ganz offensichtlich das Verlangen, Gottes Willen zu tun, sonst hätten Sie dieses Buch schon nach dem ersten Kapitel wieder weggelegt. Wenn Sie durch Jesus eine Beziehung zu Gott haben, dann haben Sie auch das Verlangen, Gutes zu tun, denn er hat Ihnen sein Herz und seinen Geist gegeben. Hesekiel 11,19 verspricht uns: *Und ich werde ihnen ein Herz geben und werde einen neuen Geist in ihr Inneres geben, und ich werde das steinerne Herz aus ihrem Fleisch entfernen und ihnen ein fleischernes Herz geben [das sensibel und ansprechbar für Gott ist]* (Elberfelder mit eigener Übersetzung der Amplified Bible). Es mag sein, dass wir träge, passiv oder egoistisch werden und uns mit diesen Problemen hin und wieder auseinandersetzen müssen, aber für gläubige Christen ist es unmöglich, nicht das Herz Gottes zu haben, und ihm nicht gehorchen und anderen Menschen helfen zu wollen.

Die Frage ist wohl eher: Wie sehr will ich es wirklich? Wollen Sie Gottes Willen lieber tun als Ihren eigenen? Wollen Sie es so sehr, dass Sie bereit sind, andere Dinge dafür zu opfern?

Vor Kurzem erzählte mir ein junger Mann, wie unglücklich er war. Er erzählte, dass er den Eindruck hatte, dass Gott ihn zu etwas Höherem berufen wollte, er aber nicht bereit war, das notwendige Opfer dafür zu bringen. Es tat mir leid um ihn, denn ich wollte nicht, dass er die Freude verpasst, die auf der anderen Seite des Opfers auf ihn wartet. Ich bete, dass er seine Meinung noch ändert.

Wenn wir etwas wirklich tun wollen, finden wir auch einen Weg dahin. Wenn wir uns das nicht eingestehen, werden wir unser Leben lang von unseren eigenen Ausreden getäuscht. Ausreden sind sehr gefährlich. Ich glaube, sie sind einer der Hauptgründe, weshalb wir nicht wirklich so vorankommen, wie wir es uns wünschen. Vielleicht wollen Sie mehr Sport treiben, aber Sie haben eine Entschuldigung, weshalb das nicht geht. Vielleicht wollen Sie mehr Zeit mit Ihrer Familie verbringen, aber Sie haben eine Ausrede, warum das einfach nicht geht. Vielleicht ist Ihnen klar geworden, dass Sie anderen mehr helfen sollen, und Sie wollen es tun, aber es gibt immer Gründe (Ausreden), warum Sie es nicht wirklich tun. Satan liefert uns die Ausreden. Wenn uns nicht bewusst wird, dass diese Ausreden uns hinters Licht führen und uns im Ungehorsam gegenüber Gott festhalten, werden wir in einem freudlosen, unfruchtbaren Leben stecken bleiben.

Ein guter Nächster

Jesus sagt: *Du sollst den Herrn, deinen Gott, lieben aus deinem ganzen Herzen und mit deiner ganzen Seele und mit deiner ganzen Kraft und mit deinem ganzen Verstand und deinen Nächsten wie dich selbst* (Lukas 10,27). Dann erklärte er dem Gesetzeslehrer, mit dem er sprach, dass er das ewige Leben haben würde, wenn er sich daran hielt. Das hieß, er würde ein aktives, gesegnetes, ewiges Leben in Gottes Reich haben. Der Gesetzeslehrer wollte sich aber selbst rechtfertigen und erwiderte: *Und wer ist mein Nächster?* Er wollte ganz genau wissen, wer diese Leute waren, denen er seine Liebe zeigen sollte, und Jesus antwortete ihm mit einer Geschichte.

Ein Mann war auf Reisen, als er von Räubern überfallen wurde. Sie raubten ihn aus, schlugen ihn zusammen und ließen ihn halb tot am Straßenrand liegen. Da kam ein Priester (ein religiöser Mensch) daher, sah, dass der Mann Hilfe brauchte und ging auf der anderen Straßenseite vorbei. Ich weiß nicht, ob er schon vorher auf der anderen Straßenseite war, oder ob er die Straßenseite wechselte, damit der Verletzte ihn nicht sah und nicht um Hilfe bitten konnte. Auf jeden Fall machte er einen Bogen um den hilflosen Mann. Dann kam noch ein religiöser Mann, ein Levit, und ging ebenfalls auf der anderen Straßenseite vorbei. Vielleicht hatten diese religiösen Männer es eilig, in den Tempel zu gehen und hatten keine Zeit, das zu tun, was sie gelehrt bekamen. Religiöse Menschen reagieren auf Not oft mit religiösen Worten, aber nicht mit praktischer Hilfe. Ich bin überzeugt davon, dass das heute eines der größten Probleme der Christen ist. Wir sind so stolz auf das, was wir angeblich »wissen«, aber oft setzen wir dieses Wissen nicht in die Tat um. Wir sprechen viel darüber, aber wir zeigen den Menschen nicht, was sie eigentlich sehen sollten – nämlich gelebte Liebe.

Nachdem diese beiden religiösen Männer an dem hilflosen Mann vorbeigegangen waren, kam ein Samariter, kein besonders religiöser Mensch, der auf Reisen war. Als er den Verwundeten sah, hatte er Mitleid und ging zu ihm und verband seine Wunden. Dann setzte er ihn auf sein eigenes Pferd und brachte ihn zu einer Herberge. Er gab dem Wirt zwei Tagelöhne und sagte, er solle sich um ihn kümmern, bis er wiederkam. Falls er noch mehr Geld brauchte, würde er es ihm dann geben. Jesus fragte den Gesetzeslehrer, wer von den drei Männern sich wohl als Nächster erwiesen habe (Lukas 10,27-37).

Es gibt einige Dinge an dieser Geschichte, die mich aufhorchen lassen. Zunächst einmal taten die religiösen Männer nichts. Wir müssen uns weigern, nichts zu tun! Auch wenn wir nur ganz wenig tun können, müssen wir unbedingt einen Weg finden, etwas zu tun, um den Nöten zu begegnen, die uns Gott zeigt. Ich gebe zu, dass wir manchmal vielleicht nicht mehr tun können als zu beten und ein paar ermutigende Worte zu sprechen. Aber wir sollten uns wenigstens genug einsetzen, um nach einer Möglichkeit zu helfen Ausschau zu halten. Wir sollten wenigstens darüber nachdenken und nicht einfach davon ausgehen, dass wir ohnehin nichts tun können. Oder noch schlimmer – eine Ausrede finden, weshalb wir nichts tun können, nur weil wir nicht gestört werden wollen.

Das Nächste, was mir an dieser Geschichte auffällt, ist, dass der Samariter sich ziemlich viel Mühe gemacht hat, um dem Mann zu helfen. Ich kann mir vorstellen, dass das seine eigene Reise ziemlich verzögert hat. Ganz offensichtlich musste er irgendwo hin, um etwas zu erledigen. Schließlich ließ er den Verwundeten lange genug in der Herberge zurück, um sich um seine eigenen Angelegenheiten zu kümmern, bevor er zurückkehrte. Er opferte Zeit und Geld und war bereit, Unannehmlichkeiten auf sich zu nehmen, um sich um jemanden zu kümmern, der seine Hilfe brauchte.

Ich sehe auch, dass der Samariter sich durch diesen dringenden Zwischenfall nicht von seinem ursprünglichen Ziel abbringen ließ. Das ist ebenfalls ein wichtiger Aspekt. Denn manchmal werden Menschen so sehr von ihrem Mitgefühl getrieben, dass sie ihr Ziel nicht im Auge behalten können und es nicht erreichen. Unsere Tochter Sandra liebt es über alles, anderen zu helfen. Das ist gut so. Aber gerade gestern hat sie mich wieder angerufen, und mich gebeten, für sie zu beten, damit sie erkennt, wem sie helfen soll und wie viel. Sie hat Zwillingstöchter, hält einen Erziehungskurs in ihrer Gemeinde und hat auch noch einige andere Verpflichtungen, denen sie treu bleiben möchte. Trotzdem hört sie die ganze Zeit von Nöten anderer und möchte so gerne helfen. Oft lässt sie sich auf etwas ein, ohne überhaupt darüber nachzudenken, was das für sie bedeutet oder wie sie helfen kann, ohne dabei ihre anderen Verpflichtungen zu vernachlässigen. Das Ende vom Lied ist, dass sie durch ihren Wunsch zu helfen manchmal ganz frustriert und verwirrt wird. Doch das ist nicht Gottes Wille.

Ich habe Sandra ermutigt, es so zu machen wie der Samariter in der Geschichte von Jesus. Und das empfehle ich Ihnen auch. Seien Sie bereit, Ihre Pläne zu ändern und Unannehmlichkeiten auf sich zu nehmen. Seien Sie bereit, wenn nötig Zeit und Geld zu geben, um der Not zu begegnen. Aber versuchen Sie nicht, alles alleine zu tun, wenn es noch andere Menschen gibt, die auch helfen können. Der Samariter hat den Wirt angeheuert, um zu helfen, damit er sich weiter auf das konzentrieren konnte, wozu er unterwegs war.

Dem Teufel scheint es egal zu sein, auf welcher Seite wir vom Pferd fallen. Hauptsache wir bleiben nicht drauf. Anders ausgedrückt: Menschen tun entweder gar nichts, oder sie versuchen, alles alleine zu tun und sind dann am Ende frustriert oder haben das Gefühl, dass sie ausgenutzt werden. Wir müssen in jedem Bereich unseres Lebens ausgeglichen sein, auch dann, wenn wir anderen helfen. Ich musste auf die harte Tour lernen, dass ich nicht alles tun und es dann auch noch gut machen konnte. Das kann man für alle von uns sagen. Aber ich darf mich nicht durch die Angst, mich zu sehr in etwas zu verlieren, davon abhalten lassen, überhaupt etwas zu tun.

Ich habe auch erkannt, dass der Samariter keine Grenzen gesetzt hatte, was ihn seine Hilfe kosten durfte. Er sagte dem Wirt, was auch immer ihn die Pflege des Verletzten noch kosten würde, würde er ihm erstatten, wenn er zurückkam. Man findet nur selten Menschen, die bereit sind zu tun, *was auch immer* getan werden muss.

Manchmal müssen wir Grenzen setzen, um unsere anderen Aufgaben nicht zu vernachlässigen. Aber in diesem Fall hatte der Mann offensichtlich genug Geld und musste keine Grenzen setzen. Er handelte großzügig statt ängstlich. Gott wird vielleicht nicht von uns verlangen, dass wir alles tun, was nötig ist, um ein Problem zu lösen oder einer Not zu begegnen. Aber er möchte, dass wir das tun, was wir tun können. Und wenn er von uns will, dass wir alles tun, dann sollten wir alles tun! Alles zu geben, ist eine große Herausforderung und stellt unseren Glauben auf eine harte Probe. Aber wir erfahren dabei auch die Freiheit, dass uns nichts in der Welt gefangen nehmen kann.

Ich kann mich noch daran erinnern, wie Gott einmal von mir wollte, dass ich alles, was ich mir von meinem Haushaltsgeld zusammengespart hatte und auch alle meine Geschenkgutscheine spendete. ***Alles*** zu opfern, fiel mir sehr schwer, weil ich das Geld schon seit Langem gespart hatte und vorgehabt hatte, damit einkaufen zu gehen. Seltsamerweise fiel es mir am schwersten, die Geschenkgutscheine herzugeben. Ich hatte einige sehr schöne Gutscheine zum Geburtstag bekommen und genoss einfach nur das Wissen, dass ich sie zur Verfügung hatte, wenn ich es wollte. Ich war es gewohnt zu geben, aber ***alles*** zu geben war neu. Nachdem ich einige Zeit mit Gott diskutiert hatte und mir die Ausreden ausgingen, gehorchte ich ihm schließlich. Der Schmerz des Loslassens ging vorüber, aber die Freude des Gehorsams und das Wissen, dass mein Besitz mich nicht gefangen genommen hatte, hielt an.

Das war das erste Mal, dass ich auf diese Art auf die Probe gestellt wurde, aber es war nicht das letzte Mal. Gott bestimmt, wann er uns auf die Probe stellt, und es ist zu unserem Besten. Es bewahrt uns davor, zu sehr an Dingen zu hängen. Gott will, dass wir die Dinge genießen, die er uns schenkt; aber wir sollen auch nicht vergessen, dass wir nur die Verwalter, nicht die Eigentümer sind. Er ist der Meister, und wir sollen ihm mit Freude von ganzem Herzen und mit allem, was wir haben, dienen.

Wer ist mein Nächster?

Wem sollen Sie helfen, und wer ist Ihr Nächster? Ihr Nächster ist derjenige, der Ihnen gerade über den Weg läuft und Hilfe braucht. Das kann jemand sein, der Sie braucht, damit Sie ihm zuhören, oder ihn loben und ermutigen. Es könnte auch jemand sein, der ein wenig von Ihrer Zeit braucht, oder jemand, dem Sie finanziell helfen können. Vielleicht ist Ihr Nächster jemand, der sich einsam fühlt und nur einen freundlichen Menschen braucht.

Dave erzählte mir kürzlich, dass Gott ihm gezeigt hat, dass er freundlicher zu Menschen sein soll. Ich dachte immer, er sei bereits sehr freundlich, aber er hat den Eindruck, Gott möchte, dass er sich noch stärker in diesem Bereich investiert. Er fragt andere Menschen alles Mögliche über sie selbst, um zu zeigen, dass sie ihm wichtig sind. Viele Menschen, mit denen er Zeit verbringt, kennt er überhaupt nicht und wird sie wahrscheinlich auch nie wiedersehen. Manchmal sind es ältere Menschen oder Ausländer, die nicht besonders gut Englisch sprechen und sich vielleicht ein bisschen an den Rand gedrängt fühlen. Vor Kurzem erzählte er mir, dass er in einem Café einen Behinderten getroffen hatte, den alle nur anstarrten. Dave unterhielt sich mit ihm, obwohl er durch seine Behinderung schwer zu verstehen war.

Wir gehen Menschen, die anders sind, oft aus dem Weg, weil wir uns in ihrer Gegenwart unwohlfühlen oder nicht wissen, wie wir mit ihnen umgehen sollen. Vielleicht sollten wir uns lieber überlegen, wie sie sich fühlen, statt das zu tun, was uns am einfachsten erscheint.

Es gibt eine endlos lange Liste von Dingen, mit denen wir uns als gute Nächste erweisen können. Wenn wir anderen wirklich helfen und ein Segen für sie sein wollen, wird uns etwas einfallen. Denken Sie daran: Die Gleichgültigkeit findet eine Ausrede, die Liebe eine Lösung.

Kleine Dinge mit großer Wirkung

Jesus hat keine Zeit verschwendet. Deshalb können wir davon ausgehen, dass alles, was er tat, von Bedeutung war und dass wir davon viel lernen können. Denken wir zum Beispiel daran, als er seinen Jüngern die Füße gewaschen hat (Johannes 13,1-17). Worum ging es da? Jesus hatte verschiedene Dinge im Kopf, die er seinen Jüngern beibringen wollte. Eines davon war, dass sie einander dienen sollten. Jesus war und ist der Sohn Gottes. Genau genommen ist er Gott, der sich in der zweiten Person der Dreieinigkeit, dem Sohn, gezeigt hat. Man kann also sagen, dass Jesus ein wirklich wichtiger Mann war. Er musste ganz sicher niemandem die Füße waschen, ganz besonders nicht seinen Schülern. Aber er tat es, weil er ihnen zeigen wollte, dass man Autorität haben und trotzdem gleichzeitig dienen konnte. Heutzutage haben viele Menschen diese wichtige Lektion nicht begriffen.

Zu Jesu Zeiten hatten die Menschen ziemlich schmutzige Füße. Sie waren auf staubigen Straßen unterwegs, und ihr Schuhwerk bestand nur aus einer Sohle mit ein paar Riemen um den Fuß. Es war üblich, Gästen erst einmal die Füße zu waschen, wenn sie ins Haus kamen. Aber das war normalerweise die Aufgabe von Dienern und nicht die vom Hausherrn. Jesus hat tatsächlich sein Obergewand ausgezogen und sich das Tuch eines Dieners umgebunden. Auch mit dieser Geste wollte er seine Jünger etwas lehren. Er wollte ihnen zeigen, dass wir unsere »Position« auch einmal ablegen können, um jemand anderem zu dienen, ohne Angst haben zu müssen, dass wir unsere Position verlieren.

Petrus, der immer als Erster den Mund aufmachte, weigerte sich strikt, sich von Jesus die Füße waschen zu lassen. Aber Jesus erklärte ihm, dass sie nicht wirklich Freunde sein könnten, wenn er ihm die Füße nicht waschen dürfe. Anders ausgedrückt: Sie mussten einander dienen, damit ihre Beziehung wuchs. Wie viele Ehen könnten gerettet werden oder zumindest viel besser sein, wenn Ehepaare dieses Prinzip anwenden würden?

Vor einigen Jahren beschloss ich, dass ich keine einseitigen Beziehungen mehr wollte, in denen ich immer die Gebende war und mein Gegenüber der Nehmende. Diese Art von Beziehung ist keine echte Freundschaft und führt letztlich immer zu Unmut und Bitterkeit. Wir *sollten* nicht nur etwas füreinander tun, sondern wir *müssen* etwas füreinander tun. Das gehört dazu, um gute Beziehungen zu pflegen.

Wir sollten nicht nur etwas füreinander tun, sondern wir müssen etwas füreinander tun.

Wir tun viel für unsere Kinder, aber sie tun auch etwas für uns. Sie tun vielleicht Dinge für uns, die wir genauso gut selbst tun könnten. Aber sie müssen uns genauso etwas geben, wie sie auch etwas von uns bekommen. Und wir müssen sie das tun lassen.

Man muss nicht nur Menschen in Not etwas geben. Vielleicht sollten wir auch manchmal etwas für jemanden tun, der unsere Hilfe gar nicht zu brauchen scheint. Aber warum sollen wir jemandem, der nicht in Not ist, helfen? Einfach weil jede Form des Gebens dem anderen guttut und ihm das Gefühl gibt, geliebt zu werden. Wir alle wollen uns geliebt wissen, ganz gleich wie viel wir besitzen. Nutzen Sie, was Sie haben, um anderen zu helfen, dann werden Sie immer genug haben.

Füße waschen war ein niederer Dienst, den nur Sklaven taten, aber es vermittelte eine wichtige Lektion: Wir sollten demütig genug sein, um auch Kleinigkeiten zu tun, die vielleicht eine große Wirkung haben.

Kleinigkeiten bedeuten viel

Wir sind mit der Band *Delirious?* auf einem Missionseinsatz in Indien gewesen, und Stu, der damalige Schlagzeuger, bekam von einem armen Mädchen ein Lederband geschenkt, das sie als Armband getragen hatte. Diese kleine Geste der Liebe von jemandem, der so wenig besaß, hinterließ einen tiefen Eindruck bei Stu. Er hat in aller Öffentlichkeit erzählt, dass er nie vergessen wird, was er aus dieser Begebenheit gelernt hat. Wenn jemand, der so wenig hat, bereit ist, etwas zu verschenken, was konnte er dann nicht auch alles tun? Ja, Kleinigkeiten können eine große Wirkung haben.

Welche Kleinigkeit könnten Sie tun? Jesus wusch seinen Jüngern die Füße und sagte, glücklich und gesegnet sind die, die seinem Beispiel folgen. Nachfolgend finden Sie eine unvollständige Liste der Dinge, von denen die Bibel sagt, dass wir sie füreinander tun sollten:

- aufeinander achten
- füreinander beten
- ein Segen füreinander sein
- einander Güte zeigen
- freundlich und gastfreundlich sein
- Geduld miteinander haben
- die Fehler und Schwächen des anderen tragen
- nachsichtig sein
- einander vergeben
- einander trösten
- treu sein
- einander ermutigen und uns gegenseitig an unsere Stärken erinnern, wenn wir uns schwach fühlen
- sich mit anderen freuen
- einander höher achten als sich selbst (jemandem den Vortritt lassen oder das bessere Teil geben)
- rücksichtsvoll sein
- Geheimnisse anderer für sich behalten und nicht über ihre Fehler tratschen
- das Beste vom anderen annehmen

Wie schon gesagt, diese Liste ist nicht vollständig. Die Liebe hat viele Gesichter. Es gibt viele Arten, auf die man sie zeigen kann. Im Verlauf dieses Buches werden wir noch über einige sprechen. Die Ideen, die ich hier aufgeführt habe, sind recht einfach und wir alle können sie umsetzen, wenn wir nur wollen. Für die meisten müssen wir keine großartigen Pläne entwerfen, sondern können sie in unserem normalen Tagesablauf umsetzen, wenn sich eine Gelegenheit dazu bietet.

Lasst uns also nun, wie wir Gelegenheit haben,
allen gegenüber das Gute wirken.
Galater 6,10

Liebe muss zum Ausdruck kommen

Wir verstehen die Liebe oft als eine Sache, aber das Wort gibt es auch als Verb – lieben. Die Liebe muss tätig sein, um Liebe zu sein. Es gehört zur Natur der Liebe, dass sie zum Ausdruck kommen muss. Die Bibel fragt, wie die Liebe Gottes in uns sein kann, wenn wir unser Herz verschließen, obwohl wir jemanden in Not sehen (1. Johannes 3,17). Die Liebe wird immer schwächer, wenn sie nicht praktisch zum Ausdruck gebracht wird. Sie kann sogar ganz versiegen. Wenn wir aktiv bleiben, indem wir etwas für andere tun, bewahrt uns das davor, selbstsüchtig, träge oder unproduktiv zu werden. Der Ausdruck von Liebe schlechthin ist, dass Jesus sein Leben für uns gegeben hat. Deshalb sollten auch wir unser Leben für andere geben. Klingt ein bisschen extrem, oder? Glücklicherweise wird die Mehrzahl von uns nie in die Situation kommen, buchstäblich das eigene Leben für jemand anderen zu opfern. Aber es gibt jeden Tag Möglichkeiten, unser Leben für andere »zu geben«. Jedes Mal, wenn Sie Ihre eigenen Wünsche oder Bedürfnisse zurückstellen, um jemand anderes einen Liebesdienst zu erweisen, haben Sie für einen Moment, eine Stunde oder einen Tag Ihr Leben für jemand gegeben.

Wenn wir von der Liebe Gottes erfüllt sind – und das sind wir, weil der Heilige Geist unsere Herzen mit seiner Liebe erfüllt, wenn wir ein Leben mit Gott führen –, dann müssen wir diese Liebe auch aus uns herausfließen lassen. Wenn die Liebe schal wird, weil wir sie nicht praktizieren, ist sie zu nichts mehr nütze. So sehr hat Gott die Welt geliebt, dass er seinen einzigen Sohn gab (Johannes 3,16). Haben Sie verstanden, was das heißt? Gottes Liebe hat ihn dazu bewegt zu geben! Es ist sinnlos zu sagen, wir würden die Menschen lieben, wenn wir nichts für sie tun. Hängen Sie sich daheim ein großes Plakat auf, am besten an mehreren Stellen, auf dem steht: »Habe ich heute schon jemandem geholfen?« Das wird Ihnen helfen, die neuen Gewohnheiten einzuüben und Sie an Ihr Ziel zu erinnern, ein Revolutionär der Liebe zu werden.

Bei der Liebe geht es immer wieder ums Handeln. Liebe ist keine Theorie und besteht auch nicht aus bloßen Worten. Worte sind wichtig. Wir können Worte als eine Möglichkeit einsetzen, Menschen zu lieben. Aber wir sollten alle uns zur Verfügung stehenden Mittel nutzen, um anderen Liebe zu erweisen.

Wie können Sie heute jemandem zeigen, dass Sie ihn lieben? Nehmen Sie sich Zeit, darüber nachzudenken und machen Sie einen Plan. Lassen Sie diesen Tag nicht vorübergehen, ohne jemandem eine Freude bereitet zu haben.

Kapitel 6

Böses mit Gutem überwinden

Das Böse triumphiert allein dadurch,
dass gute Menschen nichts tun.
Edmund Burke
(britischer Schriftsteller, Staatsphilosoph, Politiker, 1729–1797)

Nichts tun ist einfach, aber auch sehr gefährlich. Denn wenn es keinen Widerstand gegen das Böse gibt, vermehrt es sich. Wir alle tappen immer wieder in die Falle, uns über Dinge zu beklagen, die in unserer Gesellschaft und in unserem Leben schieflaufen. Aber Klagen verändert nichts, außer dass es uns noch mehr entmutigt. Es verändert nichts, weil darin keine positive Kraft steckt.

Stellen Sie sich nur einmal vor, was für ein Chaos in dieser Welt herrschen würde, wenn Gott sich nur über alles beklagen würde, was seit der Schöpfung schiefgegangen ist. Doch Gott beklagt sich nicht. Er ist einfach gut und setzt sich weiterhin für Gerechtigkeit ein. Er weiß, dass er das Böse mit dem Guten überwinden kann. Natürlich hat das Böse Macht, aber das Gute hat mehr Macht.

Wir müssen innehalten und uns klarmachen, dass Gott durch seine Kinder wirkt. Gewiss, Gott ist immer gut. Aber er hat beschlossen, auf dieser Erde durch seine Kinder zu wirken – durch Sie und mich. Es ist demütigend, sich klarzumachen, dass Gott so viel mehr erreichen könnte, wenn wir bereit wären, jederzeit andere zu lieben und Gutes zu tun. Wir dürfen die Anweisung von Jesus in Matthäus 5,16 nicht vergessen: *So soll euer Licht leuchten vor den Menschen, damit sie eure guten Werke sehen und euren Vater, der in den Himmeln ist, verherrlichen.*

Das Gute hat Macht

Je mehr wir auf das Böse mit Bösem reagieren, desto mehr breitet es sich aus. Ich muss an den Film *El Cid* über den spanischen Helden Rodrigo Diaz de Vivar denken, der Spanien vereint und das Prinzip, über das ich hier schreiben möchte, angewandt hat. Jahrhundertelang hatten die Christen gegen die Muslime gekämpft. Sie hassten und töteten sich gegenseitig. Im Krieg hatte El Cid fünf Muslime gefangen genommen, weigerte sich aber, sie zu töten, weil er wusste, dass das Töten noch nie etwas Gutes bewirkt hatte. Er war überzeugt, dass er die Einstellung seiner Feinde verändern konnte, wenn er ihnen Gnade erwies, und sie dann in Frieden miteinander leben könnten. Obgleich er für sein Handeln zunächst als Verräter abgestempelt wurde, erwies es sich schließlich doch als richtig. Später wurde er als Held verehrt.

Einer der Muslime, die er gefangen genommen hatte, sagte: »Töten kann jeder, aber nur ein wahrer König kann seinen Feinden Gnade erweisen.« Wegen dieser einen Gnadentat erwiesen sich seine Feinde von da an als El Cids Freunde und Verbündete. Jesus ist ein wahrer König, und er ist gut, freundlich und gnädig zu allen. Können wir da anders, als seinem Beispiel zu folgen?

Fällt Ihnen gerade jemand ein, dem Sie gnädig sein könnten? Gibt es jemanden, der Sie schlecht behandelt hat und zu dem Sie gut sein können? Gnädig und gut zu sein, ganz besonders zu den eigenen Feinden, ist vielleicht eines der wirkungsvollsten Dinge, die man tun kann.

Gebet hilft

In den letzten Jahren haben wir gesehen, wie sich das Böse durch die schlimmen Dinge, die im Fernsehen und im Kino gezeigt werden, immer schneller ausbreitet. Als vor Jahren die ersten Wahrsager eigene Sendungen bekamen, war ich entsetzt. Sie boten den Zuschauern an, ihnen kostenlos die Zukunft vorherzusagen. Jeder, der bereit war, mehrere Dollar Telefongebühren pro Minute zu bezahlen, konnte anrufen und sich die Zukunft »lesen« lassen. Ich habe mich oft darüber beklagt, und Dinge gesagt wie: »Ich finde es schrecklich, dass sie so etwas im Fernsehen zulassen. So viele Menschen verschwenden ihr Geld dafür und werden betrogen.« Von vielen anderen habe ich ungefähr das Gleiche gehört. Eines Tages legte Gott mir folgenden Gedanken ans Herz: *Wenn du und alle anderen, die sich darüber beklagt haben, stattdessen diese Zeit im Gebet verbracht hätten, hätte ich schon etwas gegen diese Wahrsager unternehmen können.* Ich fing an zu beten und bat andere, es auch zu tun. Es dauerte nicht lange, bis die meisten, wenn nicht sogar alle dieser Sendungen als betrügerisch entlarvt und aus dem Programm genommen wurden.

Wir tendieren oft dazu, darüber zu jammern, was »die anderen« machen, so wie ich, als ich anfing, mich darüber zu beklagen, dass Sendungen mit Wahrsagern ausgestrahlt wurden. Aber wir unternehmen nichts dagegen. Das Gebet ist ein gutes Mittel, das die Macht hat, das Böse zu überwinden. Deshalb sollten wir für alles, worüber wir uns beklagen möchten, beten. Für Gott ist Klagen und Meckern schlecht, aber vertrauensvolle Gebete haben Macht und sind effektiv. Gebet öffnet eine Tür, damit Gott etwas Gutes bewirken kann.

Die richtige Antwort auf das Böse

Auf dem Weg durch die Wüste zum Gelobten Land begegneten den Israeliten viele Schwierigkeiten und Prüfungen, auf die sie immer mit Jammern, Meckern und Klagen reagierten. Sie gaben sich allen möglichen unmoralischen Dingen hin. Und eine ihrer Sünden war das Jammern. Dadurch bekam der Zerstörer Zugang zu ihrem Leben und viele von ihnen starben (1. Korinther 10,8-11). Hätten sie auf die Prüfungen mit Dankbarkeit gegenüber Gott reagiert, hätten ihn gelobt und angebetet und sich gegenseitig Gutes getan, wären sie sicher viel schneller durch die Wüste gekommen. Aber stattdessen sind die meisten von ihnen unterwegs gestorben und haben das Gelobte Land nie gesehen. Ich frage mich, wie oft wir das Gute, das wir uns wünschen, nicht erleben, weil wir auf das Böse, das geschieht, mit Jammern reagieren, statt zu beten, Gott zu loben, ihm zu danken und Menschen in Not zu helfen.

Glaube und Liebe

Jahrelang wurde in meiner Gemeinde und auf Konferenzen immer wieder über den Glauben gelehrt, und ich las Bücher über den Glauben. Es schien als sei der wichtigste Lehrsatz der Christenheit: »Vertraue Gott, und alles wird gut.«

Ohne Glaube ist es unmöglich, Gott zu gefallen (Hebräer 11,6), also müssen wir ihm unbedingt vertrauen und an ihn glauben. Aber ich glaube, in Gottes Wort steht noch etwas, das das Bild abrundet. Gleich werde ich es Ihnen verraten. Aber lassen Sie mich zuerst von einigen Erlebnissen aus den ersten Jahren meiner Reise mit Gott erzählen.

Mit neun Jahren habe ich Jesus als meinen Retter angenommen. Aber damals verstand ich noch nicht, was ich an ihm hatte oder wie die Beziehung mit ihm mein Leben verändern konnte, weil ich in geistlichen Dingen nicht kontinuierlich unterrichtet wurde. Ich kam – milde ausgedrückt – aus einer kaputten Familie. Mein Vater war Alkoholiker, betrog meine Mutter mit mehreren Frauen, war gewalttätig und aufbrausend und hat mich regelmäßig sexuell missbraucht. Ich könnte die Liste noch endlos fortführen. Aber ich glaube, Sie verstehen, was ich meine.

Jetzt spulen wir einmal zu meinem dreiundzwanzigsten Lebensjahr vor. Ich heiratete Dave und fing an, mit ihm in eine Gemeinde zu gehen. Ich liebte Gott und wollte viel über ihn lernen. Deshalb ging ich regelmäßig in den Gottesdienst und besuchte Bibelunterricht, sodass ich schließlich in dieser Gemeinde konfirmiert werden konnte. Ich lernte viel über Gottes Liebe und Gnade und auch viele Lehren dieser Gemeinderichtung, die eine wichtige Grundlage für meinen Glauben waren.

Mit zweiunddreißig war ich sehr frustriert, weil mein Glaube mir im Alltagsleben nicht zu helfen schien. Ich glaubte, dass ich in den Himmel kommen würde, wenn ich starb. Aber ich sehnte mich zugleich nach Hilfe, um hier auf der Erde im Alltag zu bestehen und in Frieden und Freude leben zu können. In meiner Seele hatte sich viel Schmerz aus meiner Kindheit aufgestaut, und der zeigte sich jeden Tag in meinem Verhalten und meiner Unfähigkeit, gute Beziehungen zu pflegen.

Gottes Wort sagt, dass Gott sich finden lassen wird, wenn wir ihn von ganzem Herzen suchen (Sprüche 8,17). Ich fing an, Gott alleine zu suchen und um das zu bitten, was mir fehlte. Dann hatte ich ein Erlebnis mit ihm, das mich ihm näher brachte. Auf einmal schien er in meinem Leben gegenwärtig zu sein, und ich fing an, gründlich in der Bibel zu lesen, um ihn besser kennenzulernen. Es schien, als hörte ich überall vom Glauben, wo ich mich auch hinwandte. Ich lernte, dass ich meinen Glauben in vielen Situationen anwenden konnte und dass ich Gott dadurch die Gelegenheit gab, mir zu helfen.

Ich war fest davon überzeugt, dass die Glaubensgrundsätze, die ich lernte, richtig waren. Doch ich war immer noch oft enttäuscht, weil es den Anschein hatte, als würden sie in meinem Leben nicht funktionieren – jedenfalls nicht so, wie ich es brauchte. Zu jener Zeit gebrauchte Gott mich sehr im Dienst für andere. Ich hatte eindeutig große Fortschritte gemacht, hatte aber tief in meinem Innern immer noch das Gefühl, dass etwas fehlte. Also fing ich wieder an, Gott ernsthaft zu suchen. Bei meiner Suche und meinem Bibelstudium lernte ich, dass ich Jesu wichtigste Lehre verpasst hatte: Liebe Gott, liebe dich selbst und liebe andere (Matthäus 22,36-39). Ich hatte in meinem Leben mit

Gott viel über den Glauben gelernt, aber ich hatte noch nichts über die Macht der Liebe gelernt.

Vertraue Gott und tue Gutes

Während der letzten Jahre, in denen ich viel über dieses wunderbare Thema gelernt habe, habe ich erkannt, dass der Glaube nur durch die Liebe funktioniert. Nach Galater 5,6 ist der Glaube sogar »durch Liebe wirksam«.

Der Heilige Geist führte mich zu Psalm 37,3: *Vertraue auf den Herrn und tue Gutes.* Als ich über diesen Vers intensiver nachdachte, stellte ich verblüfft fest, dass ich nur die Hälfte von dem hatte, was ich brauchte, um wirklich mit Gott verbunden zu sein. Ich hatte den Glauben (Vertrauen), aber das »tue Gutes« fehlte mir. Ich wollte, dass mir das Gute widerfuhr, aber ich war nicht besonders besorgt darum, anderen Gutes zu tun, ganz besonders nicht, wenn es mir schlecht ging oder ich gerade eine schwierige Zeit durchlebte.

Psalm 37,3 öffnete mir die Augen dafür, dass ich zwar Gott vertraut hatte, aber das Gute tun außer Acht gelassen hatte. Und nicht nur mir fehlte auf diesem Gebiet etwas, sondern den meisten anderen Christen, die ich kannte, wahrscheinlich auch. Wir waren alle so sehr damit beschäftigt, zu »glauben«, dass Gott uns geben würde, worum wir baten. Wir beteten zusammen und bestärkten unseren Glauben noch dadurch, dass wir eins waren im Gebet. Aber wir trafen uns nicht, um zu überlegen, was wir für andere Menschen tun konnten, sondern warteten nur darauf, dass Gott unsere Bedürfnisse befriedigte. Wir hatten Glauben, aber er wurde nicht durch die Liebe wirksam!

Es soll nicht so klingen, als hätte ich mich nur um mich selbst gedreht, denn so war es nicht. Ich stand im Gemeindedienst und wollte Menschen helfen. Aber mein Wunsch zu helfen war mit vielen unlauteren Motiven vermischt. Meine Aufgabe gab mir Selbstwert und das Gefühl, wichtig zu sein. Ich hatte eine bestimmte Stellung und Einfluss. Aber Gott wollte, dass ich alles, was ich tat, aus reinen Motiven heraus tat. So musste ich noch viel lernen. Es gab Zeiten, da war ich freundlich zu anderen Menschen und half ihnen, aber anderen zu helfen war nicht meine Hauptmotivation. Ich musste lernen, andere noch viel gezielter und entschlossener zu lieben. Es musste das Hauptanliegen in meinem Leben sein, und keine Randerscheinung.

Fragen Sie sich einmal, was Sie mehr als alles andere motiviert, und antworten Sie ehrlich. Ist es die Liebe? Wenn es das nicht ist, sind Sie dann bereit, sich von jetzt an auf das zu konzentrieren, was Gott wichtig ist?

Ich bete von ganzem Herzen, dass Gott die Worte von dieser Seite direkt in Ihr Herz springen lässt. Die Macht der Liebe zu erkennen, hat mein Leben so sehr verändert, dass ich möchte, dass alle anderen das auch erkennen. Damit will ich nicht unterstellen, dass Sie diese Macht nicht kennen. Womöglich wissen Sie viel mehr darüber, wie man andere lieben kann, als ich. Aber für den Fall, dass Sie das nicht tun, bete ich, dass das, was ich hier schreibe, in ihnen ein Feuer entfacht und Sie dazu ermutigt, bei der Revolution der Liebe mitzumachen. Eine Revolution, von der ich glaube, dass sie die Macht hat, die Welt zu verändern.

Halten Sie das Feuer in sich und anderen am Brennen

Stellen Sie sich nur vor, wie anders die Welt wäre, wenn jeder, der sich Christ nennt, jeden Tag einem anderen Menschen etwas Gutes tun würde. Das Ergebnis wäre erstaunlich. Jetzt stellen Sie sich einmal vor, wir würden uns alle vornehmen, jeden Tag zwei Menschen eine gute, freundliche, helfende Tat zu erweisen. Sie verstehen sicher, worauf ich hinauswill. Das Ergebnis wäre umwerfend. Die Welt würde sich in Kürze verändern, weil wir das Böse tatsächlich mit dem Guten überwinden würden, wenn wir uns alle verpflichten würden, so zu leben, wie Jesus es uns gesagt hat.

Vielleicht fragen Sie sich jetzt: »Das wird sowieso nie geschehen, warum soll ich es dann überhaupt versuchen?« Lassen Sie sich nicht durch negative Gedanken unterkriegen, bevor Sie jemals damit angefangen haben. Ich habe bereits beschlossen, dass ich meinen Teil dazu beitragen werde. Ich bete, dass andere Menschen auch ihren Teil beitragen. Ich werde auch mit noch mehr Menschen reden und sie ermutigen, so viel wie möglich für andere zu tun. Es wäre wunderbar, wenn sich unsere Gespräche zum größten Teil darum drehen würden, wie wir anderen helfen und was wir für sie tun können.

Ich habe drei Freundinnen, die diesen erstaunlichen Lebensstil praktizieren. Wenn wir zusammen Mittagessen gehen oder Kaffee trinken, tauschen wir uns oft darüber aus, was Gott uns ans Herz gelegt hat, wie wir anderen helfen sollen, oder was für neue Ideen wir haben, um für andere ein Segen zu sein. Ich bin überzeugt, dass Gespräche wie diese Gott gefallen. Auf alle Fälle sind solche Gespräche besser, als herumzusitzen und über alles zu jammern, was in dieser Welt schiefgeht. Darf ich Sie herausfordern, eine Führungsrolle in der Revolution der Liebe einzunehmen? Sprechen Sie Ihre Bekannten an und laden Sie sie zu einer Planungsbesprechung ein. Dann überlegen Sie sich, wie Sie Nöten ganz praktisch begegnen können. Erzählen Sie ihnen von den Prinzipien in diesem Buch und setzen Sie sich ein Ziel. Suchen Sie jemanden, der Hilfe braucht, und unternehmen Sie gemeinsam etwas, um dieser Person zu helfen.

Der Gedanke, andere anzustiften, entschlossen gute Taten zu tun, ist nicht neu. Schon der Verfasser des Hebräerbriefes schrieb darüber: *... lasst uns [beständig] aufeinander achthaben, um uns zur Liebe und zu guten Werken anzureizen* (Hebräer 10,24).

Bitte beachten Sie, dass dieser Vers uns dazu auffordert, ständig aufeinander zu achten und darüber nachzudenken, wie wir andere zur Liebe und zu guten Werken anreizen könnten. Der Verfasser des Briefes hat seine Leser aufgefordert, das Gleiche zu tun, wozu ich Sie auch auffordere. Können Sie sich vorstellen, wie sehr es der Teufel verabscheuen würde, wenn wir uns tatsächlich zusammenfinden würden, um nach kreativen Wegen zu suchen, anderen etwas Gutes zu tun? Ihm wäre es viel lieber, wenn wir uns gegenseitig verurteilen, kritisieren, beschuldigen, tratschen oder jammern. Ich bin überzeugt, dass wir uns neue Gewohnheiten aneignen müssen. Wir müssen lernen, entschlossen zu lieben, um das Richtige zu tun. Aber das Ergebnis wird umwerfend sein.

Reich sein an guten Werken

Paulus wies Timotheus, einen jungen Gemeindeleiter, an, er solle die Menschen auffordern, *Sie sollen wohltätig sein, reich werden an guten Werken, freigebig sein und, was sie haben, mit anderen teilen* (1. Timotheus 6,18; EÜ). Offensichtlich war Paulus der Ansicht, dass man die Menschen daran erinnern musste, das zu tun. Die Anweisung, entschlossen Gutes zu tun, ist es auch heute noch wert, dass man Menschen daran erinnert. Ich möchte Sie ermutigen, nicht nur andere daran zu erinnern, sondern auch für sich selbst Wege zu finden, wie Sie sich daran erinnern können. Legen Sie sich Bücher und Predigten zum Thema Liebe zu und lesen oder hören Sie sie regelmäßig. Tun Sie, was auch immer Sie tun müssen, um das, was Gott am wichtigsten ist, nicht zu vergessen.

Ich glaube, die Menschen beobachten die Christen, und es ist sehr wichtig, was sie tun. Petrus hat die Gläubigen dazu aufgefordert, unter den Heiden, den Ungläubigen der damaligen Zeit, ein rechtschaffenes, ehrbares Leben zu führen. Er schrieb, dass selbst wenn die Ungläubigen die Christen verleumden, sie doch durch deren gute Taten zur Einsicht kommen und Gott preisen würden (1. Petrus 2,12).

Wenn Ihre Nachbarn wissen, dass Sie jeden Sonntag in die Kirche gehen, kann ich Ihnen versichern, dass sie auch Ihr Verhalten beobachten werden. Als ich noch klein war, gingen unsere Nachbarn immer pflichtbewusst in den Gottesdienst. Sie gingen sogar mehrmals in der Woche in die Kirche. Aber sie taten auch viele Dinge, die sie nicht hätten tun sollen. Ich erinnere mich noch daran, wie mein Vater oft sagte: »Die sind auch nicht besser als ich. Sie betrinken sich, fluchen, machen schmutzige Witze und bekommen Wutanfälle. Das sind doch nur Heuchler.« Mein Vater suchte nach einer Ausrede, nicht zu glauben, und ihr Verhalten war wie Öl aufs Feuer.

Mir ist klar, dass wir als Christen nicht perfekt sind, und dass Menschen, die nach einer Entschuldigung suchen, nicht an Jesus zu glauben oder als Christen zu leben, uns immer genau beobachten und kritisieren werden. Aber wir sollten unser Bestes geben, um ihnen keinen Anlass zu geben, uns zu verurteilen.

Anderen ein Segen sein

Ich versuche immer offen zu sein, damit Gott mir zeigen kann, wie ich für andere ein Zeugnis oder ein Segen sein kann. Erst vor ein paar Tagen war ich bei der Maniküre. Eine junge Frau, die mit ihrem ersten Kind hochschwanger war, war ebenfalls im Nagelstudio. Sie hatte zwei Monate liegen müssen, weil sie vorzeitige Wehen gehabt hatte, und der Ausflug zum Nagelstudio war ihre erste Gelegenheit, wieder aus dem Haus zu kommen. Das Kind sollte in einer Woche kommen, und sie ließ sich die Finger- und die Zehennägel machen. Wir plauderten ein wenig und ich hatte das Gefühl, dass es eine nette Geste wäre, ihr etwas Gutes zu tun und ihre Behandlung zu bezahlen. Ich wartete ein wenig, um zu sehen, ob dieser Gedanke anhielt, und als er es tat, zahlte ich ihre Rechnung an der Kasse gleich mit. Sie war natürlich überrascht, aber freute sich auch. Ich habe nicht viel Aufhebens darum gemacht, ich habe es einfach getan. Vielleicht sieht sie mich eines Tages im Fernsehen oder sie sieht eines meiner Bücher und wird sich daran erinnern, dass ich wirklich getan habe, wovon ich spreche.

So etwas tue ich nicht, um gesehen zu werden. Aber Taten sprechen lauter zu den Menschen, die sie sehen, als Worte. Alle im Nagelstudio wissen, dass ich Bibellehrerin und Predigerin bin. Ich habe der jungen Frau zwar nicht erzählt, wer ich bin, aber ich bin mir sicher, dass die anderen es ihr erzählt haben, nachdem ich weg war. So hat diese kleine Freundlichkeit mehrere Zwecke erfüllt. Es hat mich gefreut; es hat sie gefreut; es war ein Beispiel für die, die zusahen; und es hat Gott Ehre gemacht. Ich hatte auch eine andere Wahl. Ich hätte mein Geld für mich behalten und gar nichts tun können. Das wäre einfach gewesen, aber bei Weitem nicht so befriedigend.

Egal was andere denken

Sie denken jetzt vielleicht: *Joyce, ich käme mir wirklich dumm vor, wenn ich jemandem, den ich gar nicht kenne, anbieten würde, seine Rechnung zu bezahlen.* Wenn das so ist, kann ich Sie gut verstehen. Mir geht es genauso. Ich frage mich immer, was derjenige dann denkt oder wie er reagieren wird. Aber dann denke ich daran, dass das nicht meine Sorge sein muss. Meine Aufgabe ist es nur, Botschafter Jesu zu sein.

Ich wollte einmal der Frau hinter mir in der Schlange bei Starbucks den Kaffee bezahlen, aber sie hat es rundweg abgelehnt. Sie hat sogar so viel Aufhebens darum gemacht, dass es mir peinlich war und ich zuerst dachte: *Das mache ich bestimmt nie mehr.* Dave war dabei und erinnerte mich daran, dass das genau das war, was der Teufel erreichen wollte. Also habe ich es mir anders überlegt. Solche Momente sind nicht einfach, aber dieser Vorfall hat mir auf traurige Weise gezeigt, wie viele Menschen nicht in der Lage sind, etwas Gutes einfach anzunehmen – wahrscheinlich, weil es ihnen sonst nie passiert.

Gelegentlich mache ich etwas auch anonym. Aber manchmal lässt es sich nicht verbergen, und deshalb habe ich beschlossen, dass es nur darauf ankommt, dass ich die richtige Einstellung dabei habe. Jede gute Tat ist meine Art, Gott zu gehorchen und das Böse mit dem Guten zu überwinden. Ich weiß nicht, was den Menschen Böses widerfahren ist, aber vielleicht können meine Freundlichkeiten dazu beitragen, die Wunden in ihren Seelen zu heilen. Anderen Freundlichkeiten zu erweisen, ist für mich auch eine Art, mich am Teufel für den Schmerz zu rächen, den er mir in meinem Leben zugefügt hat. Er ist durch und durch böse und steckt hinter allem Übel, das wir in der Welt erleben. Deshalb ist jede liebevolle, gute und freundliche Tat, als würde man ein Messer in sein böses Herz rammen.

Wenn Sie schlecht behandelt wurden und sich schon immer gewünscht haben, sich am Teufel für den Schmerz zu rächen, den er Ihnen zugefügt hat, dann tun Sie so vielen Menschen wie möglich etwas Gutes. Das ist Gottes Art, und sie funktioniert, weil die Liebe nie versagt!

Seelen mit Liebe erkaufen

Die Bibel sagt, dass Gott uns mit einem teuren Preis erkauft hat – dem Blut seines Sohnes, Jesus Christus (1. Korinther 6,20; 1. Petrus 1,19; Offenbarung 5,9). Diese erstaunliche Liebestat kehrte das Übel, das der Teufel angerichtet hatte, wieder um und eröffnete allen Menschen die Möglichkeit, ihre Sünden vergeben zu bekommen und eine persönliche Beziehung mit Gott zu haben.

Der jahrelange sexuelle Missbrauch durch meinen Vater und was er mir Böses angetan hat, haben mir tiefe seelische Verletzungen zugefügt. Es war mir unmöglich, normal zu leben, bis Jesus mich heilte. Zudem war es ein langer Prozess, über alles, was mein Vater mir angetan hat, hinwegzukommen und ihm ganz vergeben zu können. Zuerst beschloss ich, ihn nicht mehr zu hassen, weil Gott mir zeigte, dass die Liebe zu ihm und der Hass auf meinen leiblichen Vater sich nicht vereinen ließen. Ich bat Gott, mir zu helfen, und er nahm den Hass aus meinem Herz. Aber ich wollte immer noch nichts mit meinem Vater zu tun haben und hielt mich so gut wie möglich fern von ihm.

Der seelische Zustand meiner Mutter verschlechterte sich über die Jahre. In dem Jahr, als Dave und ich heirateten, kam es bei ihr zu einem Nervenzusammenbruch, weil sie wusste, was mein Vater mit mir gemacht hatte, sie aber nicht wusste, wie sie damit umgehen sollte. Als ich vierzehn war, hatte sie ihn dabei erwischt, wie er mich vergewaltigte, wusste aber nicht, wie sie damit umgehen sollte und hat deshalb gar nichts gemacht. Dieses Nichtstun erwies sich als eine sehr schlechte Entscheidung für alle von uns. Zwei Jahre lang bekam sie eine Elektroschockbehandlung, die ihre Erinnerung an den Missbrauch auslöschte. Ich wollte sie unter keinen Umständen wieder daran erinnern. So kamen wir nur an Feiertagen zu meinen Eltern zu Besuch und wenn es unbedingt sein musste, obwohl es sehr schwer für mich war, in der Nähe meines Vaters zu sein.

Schließlich zogen meine Eltern zurück in die Kleinstadt, in der sie aufgewachsen waren. Sie lebten jetzt etwa zweihundert Meilen entfernt von uns. Ich war hocherfreut, denn das bedeutete, dass ich sie noch seltener sehen würde. Irgendwann im Laufe der Zeit konnte ich meinem Vater vergeben, aber ich hatte ihm noch nicht ganz vergeben.

Als meine Eltern älter wurden und ihre Gesundheit und ihre Finanzen dahinschwanden, forderte Gott mich auf, sie wieder nach St. Louis, wo wir wohnten, zurückzuholen und mich bis zu ihrem Tod um sie zu kümmern. Das bedeutete, dass wir ihnen ein Haus, Möbel und ein Auto kaufen und jemanden anstellen mussten, der putzte, einkaufen ging, den Rasen mähte und kleinere Reparaturen im Haus erledigte. Zuerst dachte ich, das sei eine Idee des Teufels, der mich wieder plagen wollte. Aber dann wurde mir klar, dass es Gottes Plan war. Ich kann ehrlich sagen, dass es eines der schwierigsten Dinge war, die ich je in meinem Leben getan habe.

Erstens hatten Dave und ich ein wenig Geld gespart, und um meinen Eltern ein Haus zu kaufen, würden wir fast alles davon ausgeben müssen. Zweitens dachte ich nicht, dass sie meine Hilfe verdient hatten, da sie nie wirklich etwas für mich getan hatten, außer mich zu missbrauchen und im Stich zu lassen. Während Dave und ich darüber redeten und beteten, wurde mir klar, dass es nicht nur eines der schwierigsten Dinge war, die ich je getan hatte, sondern auch eines der wirkungsvollsten.

Ich las jede Bibelstelle, die von Feindesliebe handelte und davon, ihnen Gutes zu tun. Der folgende Vers hat mich am meisten beeinflusst:

Liebt eure Feinde! Erweist ihnen Gutes! Leiht ihnen Geld! Und macht euch keine Sorgen, weil sie es euch vielleicht nicht wiedergeben werden [haltet nichts für verloren und verzweifelt über niemandem]. Dann wird euer Lohn im Himmel groß sein und ihr handelt wirklich wie Kinder des Allerhöchsten, denn er erweist auch den Undankbaren und den Bösen Gutes.
Lukas 6,35 (NLB mit eigener Übersetzung der Amplified Bible)

Dieser Vers sagt, dass wir nichts als verloren betrachten und uns keine Sorgen darum machen sollen. Bis dahin habe ich meine Kindheit immer als verlorene Jahre gesehen. Jetzt zeigte mir Gott, dass es eine Erfahrung war, die mich dazu befähigte, anderen zu helfen. Lukas schreibt auch, dass wir die segnen und für sie beten sollen, die uns verfolgen und uns Böses tun (Lukas 6,28). Das scheint sehr unfair, aber ich habe gelernt, dass ich mir selbst einen Gefallen tue, wenn ich vergebe. Wenn ich anderen vergebe, befreie ich mich selbst von den Folgen dessen, was man mir angetan hat und dann kann Gott in die Situation eingreifen. Wenn mein Feind nicht gläubig ist, kann ich dadurch vielleicht seine Seele gewinnen.

Mein Vater war von dem Angebot, das Dave und ich ihnen machten, ziemlich überwältigt. Obwohl er das nie gesagt hat, weiß ich doch, dass er sich gefragt hat, warum wir das für ihn taten – nach allem, was er mir angetan hatte.

Drei Jahre lang sah ich keine Veränderung an ihm. Er war immer noch gemein, leicht gereizt und sehr egoistisch. Es gab sogar Zeiten, da schien sein Temperament noch schlimmer geworden zu sein. Heute weiß ich, dass Gott die ganze Zeit an ihm arbeitete. Drei Jahre nachdem wir das getan hatten, was Gott von uns wollte, tat mein Vater unter Tränen Buße und nahm Jesus als seinen Retter an. Das war eine umwerfende Erfahrung. Er hatte den ersten Schritt dazu getan. Er hatte uns zu sich eingeladen und uns um Vergebung gebeten. Er bat sowohl Dave als auch mich um Vergebung und sagte, dass wir so gut zu ihm gewesen waren. Wir fragten ihn, ob er Jesus als Retter annehmen wolle. Er tat nicht nur das, sondern fragte uns auch, ob wir ihn taufen würden. Ich hatte das Vorrecht, mitzuerleben wie mein Vater, der mich missbraucht hatte, zu Gott fand. Dann wurde mir klar, dass ich bisher gedacht hatte, ich würde ein Haus, Möbel und ein Auto kaufen. Aber in Wirklichkeit hatte ich durch unverdiente Freundlichkeit eine Seele für Gott erkauft.

Während dieser Zeit erlebten Dave und ich auch, wie die Arbeit unserer christlichen Organisation sich unglaublich ausweitete und wir in der Lage waren, immer mehr Menschen zu helfen. Ich bin überzeugt, dass dieses Wachstum eine Frucht unseres Gehorsams Gott gegenüber war. Wenn Gott von uns schwierige Dinge verlangt, tut er das immer zu unserem eigenen Besten und damit sich sein Reich ausdehnt. Sie sehen also, dass man das Böse wirklich mit dem Guten überwinden kann. Wie der englische Erweckungsprediger John Wesley sagte: »Tue so viel Gutes, wie du kannst, mit allen dir zur Verfügung stehenden Mitteln, wann immer du kannst, an so vielen Menschen wie möglich, so lange du nur kannst.«

Kriegswitwen

Als Jennifer das Weinen der Kinder hört, läuft sie sofort zu ihnen. Wie schon so oft, versichert sie ihnen, dass alles gut werden wird. Als ihre Mutter sagt sie es ihnen so oft, bis sie es schließlich glauben.

Sie weiß, was es heißt, Angst zu haben, verschleppt und missbraucht zu werden. Als sie gerade zwölf Jahre alt war, wurde sie von Rebellen gewaltsam von zu Hause fortgeholt, weg von ihrer Familie und ihrem Heimatdorf und in Afrikas längsten Bürgerkrieg verwickelt. Nachdem sie ständig geschlagen und vergewaltigt worden war und schwere Zwangsarbeit verrichten musste, gab ihr Überlebenswille ihr den Mut zu fliehen. Dabei führte sie noch mehrere andere Kinder in die Freiheit.

Aber als sie wieder nach Hause kam, war ihre Familie verschwunden. Als sie einsam, verlassen und verzweifelt nach einem neuen Zuhause suchte, heiratete sie einen Mann, der bereits eine Frau hatte. An ihrem Hochzeitstag schlug und verletzte er sie vor seinen Freunden. Aber das Grausamste kam noch. An diesem ganz besonderen Tag, an dem sie sich geliebt und geehrt wie eine Prinzessin hätte fühlen sollen, sagte ihr Mann vor den versammelten Gästen, dass sie nutzlos und eine Schande sei. Diese Worte drangen tief in ihr Herz und verletzten sie weit mehr als die Schläge, die sie weiterhin bekam.

Schließlich starb ihr Mann an Aids und sie stand wieder alleine da. Als Witwe mit zwei Kindern fragte sie Gott: *»Bist du überhaupt da? Wird mein Leben immer nur aus Qualen, Leid und Scham bestehen?«* Gott bewies Jennifer seine Treue. Sie ist jetzt dabei, innerlich wieder ganz heil zu werden.

Heute lebt Jennifer in einem neuen Dorf, das von *Watoto Ministries* in Zusammenarbeit mit *Joyce Meyer Ministries* erbaut wurde. Sie hat ihre Würde und ihren Sinn im Leben wiedergefunden und kümmert sich jetzt um Kriegswaisen. Leider brauchen viele andere immer noch dringend Hilfe, um innerlich wieder heil zu werden.

In Gottes Wort heißt es immer wieder, dass wir uns um die Witwen und Waisen kümmern sollen. Es scheint, als ob Gott sich ganz besonders um sie kümmert, und deshalb sollten wir das auch tun.

Die Statistik belegt:

- In vielen Ländern werden Witwen, deren Männer an Aids gestorben sind, verstoßen und sind extremen Gewalttaten ausgesetzt.[1]
- Witwenhaushalte gehören oft zu den ärmsten Bevölkerungsgruppen in Afrika.[2]

Kapitel 7

Gerechtigkeit für die Unterdrückten

Gerechtigkeit heißt nicht, Neutralität zwischen Richtig und Falsch bewahren, sondern das Richtige finden, wo auch immer es ist, und es gegen das Falsche erheben.
Theodore Roosevelt (ehem. US-Präsident)

Gott ist ein Gott der Gerechtigkeit. Die Gerechtigkeit ist eine meiner Lieblingseigenschaften von Gott. Einfach ausgedrückt heißt es, dass er Falsches richtig macht. Die Bibel sagt, dass Gerechtigkeit und Recht das Fundament seines Thrones sind (Psalm 89,15). Das Fundament ist das, worauf ein Gebäude errichtet wird. Wir können also sagen, dass alles Handeln Gottes auf dieser Erde auf der Tatsache beruht, dass er recht tut und gerecht ist. Als Gottes Diener sollen wir Recht und Gerechtigkeit lieben und dazu beitragen, beides auf der Erde zu verbreiten.

Wenn in einer Gesellschaft Gerechtigkeit fehlt, führt das immer zu Problemen. Von 1789 bis 1799 tobte in Frankreich die Revolution. Es war ein blutiger Krieg, in dem sich die Bauern gegen den Adel und die religiöse Führungsschicht erhoben. Solange Frankreichs Königshaus die Bürger gerecht behandelte, blühte das Land auf. Als die Herrscher es aber aus Eigennützigkeit zuließen, dass die Bevölkerung unter Unterernährung, Hunger und Krankheiten litt, während sie weiter Steuern eintrieben und ein verschwenderisches Leben führten, erhob sich das Volk schließlich gegen sie. Als die Adligen ihre Bürger ungerecht behandelten, geriet das Fundament ihres Thrones ins Wanken und stürzte schließlich ein.

Fakt ist, dass ohne Gerechtigkeit nichts richtig funktioniert. Unsere heutige Gesellschaft ist voller Ungerechtigkeit, und obwohl es Menschen gibt, die vehement dagegen ankämpfen, ist es der Mehrheit entweder egal oder sie wissen einfach nicht, was sie dagegen tun sollen.

Es ist unsere Pflicht

Wer kümmert sich um Witwen, Waisen, Arme und Unterdrückte? Gott tut es. Aber tun wir es auch? Wenn Menschen unterdrückt werden, tragen sie eine Last, die unerträglich ist. Sie werden von ihr überwältigt, erdrückt und sind bedrückt.

Wer kümmert sich um Witwen, Waisen, Arme und Unterdrückte?

Ihre Last nimmt ihnen oft jede Hoffnung. Gott ist der Vater der Waisen und der Richter der Witwen (Psalm 68,6). In seinem Herzen scheint besonders viel Platz für Menschen zu sein, die einsam sind und niemanden haben, der sich um sie kümmert. Gott hilft den Elenden und schafft den Armen und Bedürftigen Recht (Psalm 140,13). Sie sind sicher froh, dass Gott diesen armen Menschen hilft. Aber ich möchte Sie auch daran erinnern, dass Gott seine Arbeit durch Menschen tut, die ihm gehorchen. Fragen Sie sich einmal selbst, was Sie für diese Menschen tun.

Die Bibel spricht über zweitausend Mal von unserer Verpflichtung den Armen und Bedürftigen gegenüber. Da Gott diese Anweisung so oft in die Bibel schreiben ließ, muss wohl eine Botschaft dahinterstecken. Er will sichergehen, dass wir das verstehen. Wie wichtig ist es nun für uns alle, bedrängten Menschen auf irgendeine Art und Weise zu helfen? Wahrscheinlich wichtiger, als uns allen bewusst ist.

Wahrer Glaube

Der Apostel Jakobus schrieb, dass wahrer Gottesdienst sich darin zeigt, *Witwen und Waisen in ihrer Not zu helfen* (Jakobus 1,27; Hfa). Das heißt, wenn unser Glaube echt ist, werden wir mithelfen, denen zu helfen, die von den Umständen ihres Lebens bedrückt werden. Aus diesem Vers kann ich nur folgern, dass mein Glaube nicht echt ist, wenn ich diesen Menschen nicht helfe. Es mag zwar eine äußere Form des Glaubens sein, aber es ist mit Sicherheit nicht das, was Gott will.

Ich habe gelernt, dass nicht jeder, der sonntags im Gottesdienst sitzt, nach Gottes Maßstab ein Christ ist. Regeln, Gesetze und Gebote zu befolgen, macht uns nicht zu echten Nachfolgern von Jesus. Wieso kann ich das behaupten? Weil wir Gottes Herz und seinen Geist bekommen, wenn wir Jesus als unseren Retter annehmen (Hesekiel 11,19). Deshalb müssen wir lernen, uns um das zu kümmern, was ihm wichtig ist – und ihm ist es wichtig, bedrückten Menschen zu helfen.

Was würde es nützen, wenn meine Söhne, die den größten Teil der Verwaltungsarbeit bei *Joyce Meyer Ministries* machen, behaupteten, sie hätten mein Herz, wenn sie nicht das tun, was ich in einer bestimmten Situation tun würde? Der Grund, weshalb wir unseren Söhnen diese Aufgaben gegeben haben, ist, dass sie uns ganz genau kennen und unser Herzensanliegen für Arme teilen.

Einander lieben

Ich bin fest davon überzeugt, dass wir einander lieben sollen, das heißt diejenigen, mit denen wir täglich in Berührung kommen, aber auch diejenigen, denen wir vielleicht niemals begegnen werden, weil sie in einem weit entfernten Land leben (Apostelgeschichte 2,44-45; 4,31-32; 2. Korinther 8,1-4). Behalten Sie einmal beide Menschengruppen im Auge, während Sie weiterlesen. Sie könnten zum Beispiel über ein Hilfswerk ein Waisenkind in einem Entwicklungsland finanziell unterstützen. Sie könnten genauso eine Witwe aus Ihrer Gemeinde zum Essen einladen und sich dann mit ihr unterhalten, um herauszufinden, ob ihre Bedürfnisse angemessen erfüllt sind. Wenn sie dann von einem Bedürfnis erzählt, das Sie erfüllen können, tun Sie es freudig, denn Gott liebt einen freudigen Geber (2. Korinther 9,7).

Die meisten von uns helfen ihrer Familie oder engen Freunden, wenn sie in Not sind. Aber je weiter Menschen von unserem inneren Freundeskreis entfernt sind, desto weniger sind wir bereit, uns um sie zu kümmern oder ihnen zu helfen. Ich glaube, das möchte Gott verändern. Mir ist klar, dass ich als einzelne Person nicht jeder Not, von der ich höre, begegnen kann. Aber ich kann wenigstens offen sein, so dass Gott mir zeigen kann, was ich tun soll. Ich habe beschlossen, nicht mehr automatisch davon auszugehen, dass ich den Nöten, von denen ich höre, ohnehin nicht begegnen kann. Mir ist klar geworden, dass das eine sehr passive Einstellung gegenüber den Bedürfnissen anderer ist und nicht die Einstellung, die Gott von mir möchte.

Die Welt braucht eine Gemeinde, die Gemeinde ist

Jesus hat Petrus dreimal gefragt, ob er ihn liebe. Jedes Mal, wenn Petrus »Ja« antwortete, entgegnete Jesus: »Weide meine Schafe« oder »Weide meine Lämmer« (Johannes 21,15-17). Jesus meinte damit nicht die Tiere; er sprach davon, Gottes Volk zu helfen. Er bezeichnete sich selbst an verschiedenen Stellen als Hirte und sein Volk als Schafe. Daher wusste Petrus genau, was er meinte.

Mir scheint es, als wolle Jesus in diesen Versen sagen: Wenn wir ihn lieben, sollen wir uns um andere Menschen kümmern und uns nicht nur sonntagmorgens in irgendwelchen Gebäuden versammeln und Regeln und Rituale befolgen. Natürlich sollen wir in den Gottesdienst gehen und Gemeinschaft mit den anderen pflegen, Gott anbeten und mehr über ihn lernen. Aber die Gemeinde sollte auch ein Ort sein, von dem aus wir anderen helfen. Wenn eine Gemeinde nicht versucht, die verlorenen Menschen dieser Welt zu erreichen und den Elenden, Witwen, Waisen, Armen und Bedürftigen, zu helfen, bin ich mir nicht sicher, ob sie sich überhaupt Gemeinde nennen sollte.

Zehntausende von Menschen gehen nicht mehr in die Kirche. Gemeindeleiter auf der ganzen Welt machen sich wegen des Rückgangs des Gottesdienstbesuchs Sorgen. Ich glaube, dass dieser Rückgang zum großen Teil darauf zurückzuführen ist, dass viele Gemeinden nur noch religiöse Zentren sind, ohne echtes Leben. Der Apostel Johannes schrieb: *Wir wissen, dass wir aus dem Tod in das Leben hinübergegangen sind, weil wir die Brüder lieben; wer nicht liebt, bleibt im Tod* (1. Johannes 3,14). Wenn eine Gemeinde nicht die wahre Liebe Gottes ausstrahlt, wie kann sie dann mit Leben erfüllt sein?

Ich habe gehört, dass in Europa beinahe jede Woche eine Kathedrale oder Kirche geschlossen werden muss, und dass viele Kirchengebäude von Muslimen gekauft und in Moscheen umgewandelt werden. Das ist ganz sicher nicht das Schicksal, das Gott für die Gemeinde Jesu geplant hat. Einige Gemeinden tun genau das, was sie tun sollten. Deshalb wachsen sie und sind voller Leben. Aber man kann mit Sicherheit auch sagen, dass sie die Ausnahme und nicht die Regel sind.

Die erste Gemeinde, von der wir in der Apostelgeschichte lesen, war eine sehr wirkungsvolle Gemeinde. Sie hat ihre Welt damals erschüttert und ihre Auswirkung ist noch bis heute zu sehen. Sie war vereint, und alle, die dazugehörten, waren damit beschäftigt, denen zu helfen, die in Not waren. Sie halfen den Menschen, die sie persönlich kannten und denen in anderen Städten, von deren Not sie durch die Apostel erfuhren.

Die erste Gemeinde wuchs rapide und hatte einen wunderbaren Ruf, weil sie voller Menschen war, die einander aufrichtig liebten. Die Welt braucht Liebe, nicht Religion! Sie braucht Gott, und Gott ist Liebe. Wenn wir uns einig sind und alle mitmachen, können wir eine Revolution der Liebe ins Leben rufen, eine Bewegung, die noch einmal die ganze Welt erschüttern und Gott die Ehre geben wird!

Lernen, das Richtige zu tun

Es ist einfach falsch, von jemandem in Not zu hören und nichts zu unternehmen. Der Prophet Jesaja schrieb: *Lernt Gutes tun, fragt nach dem Recht, weist den Unterdrücker zurecht! Schafft Recht der Waise, führt den Rechtsstreit der Witwe!* (Jesaja 1,17).

Der Sinn der biblischen Lehre ist, dass wir lernen sollen, was richtig ist und uns dann gegenseitig ermutigen sollen, es zu tun. Noch vor einigen Jahren wusste ich nicht, wie wichtig es Gott war, den Unterdrückten Recht zu verschaffen. Aber als ich es begriff, fing ich an, es zu tun. Seit Gott den Israeliten im Alten Testament das Gesetz gegeben hat, hat er den Menschen gezeigt, wie sie mit Waisen, Witwen, Unterdrückten und Armen umgehen sollen. Als er durch Mose sprach, sagte er: *Keine Witwe oder Waise dürft ihr bedrücken* (2. Mose 22,21). Gott ist unparteiisch, *der Recht schafft der Waise und der Witwe und den Fremden liebt, so dass er ihm Brot und Kleidung gibt* (5. Mose 10,18). Gott sagte seinem Volk, wenn sie dem Fremden, den Witwen und Waisen zu essen geben würden, würde er ihre Arbeit segnen (5. Mose 14,29). Man beachte, dass unter diese Menschen – Witwen, Waisen, Fremde – wahrscheinlich sehr viele einsame Menschen waren. Gott kümmert sich um die Einsamen!

Einsam und vergessen

Ich kann mir kaum vorstellen, wie einsam und verlassen sich ein Waisenmädchen fühlen muss, das gezwungen ist, sich der Prostitution hinzugeben, um zu überleben.

Die Statistik belegt:[1]

- Jedes Jahr werden zwei Millionen Mädchen zwischen fünf und fünfzehn Jahren neu in die Sex-Industrie gebracht.
- 89 Prozent der Prostituierten würden gerne aufhören.
- In Thailand arbeiten mindestens zweihunderttausend Frauen und Kinder als Prostituierte, ein Drittel davon sind unter acht-

zehn Jahre. Mädchen arbeiten schon ab einem Alter von sechs Jahren als Prostituierte.

- Ein Arzt hat einmal ein Mädchen gefunden, das in einer Stunde von fünfunddreißig Männern benutzt wurde.

Sind diese Mädchen alles Waisenkinder? Nein, nicht alle sind offiziell Waisen, in dem Sinne, dass sie keine Eltern mehr haben. Aber in Gottes Augen sind sie Waisen, weil sie entweder keine Eltern mehr haben oder ihre Eltern sich nicht um sie kümmern können oder wollen.

Jugend-Prostitution

Verkauf dich für das Vergnügen böser Menschen oder verhungere. Das ist eine schreckliche Wahl, vor der niemand stehen sollte. Obwohl sie erst neunzehn Jahre alt ist, trifft Birtukan diese Wahl schon seit sie vierzehn ist. Und mit jeder Entscheidung bricht ihr Herz ein wenig mehr und ihre Seele wird ein wenig mehr zerstört. Nach all dem, was sie durchgemacht hat, ist es ein Wunder, dass sie überhaupt noch etwas empfindet.

Wenn sie in die Augen ihrer sieben Monate alten Tochter Aamina schaut, gibt ihr das Kraft. »Ich treffe diese Entscheidung, weil ich nicht will, dass es meiner Tochter einmal genauso geht.« Ihr äthiopischer Name bedeutet »in Sicherheit«, und Birtukan hat beschlossen, alles zu tun, um ihr Versprechen zu halten und ihre Tochter in Sicherheit zu bringen.

Sie verkauft ihren Körper nicht aus Habgier oder Vergnügen. Sie verkauft ihren Körper, um zu überleben. Sie lebt und geht ihrer Arbeit in einem eineinhalb mal drei Meter großen Zimmer nach. Sie arbeitet seit fünf Jahren – ohne freie Tage, ohne Urlaub, ohne Pause. Sie schließt die Augen und denkt an Aamina, während bis zu fünfzehn Männer pro Tag ihren Körper dazu missbrauchen, ihre üblen Gelüste zu befriedigen. Der Schmerz ist unvorstellbar, aber es ist die einzige

Möglichkeit, um Geld für Essen und einen Platz zum Schlafen zu verdienen. Wenn sie daran denkt, wie sehr sie Aamina liebt, kann sie nicht begreifen, wie ihre eigene Mutter sie im Alter von fünf Jahren verlassen konnte.

Bevor sie ins Rotlichtviertel von Addis Abeba kam, war sie fast verhungert. *»Ich hatte Hoffnung, aber jetzt scheint diese Hoffnung weit weg zu sein. Ich weiß, dass Gott bei mir ist und mich liebt. Ich weiß nicht, wie ich sonst überleben soll.«* Ein schwacher Hoffnungsschimmer besteht noch, und sie hofft auf einen Tag, an dem das Überleben sie nicht weiter ein Stück ihres Herzens, ihrer Seele und ihres geschundenen Körpers kosten wird.

Für heute muss sie diese Hoffnungen beiseite schieben, denn der nächste Kunde ist gerade gekommen.

Die Statistik belegt:

- Das durchschnittliche Eintrittsalter in die Prostitution liegt weltweit zwischen dreizehn und vierzehn Jahren.[2]
- 75 Prozent aller Prostituierten sind unter fünfundzwanzig.

Eine weitere Stufe der Erniedrigung und was wir dagegen tun können

Als ich nach Indien reiste und in das Rotlichtviertel eines Slums kam, begegnete ich einer noch tieferen Stufe der Erniedrigung. Es war nicht nur alles entsetzlich schmutzig, sondern es gab auch noch lauter Bordelle. Ich wurde in ein Bordell geführt, das aus drei kleinen Zimmern bestand, in denen jeweils drei Betten standen. Keiner dieser Schlafbereiche hatte auch nur die geringste Privatsphäre. Die Mädchen und Frauen bedienten ihre Kunden in diesen kleinen Zimmern hauptsächlich nachts. Sie hofften, damit genug Geld zu verdienen, um Nahrung für sich und ihre Kinder zu kaufen (falls sie Kinder hatten, was bei vielen der Fall war). Wo waren ihre Kinder, während sie arbeiteten? Sie spielten entweder auf dem Flur, von wo aus sie jederzeit ganz leicht in die Zimmer kommen konnten, in denen ihre Mütter arbeiteten. Oder man gab ihnen Alkohol, damit sie schliefen und nicht störten. Einige von ihnen hatten von unserem Ernährungs- und Schulprogramm gehört, und so konnten wir während dieser Zeit für sie sorgen, damit sie nicht mitbekamen, was daheim lief. Daheim! Diese kleinen Kinder wuchsen in Bordellen auf!

Ohne fremde Hilfe werden die meisten Mädchen – *kleine Mädchen* – in die Prostitution gehen, sobald sie alt genug sind. Diese Frauen haben sich diese Art zu leben nicht ausgesucht, weil sie es so wollen, sondern weil sie keine andere Wahl haben. Sie haben keine Schulbildung und sind in einer Armut aufgewachsen, die die meisten von uns gar nicht erfassen können. Manche von ihnen gehören sogar einem Zuhälter, der sie im Grunde als Gefangene hält und sie schlägt, wenn sie nicht genug Geld verdienen.

Ich bin froh, berichten zu können, dass wir ein Programm angefangen haben, um diese Frauen da rauszuholen. Zunächst haben wir in diesem Gebiet mindestens drei Jahre gemeinsam mit anderen örtlichen Organisationen gearbeitet. Dabei ist die Zahl der Prostituierten von dreitausend auf dreihundert gesunken. Manche Menschen brauchen nur ein wenig Hoffnung oder Hilfe und jemand, der ihnen sagt, dass sie neu anfangen können und ihnen zeigt wie.

Unsere Organisation hat etwa drei Stunden vom Rotlichtviertel entfernt einige Hektar Land gekauft und dort ein ganzes Dorf mit Schulzentrum gebaut, damit diese Frauen einen Beruf erlernen können, von dem sie und ihre Familien leben können, ohne dass sie als Prostituierte arbeiten müssen. Im Februar 2008 haben wir die ersten einhundert Frauen und Kinder in dieses Zentrum geholt und wollen zukünftig alle dorthin holen, die neu anfangen wollen.

Es war herzerwärmend, die Kinder und jungen Mädchen kichern zu hören, als ich ihnen die Duschen und sanitären Einrichtungen zeigte, die sie von nun an benutzen konnten. Sie kannten keine andere Art zu duschen, als sich irgendwo hinter einem

Haus einen Eimer Wasser über den Kopf zu leeren. Daran teilzuhaben, sie zum Lächeln zu bringen und ihnen Hoffnung zu vermitteln, ist ein unglaubliches Gefühl. Es fühlt sich auf jeden Fall besser an, als der egoistische Lebensstil, den ich früher gelebt habe. Dieser Einsatz in Indien ist zum größten Teil unseren Missionspartnern zu verdanken, die ihn durch ihre treuen Spenden finanzieren. Wir sind ihnen sehr dankbar dafür.

Ich möchte noch hinzufügen, dass manche der älteren Frauen, die in die Prostitution geraten sind, Witwen sind. Ihre Männer sind gestorben oder umgekommen und haben sie mittellos zurückgelassen. So haben sie auf das einzige ihnen bekannte Mittel, Geld zu verdienen, zurückgegriffen.

Wir können lernen, das Richtige zu tun und den Unterdrückten in der Welt zu helfen. Wir brauchen dazu nur die nötigen Informationen und die Entschlossenheit, dann können wir im Leben vieler Menschen etwas zum Positiven verändern. Wenn jeder von uns seinen Teil dazu beiträgt, können wir eine Revolution der Liebe ins Leben rufen.

Ungerechtigkeit gibt es überall

Ungerechtigkeit herrscht nicht nur in Entwicklungsländern, sondern auch in unserem Umfeld und in unseren Städten. Es gibt Arbeitskollegen, die in Not sind, Menschen, denen wir auf der Straße begegnen oder beim Einkaufen. Ungerechtigkeit hat viele Gesichter. Sie kann in Form eines Mannes auftreten, der seine Frau mit drei kleinen Kindern wegen einer anderen Frau sitzen lässt. Sie kann im Leben von Mädchen und Jungen auftreten, die in ihrer Kindheit von ihren Eltern oder anderen Erwachsenen sexuell oder körperlich misshandelt wurden. Sie kann im Leben des Familienvaters auftreten, dessen Familie schon in der dritten Generation in einem Armenviertel der Stadt von Sozialhilfe lebt. Er würde gerne woanders wohnen, aber er hat nicht die leiseste Ahnung, wie er das schaffen soll. Er hat nur eine sehr geringe

Schulbildung und hat – außer im Fernsehen – noch nie jemanden kennengerlernt, der anders lebt als er.

Manche Menschen schaffen es, sich aus ihren tragisch ungerechten Umständen hochzuarbeiten, aber viele können es nicht. Vielleicht müssen Sie oder ich oder jemand, den wir kennen, in diese Menschen investieren. Unsere Stadtmission arbeitet an den öffentlichen Schulen, um den Kindern zu helfen, Lesen und Schreiben zu lernen. Wir haben nach ehrenamtlichen Mitarbeitern gesucht, die den Kindern Nachhilfe geben können. Es war entmutigend zu sehen, wie wenig Menschen bereit waren, auch nur eine Stunde pro Woche dafür zu opfern. Natürlich denken wir alle, dass »jemand« diesen Kindern helfen sollte. Aber scheinbar sind wir nicht diejenigen, die dann kommen und helfen sollten! Wir haben alle unsere Entschuldigungen, um unser Gewissen zu beruhigen, aber gelten diese auch vor Gott? Ich habe Jahre lang Entschuldigungen gefunden für alles, was ich nicht tun wollte. Doch dann habe ich etwas entdeckt, das jetzt meine liebste Redensart geworden ist: »Die Gleichgültigkeit findet eine Ausrede, die Liebe eine Lösung.«

Die Gleichgültigkeit findet eine Ausrede, die Liebe eine Lösung.

Das Maß der Gerechtigkeit

Schon im Alten Testament sehen wir viele Beispiele von Menschen, die sich sehr bemüht haben, den Armen und Bedürftigen zu helfen. Hiob war ein solcher Mann. Er sagte, dass er die Gerechtigkeit anzog wie ein Kleid, indem er den Blinden Auge, den Lahmen Fuß und den Armen und Notleidenden ein Vater war (Hiob 29,14-16). Die Wendung »anziehen« hat eine besondere Bedeutung, die wir uns nicht entgehen lassen dürfen. Sehen Sie es einmal so: Wenn ich meine Kleider anziehe, tue ich das ganz bewusst. Ich stehe nicht unbeweglich vor meinem Kleiderschrank und warte darauf, dass die Kleider vom Bügel springen und sich mir überziehen. Vielmehr wähle ich jedes Kleidungsstück sorgfältig aus und ziehe es nicht nur an, sondern vergewissere mich auch noch, dass ich darin gut aussehe.

Gott sagte, dass Hiob ein gerechter Mann war, und Hiob sagte, dass er die Gerechtigkeit »angezogen« hat. Das heißt, er hat es bewusst getan. Der Maßstab für gerechtes Handeln zu Hiobs Zeiten war, den Witwen, Waisen, Armen, Notleidenden und Unterdrückten zu helfen.

In unserer heutigen Gesellschaft gibt es nicht mehr viele Normen. Es scheint, als ob die meisten Menschen einfach tun und lassen, was sie wollen, und der Egoismus regiert. Wir brauchen wieder Maßstäbe, um Männer und Frauen hervorzubringen, die aufrichtig, wahrheitsliebend, ehrlich, ehrbar, treu und loyal sowie wirklich besorgt um notleidende Menschen sind. Wenn es mehr Menschen mit diesen Eigenschaften gäbe, wäre diese Welt eine ganz andere. Sie antworten jetzt vielleicht: »Ja, ich wünschte, das gäbe es heute noch.« Aber vergessen Sie nicht, dass der Wunsch alleine nichts nützt. Wir müssen handeln. Unsere Welt wird sich nur verändern, wenn sich die Menschen darin verändern – und diese Veränderung muss bei jedem von uns ganz persönlich beginnen. Wir alle müssen die brennende Fackel hochhalten und sagen: »Ich bin die Revolution der Liebe!«

Ester, die junge Hebräerin, von der Sie in Kapitel vier gelesen haben, die schließlich Königin wurde, ordnete an, dass beim Fest, mit dem ihr Volk seine Freiheit feierte, den Armen Geschenke gemacht wurden. Wenn wir feiern, weil Gott uns so viel Gutes getan hat, sollten wir nicht vergessen, uns denen zuzuwenden, die immer noch Not leiden. Eine meiner Freundinnen arbeitet in ihrer Gemeinde in einem Team mit, das an Weihnachten in Obdachlosenheime geht. Die Gemeinde besorgt sich vorher eine Liste mit Altersangabe und Kleidergröße von allen Kindern, die in diesem Heim leben. Die Gemeindemitglieder, die es sich leisten können, wählen ein Kind von der Liste und kaufen ihm ein Weihnachtsgeschenk. Im Dezember wird dann im Obdachlosenheim eine Weihnachtsfeier veranstaltet: mit viel Essen, Weihnachtsmusik, der Weihnachtsgeschichte; die Kinder hören, dass Jesus sie liebt und bekommen natürlich ihre Geschenke.

Nach dieser Weihnachtsfeier sind die Gemeindemitglieder natürlich froh, den obdachlosen Kindern geholfen zu haben. Aber viele sagen, sie gehen danach nach Hause und sind umso dankbarer für ihr eigenes Zuhause und all das Gute, das sie haben.

Es ist gut für uns, die Nöte anderer Menschen zu sehen und sie hautnah mitzuerleben, denn es macht uns wieder neu bewusst, wie reich gesegnet wir sind. Hoffentlich zeigt es uns auch, wie viel wir helfen können, wenn wir uns nur Mühe geben. In der Weihnachtszeit sind die Menschen meistens großzügiger. Viele versuchen, anderen zu helfen. Aber uns muss klar werden, dass die Armen und die, die am Rande der Gesellschaft stehen, die ganze Zeit Hilfe brauchen, nicht nur einmal im Jahr.

Während ich dieses Kapitel schreibe, bin ich mit Dave in einem Hotelzimmer mit einem sehr kleinen Badezimmer. Die Decke ist so niedrig, dass Dave mit dem Kopf anstößt. Im ersten Moment hat er sich ein wenig über die Unannehmlichkeit beklagt, aber dann dachte er an die Menschen, denen wir begegnet sind. Sie müssen stundenlang laufen, um schmutziges Wasser für ihre Familien zu holen, nur um zu überleben. Diese Menschen duschen fast nie, und wenn, dann ganz sicher nicht in einem Badezimmer mit Dusche. Wir haben beide festgestellt, dass es ein Segen für uns ist, armen Menschen zu helfen, denn dann jammern und klagen wir nicht so viel, sondern sind Gott in allen Umständen dankbar, so wie er es von uns will.

Boas, ein reicher und angesehener Mann in seinem Ort, wies seine Schnitter bei der Ernte an, absichtlich Ähren liegen zu lassen, damit Rut sie für sich und ihre Schwiegermutter aufsammeln konnte. Sowohl Rut als auch Naomi waren Witwen und sie waren arm. Zu jener Zeit gab es ein Gesetz, das besagte, dass die Schnitter die Felder nicht komplett abernten durften. Es mussten einige Ähren für die Armen stehen bleiben, die sie nach den Schnittern sammeln konnten, damit sie etwas zu essen hatten. Wir erkennen immer wieder, dass Gott für die Armen sorgt. Aber seine

Fürsorge fiel nicht einfach vom Himmel oder kam aus dem Nichts; er sorgte durch andere Menschen für die Armen.

Liebe in Aktion

Bei *Joyce Meyer Ministries* haben wir ein Konto mit dem Namen »Liebe in Aktion«. Die Mitarbeiter können auf dieses Konto einzahlen, und das Geld wird dann gezielt für Kollegen verwendet, die aus verschiedenen Gründen gerade finanzielle Schwierigkeiten haben. Vielleicht ist jemand schwer krank geworden, oder ein behindertes Kind erfordert besondere Ausgaben. Wir haben beschlossen, jederzeit bereit zu sein, denen unter uns unter die Arme zu greifen, die wirklich in Not sind und sich selbst nicht helfen können.

Wenn Sie in einer Bibelgruppe sind oder einen Freundeskreis haben, der gerne bei der Revolution der Liebe mitmachen möchte, können Sie zum Beispiel einen Kassierer bestimmen oder ein Bankkonto eröffnen, auf das jeder wöchentlich oder monatlich etwas einzahlt. Sie können es »Liebe in Aktion« nennen oder ihm einen anderen Namen geben, aber setzen Sie das Geld ein, um auftretenden Nöten zu begegnen. So oft hören wir von einer Notlage und wünschten uns, wir hätten mehr Geld. Warum fangen Sie nicht an, für solche Fälle Geld zur Seite zu legen, sodass Sie vorbereitet sind? Wenn Sie keine Gruppe haben, die mitmacht, dann suchen Sie sich ein oder zwei andere Menschen. Wenn es gar nicht anders geht, dann machen Sie es alleine, aber weigern Sie sich, nichts zu tun!

Wozu brauche ich einen Arm, wenn ich damit niemandem helfe?

Als ich in der Bibel forschte, wie Hiob auf die Nöte anderer reagierte, las ich eine schockierende Aussage. Er sagte, wenn er seinen Arm nicht benutzte, um Bedrängten Menschen zu helfen, solle er ihm lieber abfallen (Hiob 31,16-22). Das zeigte mir, wie ernst es ihm damit war, den Armen zu helfen. Bin ich bereit, es auch so ernst zu meinen? Sind Sie bereit?

Hat das Leben irgendeinen Sinn, wenn wir nur jeden Morgen aufstehen und unser Leben für uns selbst leben? Ich habe dieses Leben ausprobiert und festgestellt, dass es leer und unerfüllt war. Ich glaube nicht, dass es das ist, was Gott für uns, als seine Botschafter auf der Erde, geplant hat.

Ich habe meine Arbeit an diesem Kapitel eine Weile unterbrochen, um noch einmal alle Bibelstellen über Nächstenliebe zu lesen. Jetzt bin ich mehr denn je überzeugt, dass das unser eigentlicher Sinn im Leben ist. Ich fordere Sie heraus, ganz dafür zu leben, Gutes zu tun. Geben Sie Gott Ihre Hände, Ihre Arme, Ihren Mund, Ihre Füße, Ihre Augen und Ihre Ohren, und bitten Sie ihn, sie zu gebrauchen, um das Leben eines anderen Menschen besser zu machen. Benutzen Sie Ihre Arme, um einem hungrigen, leidenden oder einsamen Menschen Hände voller Hoffnung entgegenzustrecken.

Die Ernte der Liebe

Geben und selbstlos leben sorgen für eine reiche Ernte in unserem eigenen Leben. Es ist nichts falsch daran, sich zu wünschen oder zu erwarten, etwas zu ernten. Unsere Motivation zu helfen sollte zwar nicht sein, etwas zu bekommen. Aber Gott sagt, dass wir ernten werden, was wir säen, und darauf können wir uns freuen. Ein Bibelvers, der diese Wahrheit wunderschön zum Ausdruck bringt, ist Lukas 6,38: *Gebt, und es wird euch gegeben werden: ein gutes, gedrücktes und gerütteltes und überlaufendes Maß wird man in euren Schoß geben; denn mit demselben Maß, mit dem ihr messt, wird euch wieder gemessen werden.*

Gott verspricht, diejenigen zu belohnen, die ihn von ganzem Herzen suchen (Hebräer 11,6). Das im griechischen Urtext verwendete Wort für *belohnen* heißt so viel wie »in diesem Leben empfangener Lohn« oder »Entschädigung«. Im Hebräischen, der Sprache des Alten Testaments, heißt *Belohnung* so viel wie »Frucht, Verdienst, Erzeugnis, Preis oder Ergebnis«. Je nach Bibelübersetzung kommt das Wort *Belohnung* oder *belohnen* über vierzig Mal in der Bibel vor. Gott will, dass wir uns auf eine Belohnung für unsere richtigen Entscheidungen und unseren Gehorsam freuen.

Gott verspricht uns, dass wir keinen Mangel leiden müssen, wenn wir uns um die Armen und Notleidenden kümmern. Aber wenn wir den Blick von ihrer Not abwenden, werden wir »reich an Flüchen« sein (Sprüche 28,27). Der Verfasser der Sprüche schreibt sogar, wer dem Armen gibt, leiht Gott (Sprüche 19,17). Ich kann mir nicht vorstellen, dass Gott keine großzügigen Zinsen auf das zahlt, was wir ihm leihen.

Helfen Sie mit, den Notleidenden Gerechtigkeit zu verschaffen. Das heißt, wenn Sie etwas sehen, was nicht richtig ist, werden Sie etwas unternehmen, um es in Ordnung zu bringen.

Leben im Licht

Wir hätten wahrscheinlich alle gern mehr Licht in unserem Leben. Das hieße mehr Klarheit, besseres Verstehen und weniger Verwirrung. Der Prophet Jesaja verkündete: Wenn wir unser Brot mit den Armen teilen, die Obdachlosen bei uns aufnehmen, die Nackten kleiden und unsere Augen nicht vor den Nöten um uns herum verschließen würden, dann würde unser Licht hervorbrechen wie die Morgenröte (Jesaja 58,7-8). Er sagte auch, dass unsere Heilung dann schnell sprossen würde. Das klingt gut in meinen Ohren, und sicher auch in Ihren.

Jesaja schrieb von Gerechtigkeit, die vor uns hergehen und uns zu Frieden und Wohlstand führen würde, und dass die Herrlichkeit des Herrn unsere Nachhut wäre. Wenn wir den Armen helfen, geht Gott vor uns her und er beschützt uns auch von hinten! Mir gefällt dieses Gefühl der Sicherheit und Gewissheit.

Jesaja schrieb außerdem: Wenn wir unser eigenes Brot den Hungrigen geben und den Bedrängten sättigen würden, würde unser Licht in der Finsternis aufgehen und die Dunkelheit wäre wie die Sonne am Mittag (Jesaja 58,10). Am Mittag scheint die Sonne sehr hell. Deshalb klingt das für mich, als ob wir im hellen Licht leben, wenn wir anderen helfen.

Gott wird uns immer führen, und selbst in dürren Zeiten wird er uns versorgen. Er wird uns stark machen, und unser Leben wird wie ein gut bewässerter Garten sein (Jesaja 58,11). All das geschieht, wenn wir uns dafür einsetzen, den Bedrängten Gerechtigkeit zu verschaffen.

Ich hoffe, Sie erkennen in diesen Verheißungen das Gleiche wie ich. Ich glaube, die meisten von uns verschwenden viel Zeit und Kraft im Leben damit, das zu bekommen, was Gott uns eigentlich gerne geben möchte, wenn wir nur das täten, was er von uns will: uns um die Armen, die Hungrigen, die Verzweifelten, die Waisen, Witwen, Unterdrückten und Notleidenden zu kümmern. Leben Sie, um anderen zu helfen, dann wird Gott Sie mit allem versorgen.

Liebes-Revolutionär

Martin Smith

Worum dreht sich unsere Liebe?

Ich erinnere mich noch ganz genau daran. Es war der 10. Januar 2008. Die kleine Nebenstraße — die nur aus Schlaglöchern bestand und keinen Gehweg hatte — war gerade breit genug, dass sich unser Bus hindurchquetschen konnte. Wir stiegen aus und standen inmitten von Hitze und Chaos und dem Gestank von einem Berg alter, brennender Reifen, mit dem Müll eines Monats vermischt und mit billigem Benzin angezündet. Überall Schuppen, Werkstätten, Buden und Häuser. Saris, Sandalen, nackte Füße und ein Lärm, der ohrenbetäubend war.

Aber all das war nichts im Vergleich zu dem, was jetzt kam ...

Das war Bombay. Wir waren in einem Slumviertel, oder besser gesagt im Rotlichtviertel in einem der vielen Slums. Man sah keine roten Lichter, und alle schienen sehr geschäftig zu sein — sie stellten etwas her, verkauften, kehrten die Straße, trugen etwas.

Wir waren hergekommen, um *Prem Kiran* zu sehen, ein Projekt für Kinder von Prostituierten und deren Familien. Dave und Joyce hatten uns eingeladen. Sie hatten uns gesagt, dass wir dieses Projekt unbedingt einmal selbst sehen müssten.

Ich weiß nicht, ob ich schon einmal so viel Leben in einem einzigen Raum gesehen habe. Man hatte das Gefühl, die Wände würden gleich aus den Nähten platzen. Siebzig lächelnde Gesichter, alle wie Sonnenblumen, die sich nach der Sonne drehen, den Besuchern zugewandt. Draußen sah ich die Straße und das Slumviertel und die Gassen, auf denen so viel Leid, Überlebenskampf und Tod lauerte. Aber hier in diesem Raum zu sein, war eine Erfahrung, die eindrücklicher war, als alles, was ich je erlebt hatte.

Ganz besonders von einem Kind konnte ich mich nicht lösen. Sie hieß Farin und hatte etwas, das es mir unmöglich machte, mich von ihr abzuwenden.

Im Verlauf der nächsten Stunde fand ich mehr über sie heraus. Wie bei den meisten hier, war auch Farins Mutter Prostituierte. *Prem Kiran* war eingeschritten, um ihr ein besseres Leben zu bieten — Nahrung, Kleidung, Schulbildung und die Unterstützung hingebungsvoller, liebender, opferbereiter Christen. Dennoch gingen mir viele Fragen durch den Kopf.

Wie oft hatte sich Farin wohl unter dem Bett verstecken müssen, während ihre Mutter arbeitete?

Wie oft war sie wohl in den Straßen der Slums nach Einbruch der Dunkelheit in Gefahr gewesen?

Wie sollte ihr Leben anders verlaufen als das ihrer Mutter, wenn sie jetzt nicht herauskam?

Wie konnte ich mich jemals wieder von ihr abwenden?

Konnte ich das wirklich?

Dieser eine Nachmittag in Bombay veränderte mein ganzes Leben.

Am nächsten Abend gaben wir ein Konzert in der Stadt. Natürlich ließen wir die Kinder und ihre Mütter zu uns auf die Bühne kommen. Also kamen sie herauf und standen da — mit schüchternem Lächeln, aufgeregt und irritiert von der ungewohnten Umgebung. Dann geschah etwas Gewaltiges. Wir spielten das nächste Lied und die Frauen fingen einfach an zu tanzen. Die Mütter der Nacht, die Sex-Sklavinnen mit ihrem roten Lippenstift und ihren verschlissenen Saris tanzten vollkommen frei und anmutig und voller Liebe vor Tausenden von Zuschauern. Sie bewegten sich mit einer Leichtigkeit wie zu Boden schwebende Federn. Ihre Hände machten ausdrucksreiche Gesten und ihre Füße berührten ganz sanft den Boden. Ihr Tanz drückte etwas aus, das ich noch nie zuvor gesehen hatte.

Und auf einmal drängten sich mir Fragen auf: Wo sollte man Gerechtigkeit finden? Wo sollten die Ausgestoßenen aufgenommen werden? Wo sollten Menschen, die von Armut erdrückt wurden, Freiheit und Hoffnung finden? Wo sollten wir unsere Liebe ohne zu zögern verschwenden?

Ich war in einer Kirchengemeinde aufgewachsen, aber irgendetwas hatte ich dabei wohl verpasst. Ich hatte nie gelernt, dass Gott nicht zwischen unserer Anbetung als Christen und unserer Reaktion auf Armut und Ungerechtigkeit unterscheidet. Noch vor einigen Jahren wäre es mir niemals in den Sinn gekommen, bei einem christlichen Konzert eine Gruppe von Frauen, die sich ihren Lebensunterhalt mit Prostitution verdienen mussten, auf der Bühne tanzen zu lassen. Jetzt schien es ein Zeichen zu sein. Es scheint, als wolle Gott die Kirche aufrütteln wie nie zuvor und ihr zeigen, dass sie gerade diese Menschen willkommen heißen muss.

Bei dem Gedanken, dass wir eine Revolution der Liebe brauchen, stellt sich mir nur eine Frage: Worum dreht sich unsere Liebe?

Als ich von unserer Reise nach Bombay zurückkam, versank alles im Chaos. Mein Verstand funktionierte einfach nicht mehr richtig, und das machte mir Sorgen. Wenn ich an Farin dachte, spürte ich eine Last auf mir — als würde ihr Leben ebenso im Leid, in Armut, Missbrauch und Krankheit enden, wenn wir nichts unternahmen. Ich hatte das Gefühl, eine weitere Tochter in unserer Familie zu haben, ohne die wir nicht vollständig waren.

Es zeigte sich, dass Gottes Pläne anders waren als meine.

Heute, ein Jahr und einige Monate später, während ich über meine Erlebnisse schreibe, haben sich die Dinge anders entwickelt, als ich dachte. Farin lebt immer noch in Bombay. Sie ist immer noch bei ihrer Familie, aber ihre Mutter arbeitet nicht mehr als Prostituierte. Sie werden demnächst in eine Dorfgemeinschaft ein paar Stunden außerhalb von Bombay ziehen, die genau für Menschen wie sie errichtet wurde — ehemalige Prostituierte, die das Chaos und die Gefahr ihrer Vergangenheit hinter sich lassen und ein neues Leben anfangen wollen. Farins Leben scheint reicher, als ich es mir je hätte träumen lassen.

Und meines?

In gewisser Weise hatte ich recht mit dem Gefühl, noch einmal Vater zu werden. Aber nicht Farins Vater. Dieses Jahr haben meine Frau, Anna, und ich ein »Kind« zur Welt gebracht. Es heißt *CompassionArt* — die Kunst des Mitgefühls — und ist eine gemeinnützige Organisation.

CompassionArt sammelt durch den Erlös aus dem Verkauf und den Rechten von künstlerischen Projekten (wie Musikalben oder Bücher) Geld, um gegen Armut in jeder Form vorzugehen. Sei es die extreme Armut, die Menschen das Leben kostet, oder die weniger offensichtliche, die ihnen die Hoffnung nimmt. Wir erinnern uns noch daran, wie wir beim Entstehen des Gedankens mit Joyce und Dave darüber sprachen, was sie wohl zu einer Art Großeltern unseres Kindes macht. Durch ihre Leidenschaft und ihre Weisheit halfen sie uns bei den ersten Schritten.

Aber bei *CompassionArt* geht es auch darum, unseren Kurs neu zu bestimmen. Wir wollen die Logik infrage stellen, die besagt, wir könnten die Fürsorge für andere aus unserem Leben streichen, und unser Glaube wäre trotzdem noch auf Kurs. Das ist er nicht. In Wirklichkeit wird er dadurch immer schwächer. Wenn wir meinen, unsere Leidenschaft, unsere Ziele und unsere Liebe sollten sich nur um unsere eigenen Pläne drehen, dann liegen wir einfach falsch.

Wenn sich unsere Liebe auf andere ausrichtet, folgen wir Gottes Plänen für uns.

Wenn ich in letzter Zeit irgendwo mit einem Mikrofon in der Hand vor Publikum auf einer Bühne stand und mich gefragt habe, was ich als Nächstes tun soll, kam mir immer der Gedanke, aus Jesaja 58 vorzulesen. Die Einfachheit und Kraft dieser Worte ist unwiderstehlich. Obgleich die Botschaft vor fast dreitausend Jahren direkt an die Israeliten gerichtet war, handelt sie doch von ewig gültigen Dingen, die heute noch genauso aktuell sind.

Schon der erste Satz fesselt mich mit seiner Leidenschaft: *Ruf, so laut du kannst! Lass deine Stimme erklingen, mächtig wie eine Posaune!* (Jesaja 58,1; Hfa).

Was danach kommt, hat es verdient, hinausgeschrien zu werden. Es darf nicht geflüstert oder für einen späteren Zeitpunkt aufgehoben werden. Das Problem ist real, auch heute noch, und muss die Aufmerksamkeit von allen und überall erregen. *Sie rufen Tag für Tag nach mir und fragen nach meinem Willen. Sie gehen gern zum Tempel, in meine Nähe. Weil sie sich für ein frommes Volk halten, das nach den Geboten seines Gottes lebt, darum fordern sie von mir auch ihre wohlverdienten Rechte* (Jesaja 58,2; Hfa). *Weil sie sich für ein frommes Volk halten* ist das Problem dabei. Ihr Herz ist nicht auf dem richtigen Weg, und sie werden auf die Nase fallen.

Gott antwortet auf ihre Frage, weshalb er alle ihre erstklassigen religiösen Aktivitäten zu ignorieren scheint: *Wie verbringt ihr denn eure Fastentage? Ihr geht wie gewöhnlich euren Geschäften nach und treibt eure Arbeiter noch mehr an als sonst* (Jesaja 58,3; Hfa).

Dann kommt die Lektion noch einmal — die Wiederholung für diejenigen unter uns, die in der hintersten Reihe geschlafen haben. *Nein — ein Fasten, das mir gefällt, sieht anders aus: Löst die Fesseln der Menschen, die ihr zu Unrecht gefangen haltet, befreit sie vom drückenden Joch der Sklaverei, und gebt ihnen ihre Freiheit wieder! Schafft jede Art von Unterdrückung ab! Gebt den Hungrigen zu essen, nehmt Obdachlose bei euch auf, und wenn ihr einem begegnet, der in Lumpen herumläuft, gebt ihm Kleider! Helft, wo ihr könnt, und verschließt eure Augen nicht vor den Nöten eurer Mitmenschen!* (Jesaja 58,6-7; Hfa). Deutlicher kann man es wirklich nicht mehr sagen, oder? Die Unterdrückten, die Misshandelten, die Hungrigen, die Heimatlosen, die Armen — das sind die Menschen, um die sich unsere Liebe drehen muss, nicht um uns selbst und um unsere fehlgeleiteten Vorstellungen von beeindruckender Religiosität.

Und Gott sagt ganz deutlich, was daraus folgen wird: *Dann wird mein Licht eure Dunkelheit vertreiben wie die Morgensonne, und in kurzer Zeit sind eure Wunden geheilt. ... Wenn ihr dann zu mir ruft, werde ich euch antworten. Wenn ihr um Hilfe schreit, werde ich sagen: »Ja, hier bin ich«* (Jesaja 58,8-9; Hfa).

Jahrelang habe ich versucht, mehr Nähe zu Gott in unsere Anbetung zu bringen. Wir haben Lieder gesungen, die von Gottes Nähe handeln und davon, dass unser Leben ihm gehört. Wir haben uns nach den Augenblicken gesehnt, in denen wir Gott besonders nahe waren. Wir haben versucht, seine Stimme zu hören und haben seine Führung gesucht. Und dabei haben wir den Schlüssel zu echter Nähe zu Gott die ganze Zeit übersehen: *Beseitigt jede Art von Unterdrückung! Hört auf, verächtlich mit dem Finger auf andere zu zeigen, macht Schluss mit aller Verleumdung! Nehmt euch der Hungernden an, und gebt ihnen zu essen, versorgt die Notleidenden mit allem Nötigen! ... Immer werde ich euch führen. Auch in der Wüste werde ich euch versorgen, ich gebe euch Gesundheit und Kraft. Ihr gleicht einem gut bewässerten Garten und einer Quelle, die nie versiegt* (Jesaja 58,9-11; Hfa).

Wenn wir das tun, so macht Jesaja klar, dann werden wir nicht nur Gottes Stimme hören, seine Liebe zu den Menschen bringen, die sie am meisten brauchen und wie ein bewässerter, vom Leben durchtränkter Garten sein, sondern dann wird Gottes Volk seinen Platz in der Geschichte einnehmen. *Euer Volk wird wieder aufbauen, was seit langem in Trümmern liegt, und wird die alten Mauern wieder errichten. Man nennt euch dann »das Volk, das die Lücken der Stadtmauer schließt« und »Volk, das die Ruinen bewohnbar macht«* (Jesaja 58,12; Hfa).

Und es geht noch weiter: *Wenn ihr das tut, werde ich die Quelle eurer Freude sein. Ich werde euch über Berge und Schluchten tragen und euch das ganze Land mit seinem reichen Ertrag schenken, das ich eurem Stammvater Jakob zum Erbe gegeben habe* (Jesaja 58,14; Hfa).

Und all das nur, weil wir aufhören zu versuchen, Gott und andere um uns herum mit unseren »geistlichen« Gottesdiensten zu beeindrucken. All das nur, weil wir jemandem zu Essen geben, der Hunger hat, weil wir jemandem Kleidung geben, der arm ist, weil wir uns für Wehrlose einsetzen und uns zum Fürsprecher für die Schwachen machen. All das — die ganze Geschichte — wird durch schlichte Taten neu geschrieben. Wenn, ja wenn wir nur lernen würden, mehr zu lieben als nur uns selbst.

Aber dahinter steckt noch eine andere Wahrheit. Tatsache ist, dass es ziemlich schwer sein kann zu versuchen, dass sich unsere Liebe um andere dreht. Es ist leichter, wenn sich alles um uns dreht. Warum? Zum Teil, weil es schon immer so war — angefangen bei einem Ehepaar, das eine verbotene Frucht aß, über einen König, der vom Dach seines Palastes einer zukünftigen Witwe nachspionierte, bis hin zu einem übel gelaunten Propheten, der nach Spanien wollte, weil er den Gedanken, dass Gott seine Gnade jemand anderes als nur seinem eigenen Volk erweisen würde, nicht ertragen konnte. So war es schon immer mit uns Menschen. Es ist der ewige Kampf, sobald wir uns selbst auf den Thron erheben statt Gott mit seinem *auf andere gerichteten* Blick.

Es scheint, als sei es heutzutage vielleicht noch schwerer. Von allen Seiten werden wir gedrängt, unserem Verlangen nachzugeben. Unserem Drang nachzugeben, das Leben nach unseren eigenen Vorstellungen zu leben, weil »wir es uns wert sind«. Wir sind dazu bestimmt, etwas zu begehren — und zu versuchen es zu bekommen: gutes Aussehen, schöne Kleider, gutes Einkommen, großes Haus, gute Beziehungen, steile Karriere. Alles nur, um uns besser dastehen zu lassen und unser Leben schöner zu machen.

Aber wir wissen, wie das Leben wirklich ist, oder nicht? Auch wenn wir von überall her gedrängt werden mitzumachen, wissen wir doch, dass uns ein Leben, das sich nur um uns selbst dreht, nicht glücklich machen wird.

Mir gefiel es immer besonders, wenn wir bei Auftritten eines unserer Lieder sangen, in dem es darum geht, dass wir Geschichte schreiben können. Über die Jahre haben wir es bestimmt Hunderte von Malen gesungen und hatten immer das Gefühl, dass die Menschen dadurch inspiriert und angeregt werden und in den Startlöchern stehen, um ein Leben zu leben, das Geschichte schreiben wird. Aber es gibt noch mehr; es muss noch mehr geben.

Wenn wir Geschichte schreiben sollen — und die Zukunft von Millionen von Menschen hängt davon ab, dass es immer mehr Menschen gibt, die dazu bereit sind —, werden es die meisten von uns aus einem ganz bestimmten Grund heraus tun. Wir werden Geschichte schreiben, weil wir beschließen, ein Leben zu leben, das aus lauter einzelnen, kleinen Taten selbstloser Nächstenliebe besteht. Wie Mutter Teresa sagte: »Es gibt keine großen Taten, nur kleine Taten mit großer Liebe getan.« Wenn wir das verinnerlichen würden, könnten die zwei Milliarden Christen auf der Welt die Armut weltweit innerhalb weniger Wochen abschaffen. Auf diese Art möchte ich uns Geschichte schreiben sehen. Vergessen wir den auf uns gerichteten Blick, dann werden wir Gottes Stimme deutlicher denn je hören, enger denn je mit ihm verbunden sein und seine Macht und seinen Plan erkennen, wie es in Jesaja 58 steht. Wir müssen nur aufhören, uns um uns selbst zu drehen und anfangen, Probleme zu lösen und den Nöten der Menschen um uns herum zu begegnen. So einfach ist das.

Eine Sache weiß ich ganz sicher: Großes ist immer auch stark, aber Kleines ist wunderschön. Diese Revolution der Liebe hat das Potenzial, eine große Sache zu werden, aber sie wird immer aus vielen einzelnen, kleinen Taten selbstloser Nächstenliebe bestehen. Unsere großen Auftritte, unsere zahlreich verkauften Alben und bekannten Lieder sind bestenfalls gut. Aber im Vergleich zu einem Menschen, der sein Leben gegen den Strom lebt, sind sie nichts.

Noch eine letzte Sache. Was hat das alles mit unserer Musik zu tun? Die Versuchung, alles Künstlerische zurückzulassen und in einer Wellblechhütte zu leben, ist sehr stark. Man hat das Gefühl, als würde man so endlich etwas von Wert mit seinem Leben anfangen. Aber das ist nicht alles. Das Wohlergehen eines Menschen hängt vom Ganzen ab — von Körper, Seele und Geist. Ich habe aus erster Hand miterlebt, welche Macht die Musik hat. Ich bin überzeugt davon, dass es Gottes heimliche Waffe ist. Musik kann Menschen vereinen, wo sonst Krieg herrscht. Sie kann das verzweifeltste Herz beruhigen und das härteste Herz erweichen — vom Opfer des Völkermordes in Ruanda bis hin zu der New Yorker Familie, die Angehörige beim Attentat am 11. September verloren hat. Sogar die Herzen derer, deren Hass so viel Leid verursacht.

Wenn Gott ins Spiel kommt — nicht, dass er jemals draußen wäre, aber Sie verstehen schon —, dann versammelt sich eine riesige Menschenmenge in Indien unter freiem Himmel und betet ihn mit Liedern an. Wer die Augen aufmacht, kann hier Heilung sehen. Vielleicht werden hungrige Kinder nicht sofort satt, aber es ist ein himmlischer Augenblick, in dem Menschen heil werden. Wir spüren, dass wir zu Gott gehören, wir fühlen uns nicht mehr alleine. Wir spüren auf wunderbare Art, dass Gott selbst uns nicht verlassen hat.

Das alles kann Musik bewirken. Gott ruft uns nicht dazu auf, das alles abzulegen und in einer Wellblechhütte zu leben. Er beruft uns dazu, die Musik zu gebrauchen, weil es die Gabe ist, die er uns gegeben hat, um den Armen in ihrer verzweifelten Lage zu helfen. Ich bin mir sicher: Wenn wir unsere Lektion aus diesen eindeutigen Worten Jesajas lernen, werden wir in Zukunft große Wunder erleben, noch bevor wir den ersten Ton gespielt haben.

Es ist eine Revolution der Liebe und der Musik.

Steven Curtis Chapman, ein Liedermacher, ein sehr demütiger und begnadeter Anbetungsleiter und ein Mann, der mit jedem Atemzug andere inspiriert, hat die Dinge für mich einmal ins richtige Licht gerückt. Er hat Millionen von Alben verkauft und zahllose Auszeichnungen erhalten, aber wenn man ihn fragt, worauf er am meisten stolz ist oder was ihn am demütigsten macht, so sagt er, dass es die Tatsache ist, dass seine Familie sich ganz der Aufgabe gewidmet hat, Kinder ohne Zuhause bei sich aufzunehmen. »Das ist das deutlichste Anzeichen dafür, dass Gott in meinem Leben wirkt«, sagt er.

Wenn wir über unseren eigenen Tellerrand hinaussehen, wenn die Liebe zu anderen uns aus der Bequemlichkeit lockt, wenn wir unsere

Schätze opfern, um für andere Leben möglich zu machen, dann ist das das deutlichste Anzeichen dafür, dass Gott in unserem Leben wirkt.

Über diese Revolution wird nichts im Fernsehen berichtet werden. Aber wenn wir es richtig machen, braucht es das auch nicht. Liebe in Aktion wird in unserem Leben aufflammen, unsere Umgebung verwandeln und Hoffnung verbreiten.

So einfach ist das.

Kapitel 8

Liebe schließt ein, nicht aus

Wer die Menschen verurteilt,
hat keine Zeit mehr, sie zu lieben.
Mutter Teresa

Jamie kam in die Kirche an der Ecke Spruce Avenue und 23. Straße in Harbor, Illinois. Sie suchte verzweifelt Hilfe. Sie hatte das Kirchengebäude schon vor einiger Zeit bemerkt und gesehen, wie die Menschen zwei- bis dreimal pro Woche scharenweise hinein- und hinausgingen. Jamie hatte oft im Café auf der anderen Straßenseite gesessen, ihren Milchkaffee getrunken und sich gefragt, wie man sie wohl aufnehmen würde, wenn sie je den Mut hätte, in einen der Gottesdienste zu gehen.

Jamie war als Kind ein paar Mal mit einer Nachbarin in der Sonntagsschule gewesen. Aber sie wusste nur sehr wenig darüber, wie man sich in einem Gottesdienst verhielt. Sie war sich unsicher, ob sie hineinpassen würde oder ob man sie aufnehmen würde. Also trank sie Kaffee und beobachtete. Sie versuchte zu erkennen, ob die Leute irgendwie glücklicher aussahen, wenn sie herauskamen, aber sie verschwanden alle so schnell, dass sie es nicht erkennen konnte. Manchmal kam jemand nach dem Gottesdienst noch ins Café. Manche saßen alleine am Tisch, und ehrlich gesagt sahen sie genauso einsam aus, wie sie sich fühlte. Manche kamen mit anderen Leuten und lachten und schienen glücklich zu sein. Das gab ihr Hoffnung, eines Tages vielleicht mutig genug zu sein, in den Gottesdienst zu gehen.

Jamie war in einer Familie aufgewachsen, wo sie sehr wenig Zuneigung bekam. Ihre Eltern waren beide Alkoholiker gewesen, und obgleich sie sie nicht körperlich misshandelten, fügten sie ihrem Selbstwertgefühl doch großen Schaden zu, weil sie sie häufig kritisierten und beschuldigten. Sie verglichen sie oft mit ihrem Bruder, der in jeder Hinsicht intelligenter und begabter zu sein schien. Jamie fühlte sich immer ungeliebt, hässlich und dumm, als sei sie vollkommen wertlos.

Als sie dreizehn Jahre alt war, hatte Jamie sich mit den falschen Leuten eingelassen und hatte angefangen zu trinken und Drogen zu nehmen. Ihr seelischer Schmerz war so groß, dass sie versuchte, ihn damit zu betäuben. Sie entwickelte auch eine Essstörung, Bulimie. Sie aß meistens normal, stopfte sich ab und zu voll, und um nicht dick zu werden, zwang sie sich, nach dem Essen zu erbrechen.

Ihren zwölften Geburtstag konnte sie nie vergessen, als ihre Mutter sie verächtlich ansah und sagte: »Ich hatte keine Zeit, dir einen Geburtstagskuchen zu backen, aber du brauchst ihn ohnehin nicht. Du bist schon dick genug!« Bis zu diesem Tag hatte sie nie gedacht, dass sie dick sei. Aber seit diesem Tag sah sie jedes Mal, wenn sie in den Spiegel schaute, ein Mädchen, das fünfzehn Kilo schwerer aussah, als sie wirklich war. Wegen der gemeinen, lieblosen Dinge, die ihre Mutter ihr immer wieder sagte, hatte sie ein falsches Bild von sich selbst.

Jamie hatte keine besonders guten Noten in der Schule, und dachte nicht, dass sie es aufs College schaffen würde. Also suchte sie sich nach dem Schulabschluss eine Arbeit in einem Supermarkt, wo sie Regale auffüllte und die Einkäufe der Kunden eintütete. Sie würde nie genug Geld verdienen, um von zu Hause ausziehen und alleine leben zu können. Aber sie verdiente genug, um sich ihre Kleider selbst zu kaufen, ihren Alkohol und gelegentlich auch ein paar Drogen, wenn sie wirklich einmal alles vergessen wollte. Die meiste Zeit vermied sie es, zu Hause zu sein und saß stattdessen im Café oder ging spazieren und fragte sich, wie wohl all die anderen Familien in ihrer Nachbarschaft waren. Sie hatte keine wirklichen Freunde – zumindest niemanden, dem sie vertraute oder auf den sie sich verlassen konnte. Die Menschen in ihrem Umfeld nahmen nur und gaben nichts, und den meisten traute sie nicht.

Eines Tages brachte sie schließlich genug Mut auf, um in die Kirche zu gehen, als die anderen Menschen gerade hineinströmten. Sie schwamm in der Menge mit und hoffte einerseits, unbemerkt zu bleiben, andererseits aber auch, dass sie jemand begrüßte und sagte: »Schön, dass Sie heute gekommen sind.« Sie bemerkte, dass einige sie anstarrten und einige flüsterten sogar, aber niemand schien freundlich zu sein. Jamies Kleidung war für den Geschmack der meisten Menschen ein bisschen wild, und ihr Haar hatte etwa drei verschiedene Farben. Eigentlich war es schwarz mit roten und blonden Strähnen. Sie trug weite Jeans und eine weite Bluse. Sie tat es nicht, weil es bequem war, sondern um ihren, wie sie meinte, übergewichtigen Körper zu verstecken. Sie trug Flip-Flops, die man natürlich nicht im Gottesdienst trug – zumindest nicht in dieser Gemeinde!

Jamie saß in der letzten Reihe und verstand mehr oder weniger gar nichts von dem, was vor sich ging. Die Menschen standen ständig auf und lasen irgendetwas aus einem Buch, das in einem Fach auf der Rückseite der Kirchenbank vor ihnen steckte. Dann setzten sie sich wieder. Man sang ein wenig, die Orgel spielte, es wurde gebetet, und der Kollektenteller wurde herumgegeben, und einige legten Geld hinein. Ein Mann, der ziemlich unglücklich und ein wenig verärgert aussah, hielt eine zwanzigminütige Predigt, von der sie nichts verstand. Sie dachte, er sei wohl der Pastor, war sich aber nicht sicher. Schließlich schien der Gottesdienst vorüber zu sein, weil alle aufstanden und noch ein Lied sangen.

Jamie dachte, dass sie vielleicht auf dem Weg nach draußen jemand ansprechen würde. Ganz bestimmt würde sie jemand ansprechen! Der Pastor stand an der Tür und schüttelte den Leuten beim Hinausgehen die Hand. Als Jamie zu ihm kam, lächelte er nicht einmal und sah ihr auch nicht in die Augen. Sie spürte, dass er nur seine Pflicht tat und es kaum erwarten konnte, bis alles vorbei war.

Als sie die Stufen hinunterkam, sah sie, dass unten eine Frau auf sie zu warten schien. Sie freute sich schon, dass sie doch jemand bemerkt hatte. Die Frau hatte sie sehr wohl bemerkt, aber ihr war nur aufgefallen, was ihrer Meinung nach an Jamies Äußerem nicht stimmte. Sie stellte sich vor. »Ich heiße Margaret Brown. Und wer sind Sie?« Jamie stellte sich vor und Margaret erwiderte: »Sie sind hier jederzeit willkommen, aber ich dachte, ich sage Ihnen lieber, dass wir uns hier in der Heilig-Geist-Gemeinde ein wenig besser anziehen, wenn wir zum Gottesdienst gehen. Keine Jeans, keine Flip-Flops und eine etwas weniger auffällige Frisur wären vielleicht angebracht. Wissen Sie, meine Liebe, Jesus lehrt uns, demütig zu sein und nicht die Aufmerksamkeit auf uns zu ziehen.« Sie lächelte Jamie selbstgefällig an und wiederholte noch einmal: »Sie sind jederzeit willkommen.«

An jenem Tag konnte Jamie nicht ins Café gehen. Sie musste irgendwo hingehen, wo sie allein sein und weinen konnte. Sie hatte das Gefühl, als hätte Gott sie auch verstoßen und verbrachte den Rest des Tages mit Selbstmordgedanken. Sie saß in einem tiefen Loch und hatte das Gefühl, keinen Grund mehr zum Leben zu haben.

Die Personen in dieser Geschichte sind frei erfunden, aber unsere Welt ist voller Jamies, Heilig-Geist-Gemeinden und religiösen Frauen wie Margaret Brown. Sie strömen jede Woche in den Gottesdienst und kommen wieder heraus. Viele von ihnen hassen den Gottesdienst und können es gar nicht abwarten, bis er vorüber ist. Sie sind kritisch, voreingenommen und schließen andere aus.

Gott liebt alle Menschen gleich

An jenem Tag, als Jamie in die Heilig-Geist-Gemeinde ging, war Jesus vermutlich gerade nicht dort, denn er hätte sich dort auch nicht wohlgefühlt. Aber wenn er da gewesen wäre, hätte er nach den Jamies, die vielleicht kommen, Ausschau gehalten. Er hätte sich entweder neben sie gesetzt oder sie nach vorne geführt, damit sie neben ihm sitzt. Jesus hätte sie gefragt, ob sie zum ersten Mal hier sei. Wenn er festgestellt hätte, dass sie zum ersten Mal im Gottesdienst war, hätte er ihr alles erklärt, was sie nicht verstand. Er hätte sie jedes Mal angelächelt, wenn sie ihn angeschaut hätte, und wie ich ihn kenne, hätte er ihr ein Kompliment für ihre ungewöhnliche Frisur gemacht, weil er Abwechslung nun einmal liebt! Er hätte sie sogar ins Café auf der anderen Straßenseite eingeladen, um mit den anderen, mit denen er gewöhnlich dorthin ging, Kaffee zu trinken. Und wenn Jamie schließlich nach Hause gegangen wäre, hätte sie sich darauf gefreut, nächste Woche wiederzukommen. Aber natürlich war Jesus an jenem Tag nicht dort, denn niemand der Kirchgänger verhielt sich so, wie er es getan hätte. Niemand vertrat ihn würdig. Niemand ahmte Gott nach.

Ohne Ansehen der Person

Die Bibel sagt an mehreren Stellen, dass es bei Gott kein Ansehen der Person gibt (Apostelgeschichte 10,34; Römer 2,11; Epheser 6,9). Mit anderen Worten: Er behandelt niemanden besser, nur weil er besser angezogen ist, mehr verdient, eine höhere Stellung hat oder wichtigere Leute kennt. Gott behandelt nicht nur alle gleich, sondern es scheint sogar, als mache er sich besondere Mühe, diejenigen besonders gut zu behandeln, die leiden. Gott hat Mose für die Israeliten viele Anweisungen darüber gegeben, wie sie Fremde in ihrer Mitte behandeln sollen. Seine Anweisungen lauteten im Grunde immer: »Sorgt dafür, dass sie sich wohlfühlen und seid freundlich zu ihnen. Unterdrückt sie in keiner Weise« (2. Mose 22,21; 2. Mose 23,9; 3. Mose 19,33). Der Apostel Petrus schrieb:

> *Seid gastfrei gegeneinander (zu denen des Glaubens) [Seid gastfreundlich, liebt die Fremden, und heißt den unbekannten*

Gast, den Fremden, den Armen und alle anderen, die euch begegnen und zum Leib Christi gehören mit brüderlicher Liebe willkommen], [immer] ohne Murren (herzlich, freundlich, ohne Klagen, als seine Vertreter)!
1. Petrus 4,9
(Elberfelder mit eigener Übersetzung der Amplified Bible)

Bevor Sie diese Stelle überfliegen, nehmen Sie sich einmal Zeit und überlegen Sie, wie freundlich Sie zu Menschen sind, die Sie nicht kennen, und vor allem zu denen, die ganz anders sind als Sie. Manche Menschen sind von Natur aus freundlich und extrovertiert, aber diejenigen unter uns, die dieses »Freundlichkeitsgen« nicht abbekommen haben, müssen sich vornehmen, freundlich zu sein, weil die Bibel es sagt.

Der Apostel Jakobus ermahnte die Gemeinde, diejenigen, die in besonders schönen Kleidern in die Synagoge kamen, keine besondere Aufmerksamkeit zu widmen und ihnen auch keine Ehrenplätze zu geben. Er schrieb, wenn Menschen sich so verhielten und besondere Aufmerksamkeit forderten, benachteiligten sie die anderen und hatten die falschen Motive. Er schrieb, wir sollten nicht einmal versuchen, den Glauben an Jesus mit Vornehmtuerei zu verbinden (Jakobus 2,1-4). Anders ausgedrückt: Wir sollen alle Menschen respektvoll behandeln.

Jesus hat die Unterschiede zwischen den Menschen abgeschafft und hat gesagt, dass wir in ihm alle eins sind (Galater 3,28). Wir sollen nur noch wertvolle Menschen sehen, keine unterschiedlichen Hautfarben, die Markenschilder auf ihren Kleidern, ihre Frisuren, Autos oder beruflichen Positionen – nur Menschen, für die Jesus gestorben ist.

Die Café-Lektion

Ich glaube, wir alle sollten unsere Bekanntenkreise überdenken und erweitern. Sie müssen groß genug sein, damit alle Arten von Menschen darin Platz finden. Vor Kurzem traf ich mich mit Paul

Scanlon, einem britischen Pastor aus Birmingham. Wir saßen mit einigen Leuten in einem Café. Ich erinnere mich noch daran, dass ich die Frisur unserer Bedienung betrachtete, und um ehrlich zu sein, es war die seltsamste Frisur, die ich je gesehen hatte. Sie hatte einen Irokesenschnitt und den Streifen Haare in der Mitte schwarz, blau, rot und hellblond gefärbt. Außerdem hatte sie Piercings an Nase, Zunge, Lippe und mehrere Ringe in den Ohren. Ich weiß noch, dass ich mich ein wenig unwohlfühlte, weil sie so ganz anders war als ich. Wir waren so verschieden, dass mir nichts einfiel, was ich zu ihr sagen konnte, das ihr gefallen würde. Ich wollte nur meinen Kaffee bestellen und versuchen, sie nicht anzustarren.

Paul hingegen fing sofort eine Unterhaltung mit ihr an, und das Erste, was er sagte, war: »Mir gefällt Ihre Frisur. Wie schaffen Sie es, dass die Haare so hochstehen?« Er unterhielt sich weiter mit ihr, und die Spannung, die in der Luft gelegen hatte, war verschwunden. Schon bald waren wir alle ganz entspannt, mischten uns in die Unterhaltung mit ein und schlossen sie in unseren Kreis mit ein. An jenem Tag habe ich eine wichtige Lektion gelernt: Ich bin nicht so »modern«, wie ich gedacht hatte. Ich habe immer noch einige religiöse Vorurteile, die verschwinden müssen, und ich muss daran arbeiten, dass alle Menschen, auch die, die ein bisschen anders sind als ich, sich in meiner Gegenwart wohl und angenommen fühlen.

Für das Mädchen im Café war ich vielleicht diejenige, die seltsam und anders war. Warum erheben wir uns selbst immer zum Standard dafür, was akzeptabel ist und nehmen an, dass alle, die anders sind, ein Problem haben? Welche Kleidung und welche Frisur ist die richtige? Eines Tages dachte ich darüber nach, wie Mose wohl ausgesehen haben musste, als er nach vierzig Tagen und Nächten vom Berg Sinai herunterkam, wo er von Gott die Zehn Gebote empfangen hatte. Sein Haar war bestimmt ganz zerzaust. Er musste sich dringend den Bart schneiden und sein Gewand und seine Sandalen waren wahrscheinlich ziemlich dreckig.

Ich weiß, dass Johannes der Täufer etwas seltsam aussah. Er

lebte allein in der Wüste und trug Tierfelle und aß wilden Honig und Heuschrecken. Als er schließlich aus der Wüste zurückkam, schrie er laut: »Tut Buße, ihr Sünder, denn das Königreich Gottes ist nah!«

In der Bibel heißt es, wir sollen aufpassen, wie wir Fremde behandeln, denn wir könnten auch Engel beherbergen, ohne es zu wissen (Hebräer 13,2). Es heißt dort, wir sollen freundlich, herzlich und höflich sein und die Annehmlichkeiten unseres Zuhauses mit ihnen teilen. Heutzutage sprechen die meisten Menschen nicht einmal mehr mit Fremden, geschweige denn, dass sie freundlich zu ihnen sind.

Ich weiß, ich weiß; Sie sagen jetzt wahrscheinlich: »Joyce, wir leben heute in einer ganz anderen Welt! Man weiß nie, mit wem man da gerade spricht!« Mir ist klar, dass man aufpassen muss. Aber lassen Sie nicht zu, dass sie aus Furcht unfreundlich und kühl sind. Man kann wenigstens in der Gemeinde, am Arbeitsplatz, in der Schule oder in der Nachbarschaft nach neuen Gesichtern Ausschau halten und sie freundlich begrüßen!

Man kann sich wenigstens mit der älteren Frau im Wartezimmer des Arztes unterhalten. Sie wirkt einsam. Warum sollten wir nicht zehn Minuten Zeit für sie haben, ihr unsere Aufmerksamkeit schenken und sie ein wenig von sich erzählen lassen? Sie werden sie wahrscheinlich nie wiedersehen, aber sie wird sich an Sie erinnern. Ach übrigens, Gott wird zu schätzen wissen, was Sie da gerade für sie getan haben. Ja, es war nur eine Kleinigkeit, aber Sie haben sie mit einbezogen.

Am Ende dieses Kapitels folgt ein Gastbeitrag von Paul Scanlon, der von seinen Erfahrungen berichtet, als er versuchte seine Gemeinde von einer religiösen, toten Gemeinde zu einer liebevollen, lebendigen Gemeinde zu führen. Wir können von seiner Geschichte viel lernen und uns selbst einige knifflige Fragen stellen. Würden Sie sich wirklich freuen, wenn es in Ihrer Gemeinde tatsächlich eine Erweckung gäbe? Oder würden Sie die Gemeinde dann verlassen, weil viele Menschen kämen, die wie Jamie wären oder noch schlimmer? Sie würden vielleicht aus dem Obdachlosenheim kommen und unangenehm riechen. Oder sie würden nach Alkohol oder anderen unangenehmen Dingen stinken. Die leidenden Menschen dieser Welt machen meistens nicht viel her und riechen nicht sehr angenehm. Manchmal sehen sie gut aus, aber nicht immer. Wir müssen aufhören, nach dem Äußeren zu urteilen und bereit sein, tiefer hineinzuschauen. Wir müssen lernen, hinter ihre Fassade zu schauen und herausfinden, wer sie wirklich sind.

Heraus aus dem Gewohnten

Eine Art, den Menschen zu zeigen, dass Gott sie liebt, ist, das Gewohnte hinter sich zu lassen, damit andere sich bei uns wohlfühlen. Viele Christen beten gerne um Erweckung. Sie weinen sogar, wenn sie für all die »verlorenen Seelen in der Welt« beten.

Eine Art, den Menschen zu zeigen, dass Gott sie liebt, ist, das Gewohnte hinter sich zu lassen, damit andere sich bei uns wohlfühlen.

Aber wenn wir einmal ehrlich sind, würden einige dieser Menschen ihre Gemeinde verlassen, wenn es wirklich eine Erweckung gäbe, denn das würde ihren gewohnten Lebensstil durcheinander bringen, und das würden sie gar nicht mögen.

Vor Kurzem habe ich in einer Gemeinde gepredigt, in der alle Bewohner der örtlichen Altersheime in ihren Rollstühlen ganz vorne sitzen. Als Rednerin setzten sie mich in die erste Reihe, und die Rollstühle standen vor der ersten Reihe. Der Mann direkt vor mir roch wirklich sehr unangenehm, und wenn es um Gerüche geht, ist mein Magen etwas empfindlich. (Als unsere Kinder noch klein waren, habe ich immer Dave die Windeln wechseln lassen, wenn er zu Hause war.)

Als ich so dasaß, erkannte ich Gottes Humor in der Sache. Jetzt hatte er mich genau da, wo er mich wollte. In Kürze würde ich aufstehen und über Liebe predigen und darüber, dass wir Menschen einbeziehen und nicht ausgrenzen sollten. Ich musste viel beten, während ich dort saß und muss wohl sehr geistlich ausgesehen haben, denn ich hielt die Nase so hoch wie möglich, sodass es aussah, als schaute ich die ganze Zeit zum Himmel auf. Ich wusste, dass Gott wollte, dass ich genau hier saß, ja, dass ich hier sitzen *musste*. Es war gut, dass ich das, was ich gleich predigen würde, direkt durchlebte. Wir müssen uns nicht immer überall wohlfühlen. Dieser alte Mann hatte wahrscheinlich niemanden, der ihn regelmäßig badete und konnte nichts dafür, dass er so roch. Das wäre übrigens eine schöne Aufgabe für jemanden, der nach einer sucht. Gehen Sie ins Altersheim und bieten Sie Ihre Mitarbeit an.

Jamies zweiter Versuch

Zum Schluss möchte ich Ihnen noch erzählen, was aus Jamie geworden ist. Nach dieser traurigen Erfahrung mit der Kirche schwor sie sich, so etwas nie wieder zu tun (in den Gottesdienst zu gehen). Sie ging am Montag zur Arbeit und war offensichtlich niedergeschlagen. Einer ihrer Kolleginnen fiel das auf. Sie fragte Jamie, was los war. Normalerweise behielt Jamie alles für sich, aber sie war so tief verletzt, dass sie anfing zu weinen. Samantha, ihre Kollegin, bat die Chefin, ihre Pause früher machen zu dürfen und ging mit Jamie in den Personalaufenthaltsraum, um ihr zu helfen, damit es ihr wieder besser ging. Nachdem Jamie Samantha ihr Herz ausgeschüttet hatte und ihr sogar von ihrer schrecklichen Erfahrung im Gottesdienst erzählt hatte, lud Samantha sie ein, zum Abendessen zu ihr zu kommen, damit sie in Ruhe miteinander reden konnten. Dieser Abend veränderte Jamies Leben.

Samantha war Christ – von der Sorte, die wirklich Anteil nehmen und helfen wollen. Sie traf sich von da an zweimal in der Woche mit Jamie und nahm nicht nur Anteil an Jamies Leben, sondern fing auch an, ihr von Jesus zu erzählen und dass er sie liebte. Nach etwa drei Monaten fragte Samantha Jamie, ob sie es noch einmal versuchen würde, mit ihr diesen Sonntag in den Gottesdienst zu gehen. Jamie war nicht sehr begeistert, hatte aber das Gefühl, dass sie es Samantha schuldig war, nach allem, was sie für sie getan hatte.

Jamies Besuch der Auferstehungsgemeinde war eine ganz andere Erfahrung als ihr erster Gottesdienstbesuch. Sie wurde herzlich begrüßt und bekam extra einen Platz ganz vorne, weil sie ein Gast war. Der ganze Gottesdienst schien wie für sie zu sein. Sie verstand, was gesagt wurde, weil es mit ihrem Leben zu tun hatte. Die Lieder, die gesungen wurden, hatten eine Bedeutung und sie fühlte sich bei jedem Lied wohler. Nach dem Gottesdienst wurde sie zum Kaffee eingeladen und lernte mehrere andere Menschen kennen, die schließlich ihre besten Freunde wurden. In dieser Gemeinde waren Menschen unterschiedlichsten Alters und aus den unterschiedlichsten Kulturen. Manche kamen in Anzug und Krawatte, andere wiederum in Jeans und T-Shirt. Jeder durfte kommen, wie er war.

Jamie übergab ihr Leben Jesus und verpasste keinen Gottesdienst mehr. Inzwischen ist sie verheiratet, hat zwei Kinder und macht mit ihrer ganzen Familie bei der Arbeit dieser Gemeinde in der Innenstadt mit. Die Gemeinde kümmert sich um Menschen, die auf der Straße leben. Jamie macht das Freude, denn sie weiß, dass nicht viel gefehlt hätte, und sie wäre einer von diesen Menschen gewesen.

Wäre es nicht tragisch gewesen, wenn Jamie sich das Leben genommen hätte, wie sie es nach ihrer traurigen Erfahrung im Gottesdienst vorgehabt hatte? Ich hasse es, wenn Menschen in die Kirche kommen, um Gott zu suchen, und ihn dann abschreiben, weil die Gemeinde, in der sie waren, ihn nicht so verkörpert hat, wie er wirklich ist. Wir sollten uns bemühen, alle möglichen Menschen in unsere Gemeinschaft aufzunehmen. Schließen Sie niemals jemanden aus, weil er oder sie nicht so ist wie Sie. Wir alle haben unsere besten Freunde. Das ist nicht falsch. Sogar Jesus hatte unter den zwölf Jüngern drei, mit denen er mehr Zeit verbrachte als mit den anderen. Aber er ignorierte niemals jemanden, und gab niemand das Gefühl, weniger wert zu sein.

Liebes-Revolutionär

Pastor Paul Scanlon

Die Ortsgemeinde ist die beste Idee, die Gott jemals hatte! Wir sind Gottes Vorschuss, sein Überschuss, sein Gesichtsausdruck, sein Lächeln und seine Adresse hier auf der Erde. Leider ist das vielen Gemeinden nicht bewusst. Deshalb sterben Millionen von Menschen ganz in der Nähe von Gottes Haus in den Sorgen ihres eigenen Hauses, weil sie Jesus hinter der Fassade der Religiosität und der Belanglosigkeit vieler Gemeinden nicht erkennen.

Über den eigenen Schatten springen

Vor zehn Jahren hat unsere Gemeinde einen tiefen Wandel durchgemacht, der extrem schmerzhaft war. Wir sagen, wir sind über den Jordan gegangen, und die Geschichte dieser Entwicklung wurde mittlerweile in einem Buch veröffentlicht, das die einzelnen Schritte genau erzählt.[1] Eine durchschnittliche Gemeinde in unserer Gegend in England hat etwa zwanzig Mitglieder. 98 Prozent der Bevölkerung geht nicht zur Kirche. Darüber hinaus sind diese Menschen auch tatsächlich gegen die Kirche. Im Vergleich waren wir also damals eine ziemlich große Gemeinde mit 450 Mitgliedern und hatten ein Gemeindehaus, das fast abbezahlt war. Wir hatten eine enge Gemeinschaft und waren glücklich und wohlhabend. Wir hatten gute Prediger, viele begabte Musiker und kreative Menschen. Aber trotz allem fehlte etwas ganz Wichtiges. Etwas ganz Grundlegendes fehlte, aber niemand schien es zu bemerken.

Wir steckten in einem endlosen Kreislauf fest und waren nur damit beschäftigt, uns um anspruchsvolle, mit geistlicher Nahrung überfütterte und unter geistlicher Bewegungsarmut leidende Christen zu kümmern. Anspruchsvolle Christen sind eines der wohlgehütetsten Geheimnisse des Teufels, um die Gemeinde wirkungslos zu machen. Sie gehören zu den nettesten Menschen, die man kennt, und genau darin liegt das Problem! Keiner dieser Menschen war unglücklich oder hatte ein böses Herz oder ein schlechtes Verhalten. Wenn ich jetzt zurückschaue, wäre mir das sogar lieber gewesen. Dann wäre es nämlich wesentlich einfacher gewesen, die Notwendigkeit unseres Neubeginns zu vermitteln.

Überall auf der Welt gibt es Pastoren, die nicht beschreiben können, was ihrer Gemeinde wirklich fehlt. Sie wollen nicht negativ oder kritisch wirken, wenn sie etwas bemängeln, so wie der Junge in *Des Kaisers neue Kleider*, der laut sagte, was für alle offensichtlich war: Der Kaiser hatte keine Kleider an.

Wer will schon verkünden, dass eine Gemeinde im Sterben liegt, wenn alle so fröhlich, liebevoll, freundlich und glücklich sind? Aber Ende 1998 wurde ich dieser Junge. Zum ersten Mal in zwanzig Jahren musste ich auf meine Gemeinde zeigen und sagen: »Wir sind nackt, bequem, anstrengend, lieben Sicherheit und sind bedeutungslos« — mich eingeschlossen. Es war nicht leicht für uns, das zu erkennen, denn wie viele Gemeinden hatten wir unsere Theologie, wie man verlorene Menschen erreicht, sprachen und sangen darüber. Ja, wir haben sogar um die Verlorenen geweint, aber kein einziger Verlorener wurde gerettet. Wir waren zu einem nach innen gerichteten, religiösen Klub geworden. Wir hatten es so schön und gemütlich und haben dabei vollkommen aus den Augen verloren, dass Gottes Herz für die Menschen schlägt, die immer noch leiden und verloren gehen.

Im Januar 1999 hielt ich eine Predigt mit dem Titel »1999 lassen wir die 99 stehen« und bezog mich dabei auf Jesus, der sich selbst als guten Hirten bezeichnete, der die Herde alleine lässt — die 99 —, um das eine verlorene Schaf zu suchen. Ich erklärte, dass das hieß, dass wir uns nicht mehr vorrangig um die Menschen in der Gemeinde kümmern durften, sondern uns um die draußen kümmern mussten. Da stellte ich fest, dass die Hölle keinen so schlimmen Zorn kennt wie den eines vernachlässigten Christen! Die Reaktion von guten, geisterfüllten Menschen, die, wenn es hart auf hart kommt, sich nicht vorstellen konnten, dass unser schönes Kirchengebäude von einer Flut dreckiger Sünder verschmutzt würde, verblüffte mich.

In meinem ständigen Bemühen, unseren bequemen und exklusiven Klub von Kirchenmitgliedern wieder in eine Lebensrettungsgesellschaft zu verwandeln, fing ich 1999 einen Fahrdienst an. Wie Gott mir diesen

»Auftrag« erteilte, ist eine ganz andere Geschichte. Für jetzt soll es einmal genügen zu sagen, dass der Gedanke außergewöhnlich genug war, um mir zu zeigen, dass es Gottes Idee war und nicht meine. Denn irgendeine nette Idee war das Letzte, was ich jetzt brauchte.

Jedenfalls brachten wir innerhalb von wenigen Wochen mit Bussen Hunderte von diesen schmutzigen Sündern in unsere Kirche. Diese kirchenfremden, oft rauen, groben und unberechenbaren Menschen haben unseren netten Wohlfühlklub ruiniert. Sie wurden von unseren ehrbaren Mitgliedern die »Bus-Leute« genannt und als Bedrohung für die Sicherheit und Stabilität unserer Gemeinde empfunden. Ich bekam jeden Tag unfreundliche, oft hässliche oder bedrohliche Briefe und Anrufe von Menschen, die ich liebte und die sicher auch mich liebten, aber die das Ganze einfach nicht verstanden. Den Kindern, die wir mit dem Bus holten, warf man vor, sie würden unsere Sonntagsschule stören. Ihre Eltern würden unseren Gottesdienst stören, weil sie rauchten, fluchten, und was am allerschlimmsten war — passen Sie auf! — sich auf die Stammplätze unserer langjährigen Mitglieder setzten.

Unsere leitenden Mitarbeiter kamen in Scharen, um mich zu überreden, damit aufzuhören. Aber es war zu spät. Gottes Herz für verlorene Menschen hatte sich mit meinem Herz verbündet, und ich war komplett ausgetickt. Fast zwei Jahre lang erlitt ich die tiefste Einsamkeit und Isolation und die heftigsten Attacken, die ich je erlebt hatte. Was die Sache noch schlimmer machte, war die Tatsache, dass es alles freundliche Angriffe von Menschen waren, die ganz offensichtlich vergessen hatten, dass auch sie einmal verloren und dem Untergang nahe gewesen waren, bis jemand kam und sich um sie kümmerte.

Als all das nichts nützte, um mich von meinem Weg abzubringen, kamen die »Propheten« auf den Plan. Das waren die sogenannten prophetisch Begabten unter uns. Sie verabredeten sich mit mir und kamen dann oft zu mehreren, um mir zu sagen, was Gott ihnen aufgetragen hatte. Ihre Botschaft lässt sich folgendermaßen zusammenfassen: »Wenn du damit nicht aufhörst, wird es zu einer Gemeindespaltung kommen. Du und deine Familie, ihr werdet leiden. Mitarbeiter werden uns verlassen, die Spenden werden zurückgehen und unser Ruf als Gemeinde wird Schaden erleiden.« Aber für mich bedeutete die Tatsache, dass der Preis hoch war, nicht, dass Gott sagte: »Tu es nicht.« Wenn er mir überhaupt etwas durch diese Menschen sagte, dann nur, dass ich einen hohen Preis zahlen würde, wenn ich weitermachte. Dem konnte ich nur zustimmen, denn das meiste davon geschah bereits. Viele verließen unsere Gemeinde, und ohne ihre Spenden gingen unsere monatlichen Einnahmen um Tausende von Pfund zurück. Langsam füllten wir ihre Reihen wieder auf, aber mit armen Leuten. Doch arme Leute haben nicht nur kein Geld, sondern kosten auch noch viel, wenn man sich um sie kümmern will.

Die Gemeinden dazu zu bringen, die Menschen in ihrem Umfeld zu erreichen, ist meiner Meinung nach heute weltweit der größte Kampf in der Kirche. Und wenn das stimmt, dann steht der Gemeinde ihre größte Erschütterung noch bevor. Vielleicht müssen wir als Pastoren dann bereit sein, Hunderte zu verlieren, um Tausende zu gewinnen oder sogar Tausende zu verlieren, um Millionen zu gewinnen.

Ich liebe die Ortsgemeinde. Ich bin seit über dreißig Jahren in derselben Gemeinde und seit sechsundzwanzig im vollzeitlichen Dienst in genau dieser Gemeinde. Aber so sehr ich meine Gemeinde auch liebe, weigere ich mich doch, in der Bequemlichkeit eines verweichlichten Christentums zu sterben. Ich habe beschlossen, lieber aus der Fülle zu leben und leer zu sterben. Aber das kann ich in den Mauern meiner Gemeinde nicht. Und Sie können das auch nicht.

Am Anfang seines Auftretens in der Öffentlichkeit ging Jesus einmal in eine Stadt namens Kapernaum. Die Menschen dort liebten ihn; sie waren überwältigt von seinen Predigten und seiner Macht, Dämonen auszutreiben und Kranke zu heilen. Sie liebten ihn so sehr, dass sie an dem Tag, als er weiterziehen wollte, zu ihm kamen, so berichtet uns Lukas, und versuchten, ihn daran zu hindern (Lukas 4,42).

Seine Reaktion auf ihre ohne Zweifel überzeugenden Versuche, ihn festzuhalten, war sowohl verblüffend als auch tiefgründig. Verblüffend wegen ihrer Einfachheit und tiefgründig wegen dem, was wir daraus über seine Prioritäten und seine Motivation lernen. Jesus sah all diesen glücklichen Menschen in die Augen und sagte nur: *Ich kann nicht länger bei euch bleiben, weil ich auch zu anderen Menschen an anderen Orten gehen muss, um ihnen auch die gute Nachricht zu predigen. Habt ihr das begriffen? Ich muss zu den anderen, den anderen, den anderen!* (nach Lukas 4,43). Es geht immer um die anderen.

Wenn wir Gott in den Finger schneiden könnten, würde er sein Blut für andere vergießen. Wenn wir der Gemeinde in den Finger schneiden könnten, würde sie ihr Blut nur für sich selbst vergießen, für ihr eigenes Wohlergehen, ihre eigene Bequemlichkeit und ihr eigenes Glück. Natürlich gibt es Ausnahmen, aber es sind viel zu wenige, als dass sie die Waagschale zugunsten der Menschen da draußen kippen könnten. Seit Generationen versucht die Gemeinde, genau wie die Menschen in Kapernaum, Jesus für sich zu behalten. Seit Generationen versucht Jesus, das bequeme Christentum zurückzulassen, um zu den anderen da draußen zu gehen. Dieses grundlegende Missverständnis darüber, was Gott am wichtigsten ist, ist der eigentliche Grund dafür, dass die Gemeinde eine leidende Welt nicht verändern kann.

Wir haben das Vorrecht, ein Segen sein zu dürfen; wir wurden errettet, um andere zu retten. Wir wurden geheilt, um andere zu heilen. Uns wurde vergeben, um anderen zu vergeben. Wir sind geliebt, um bei Gottes großer Revolution der Liebe mitzumachen. Es geht nicht um mich, uns, unser, mir oder mein. Es ist schon immer um andere gegangen.

Der Apostel Paulus schrieb, dass selbst der Trost, den wir von Gott empfangen, nicht uns alleine gehört: *Gepriesen sei der Gott und Vater Jesu Christi, unseres Herrn, der Vater des Erbarmens und der Gott allen Trostes. Er tröstet uns in all unserer Not, damit auch wir die Kraft haben, alle zu trösten, die in Not sind, durch den Trost, mit dem auch wir von Gott getröstet werden. Wie uns nämlich die Leiden Christi überreich zuteil geworden sind, so wird uns durch Christus auch überreicher Trost zuteil* (2. Korinther 1,3-5; EÜ).

Nicht einmal unsere Leiden gehören uns alleine; in ihrem Kern liegt der Same für das Wohlergehen, die Hoffnung und die Inspiration anderer. Mein Wohlergehen ist nicht für mich alleine; meine Gnade ist nicht für mich alleine; mein Erbarmen ist nicht für mich alleine und letzten Endes auch mein Leben nicht. Alles ist für die anderen, und früher einmal waren diese anderen Sie und ich.

Zuzusehen wie Menschen, die man lieb gewonnen hat und mit denen man zwanzig Jahre lang das Leben geteilt hat, die Gemeinde verlassen, tut sehr weh. Der Schmerz, sich von jemandem trennen zu müssen, von dem man dachte, man würde gemeinsam alt werden, ist manchmal auch eine Geburtswehe. Natürlich ist es zunächst schwer, in etwas so Negativem irgendetwas Gutes zu erkennen. Aber wenn wir etwas nicht loslassen können, bleiben wir stecken. Und wenn wir stecken bleiben, werden wir niemals erfahren, was danach gekommen wäre. Gott zwingt zögerliche Menschen nicht, vorwärtszugehen. Wir müssen uns selbst dazu entscheiden. In jedem Kummer liegt auch ein Same für etwas Neues begraben. In meinem Fall war es die Freude über die ganz neue Gemeinde, die aus uns entstand, und die Menschenleben rettet.

Ende 1998 hatte ich in unserer Gemeinde das größte Bauprojekt begonnen, das wir und vielleicht überhaupt irgendeine Gemeinde in England in jüngerer Zeit in Angriff genommen hatten: Einen Gottesdienstsaal mit zweitausend Plätzen. Ich war immer mehr zu der Überzeugung gekommen, dass die Verlorenen zu uns kommen würden, wenn wir nur größer bauten. Ich wünschte nur, sie wären früher gekommen, denn als wir unseren ersten Gottesdienst in dem neuen Gebäude feierten, waren wir auf etwa 300 Besucher geschrumpft. Lassen Sie es sich gesagt sein: Ganz gleich wie erfinderisch Sie in der Anordnung von Stühlen auch sein mögen, ab einem gewissen Abstand zwischen den Stühlen haben die Menschen einfach das Gefühl, alleine dazusitzen. Dreihundert Stühle in einem Auditorium für zweitausend sahen einfach grausam aus. Ganz besonders, da unser altes Gebäude mit den sechshundert Plätzen gerade mal auf der anderen Seite des Parkplatzes war.

Das war im Januar 2000, und an jenem Tag bekam ich von Gott eine Zusage aus der Geschichte, als Isaak die Brunnen seines Vaters Abraham wieder aufgrub (1. Mose 26). Isaak war von den ersten beiden Brunnen, die er gegraben hatte, weggezogen, weil die Philister sie zugeschüttet hatten. Er hatte die Brunnen *Esek* und *Sitna* genannt, was so viel heißt wie »Zank« und »Streit«. Er zog weiter und grub einen dritten Brunnen, aber diesmal stritt niemand mit ihm darum oder schüttete ihn wieder zu. Er nannte den dritten Brunnen *Rechobot*, was »Weite« bedeutet, und sagte: »Jetzt hat uns der Herr weiten Raum verschafft« (1. Mose 26,22). An jenem ersten Sonntagmorgen in unserem neuen Zweitausend-Plätze-Auditorium schaute ich auf die dreihundert müden, kaputten Leute vor mir und hielt eine Predigt mit der Überschrift »Brunnen Nummer drei wird eine sprudelnde Quelle werden«.

Nach fast zwei Jahren Zank und Streit war ich überzeugt, dass jetzt die Zeit gekommen war, in der Gott uns weiten Raum verschaffen würde. Heute, viele Jahre später, haben wir eine Gemeinde von mehreren Tausend und unser *Rechobot* ist wirklich eingetroffen.

In den letzten Stunden im Leben Jesu, als er vor Pilatus stand, wurde ihm die Chance gegeben freizukommen, indem Pilatus der Menge die Wahl gab zwischen ihm und einem Mann namens Barabbas. Es war damals üblich, dass am Passahfest ein Gefangener, den das Volk wählen durfte, freigelassen wurde. Barabbas war wegen Mordes und Rebellion verurteilt. Jesus war nicht verurteilt worden. Alles, was er je getan hatte war, Menschen zu helfen. Erstaunlicherweise schrie die Menge trotzdem, man solle Barabbas freilassen und Jesus kreuzigen. Die Wahrheit ist, dass diese Welt einen Rebellen immer einem Revolutionär vorziehen wird. Im Lexikon lautet die Definition für einen Rebellen, »jemand, der Widerstand leistet oder sich auflehnt gegen eine Regierung oder einen Herrscher«. Aber ein Revolutionär ist definiert als »jemand, der eine Regierung oder ein Gesellschaftssystem stürzt, um etwas Neues zu errichten«.

Dieses Buch handelt von einer Revolution der Liebe, nicht von einer Rebellion der Liebe. Wir rebellieren nicht gegen die Welt; wir wollen sie revolutionieren. Gott hat die Welt so sehr geliebt, dass er uns vor eine Alternative gestellt hat, nicht vor ein Ultimatum. Unser Anführer, Jesus Christus, ist ein Revolutionär, kein Rebell. Er überwindet durch ersetzen, nicht durch verurteilen. Das ist unsere Herausforderung. Wenn die Gemeinde die Welt lieben will, dann müssen wir neue Wege finden, die Ungeliebten zu lieben und die Ausgegrenzten ohne Vorurteile einzubeziehen. Wir müssen »hinter den feindlichen Linien« leben, aber nicht als Widerstandsbewegung, sondern als Austauschbewegung. Wir sind Gottes Alternativ-Gesellschaft.

Als ich kürzlich in den USA an einem Flughafen war, fiel mir eine ältere Dame mit Stock auf, die Mühe hatte, ihre Sachen auf das Förderband an der Sicherheitskontrolle zu legen. Der Sicherheitsbeamte war streng mit ihr. Obwohl er sah, dass sie Schwierigkeiten hatte, rührte er sich nicht, um ihr zu helfen. Instinktiv griff ich nach ihren Sachen und legte sie auf das Band. Auf der anderen Seite wartete ich mit ihr, um ihr zu helfen, alles wieder herunterzuholen. Ich werde nie vergessen, wie sie mich ansah und mit einem erleichterten Lächeln sagte: »Vielen Dank.

Ihre Freundlichkeit hat die Unfreundlichkeit dieses Mannes wiedergutgemacht.« Diese Frau hat meine tiefste Überzeugung bezüglich der Gemeinde in Worte gefasst: Die Gemeinde ist Gottes Wiedergutmachung für eine leidende Welt.

Wiedergutmachung heißt: »zurückgeben, die negativen Folgen eines Verlustes, Leides oder einer Verletzung verringern oder ausgleichen, indem man etwas mit genau gegenteiliger Wirkung tut.« Wir sind Gottes gegenteilige Wirkung; wir gleichen den Schmerz und das Leid um uns herum aus. Als Botschafter und Vertreter der Liebe und der Hoffnung bringen wir ein Lächeln auf das Gesicht einer Welt, die Mühe hat und kämpft. Wiedergutmachung macht das Geschehene nicht ungeschehen, aber sie kann die Auswirkungen verringern. Eine Revolution der Liebe gehört zu Gottes großem Wiedergutmachungsplan für eine Welt, die das Lächeln verlernt hat.

Unsere natürliche Umgebung ist nicht die Gemeinde, es ist die Welt — nicht der gemütliche Klub, sondern der gefährliche Ozean. Wir wurden geboren, um in einer feindseligen und kaputten Welt zu gedeihen. Wie es den Fischen im Wasser besser geht als an Land, so geht es uns in einer verlorenen Welt besser. Denn wie die Fische, sind auch wir dazu geschaffen, in unserer natürlichen Umgebung zu bleiben. Holt man einen Fisch aus dem Wasser, stirbt er. Zieht man eine Blume aus der Erde, stirbt sie. Holt man die Gemeinde aus der Welt, stirbt sie. Ein Fisch fühlt sich nicht nass, weil er ja im Wasser lebt. Aber viele Christen zeigen eine heftige allergische Reaktion auf ihre natürliche Umgebung. Wir sind wie Fische, die an Land schwimmen und sich abtrocknen! Eine lächerliche Vorstellung, ich weiß, aber sie ist eindrücklich und angemessen.

In der Bibel wird die Gemeinde oft in einer feindseligen Umgebung beschrieben. Sie spricht von uns als Salz in einer verrottenden Welt, als Licht in der Dunkelheit, als Schafe unter den Wölfen, als Fremde, weit weg von ihrem eigenen Land. Wir sind dazu geboren in einer feindseligen Umgebung zu gedeihen. Wir sind die Gemeinde, der einzige Teil des Himmels, der dazu gemacht ist, in einer von der Hölle vergifteten Welt zu gedeihen. Wir sind Gottes Revolutionsarmee, die ausgesandt wurde, eine Revolution der Liebe anzuzetteln — und diese Revolution muss heute in Ihnen und mir anfangen!

Kapitel 9

Wertschätzung zeigen

So lasst uns nun dem nachstreben, was dem Frieden, und dem, was der gegenseitigen Erbauung dient.
Römer 14,19

Eine der einfachsten Methoden, eine Revolution der Liebe zu unterstützen, ist, anderen Menschen Wertschätzung zu zeigen. Mutter Teresa sagte einmal: »Ungewollt, ungeliebt, unbeachtet und von allen vergessen zu sein, ist ein größerer Hunger und eine größere Armut, als nichts zu essen zu haben.« Ich habe bemerkt, dass die meisten Menschen, denen wir in unserem täglichen Leben begegnen, nicht wissen, wie wertvoll sie als Kinder Gottes sind. Ich glaube, der Teufel gibt sich alle Mühe, um den Menschen ein Gefühl der Wertlosigkeit zu vermitteln. Aber wir können den Auswirkungen seiner Lügen und Unterstellungen entgegenwirken, indem wir Menschen aufmuntern, ermutigen und aufbauen. Das kann man zum Beispiel durch aufrichtige Anerkennung, eines der wertvollsten Geschenke überhaupt.

Eine der einfachsten Methoden, eine Revolution der Liebe zu unterstützen, ist, anderen Menschen Wertschätzung zu zeigen.

Die meisten Menschen vergleichen sich schnell mit anderen, und dabei übersehen sie leicht ihre eigenen Fähigkeiten und ihren Wert. Einem anderen Menschen Wertschätzung zu zeigen, kostet nicht viel und ist auch nicht zeitaufwendig. Wir müssen unsere Gedanken nur lange genug von uns selbst weg auf andere richten, um etwas Ermutigendes zu sagen. Menschen Wertschätzung zu zeigen, kostet kein Geld, aber es gibt dem anderen etwas, was weit mehr wert ist als Geld. Ein ernst gemeintes Kompliment zu machen scheint nur eine Kleinigkeit zu sein, aber es bestärkt den anderen sehr.

Ich glaube, wir brauchen Ziele. Als ich mit Gottes Hilfe daran arbeitete, mir anzugewöhnen, andere zu ermutigen, habe ich mir vorgenommen, jeden Tag mindestens drei Menschen zu loben. Ich empfehle Ihnen, es ähnlich zu machen, um ein engagierter Ermutiger zu werden.

Die Vergessenen nicht vergessen

Viele Menschen fühlen sich einsam und vergessen. Sie haben das Gefühl, dass niemand bemerkt, wie hart sie arbeiten, oder dass es niemanden interessiert. Ich erinnere mich an eine Frau, die mir erzählte, sie hätte ihr Leben lang das Gefühl gehabt, unsichtbar zu sein. Ich sehe noch ihren schmerzlichen Gesichtsausdruck, als sie mir erzählte, ihre Eltern hätten sie im Grunde ignoriert. Sie fühlte sich isoliert und schrecklich alleine und deshalb auch unerwünscht. Ihre Eltern waren noch sehr jung, als sie geboren wurde und eigentlich noch nicht bereit, ein Kind zu bekommen. Sie waren sehr egoistisch und selbstsüchtig. Diese Frau bekam keine Liebe oder Zuneigung als Kind. Sie erzählte, sie habe ihre Kindheit und Jugend zum größten Teil alleine in ihrem Zimmer verbracht und gelesen.

Die Beschreibung ihrer Kindheit und das Gefühl, unsichtbar zu sein, waren so traurig, dass ich mich gefragt habe, wie oft ich Menschen das Gefühl gebe, unsichtbar zu sein. Wie oft bin ich so auf das konzentriert, was ich tue oder erreichen möchte, dass ich ihre Anwesenheit gar nicht bemerke? Ich bin ein sehr zielorientierter Mensch. Ich erreiche viel, musste aber lernen, darauf zu achten, dass ich andere dabei nicht verletze. Niemand kann ohne die Hilfe vieler anderer engagierter Menschen erfolgreich sein. Diesen Menschen keinen Dank oder keine Anerkennung zu geben, ist ein schrecklicher Fehler und ein Verhalten, das Gott gar nicht gefällt.

Kleine Dinge, große Wirkung

In der Bibel spricht Gott oft von unserer Verantwortung gegenüber den Unterdrückten, Witwen, Waisen und Fremden. Er spricht von den Einsamen und denen, die sich vernachlässigt, vergessen und wertlos fühlen. Er sorgt sich sehr um die Unterdrückten und Hungernden. Menschen können auf vielerlei Weise Hunger haben. Manche haben vielleicht jede Menge zu essen, aber hungern nach Ermutigung oder einem Wort der Anerkennung. Gott richtet diejenigen, die von Sorgen niedergedrückt sind, wieder auf. Er schützt die Fremden und hilft den Witwen und Waisen (Psalm 146,7-9). Wie macht er das? Durch andere Menschen! Er braucht hingegebene, engagierte Menschen, die sich ihm unterstellen und es sich zur Aufgabe machen, anderen Wertschätzung zu zeigen. Mutter Teresa hat ihr Leben geopfert, um Ausgestoßenen zu zeigen, dass sie geliebt und wertvoll sind. Was sie tat, waren meistens Kleinigkeiten, aber mit einer großen Wirkung. Sie sagte: »Glaube nicht, dass die Liebe außergewöhnlich sein muss, um echt zu sein. Was wir brauchen ist unermüdliche Liebe.«

Wir sind angenommen

Eine Bibelstelle, die mich sehr ermutigt hat, ist Psalm 27,10: *Sogar mein Vater und meine Mutter haben mich verlassen, aber der HERR nimmt mich auf.*

Meine Mutter hatte große Angst vor meinem Vater, deshalb konnte sie mich nicht vor dem Missbrauch unterschiedlichster

Art, den er an mir verübte, schützen. Ich habe mich in diesem Albtraum sehr einsam, vergessen und verlassen gefühlt. Schließlich kam ich zu dem Schluss, dass niemand mir helfen würde und beschloss einfach, nur zu »überleben«, bis ich aus der Situation entkommen konnte. Inzwischen ist mir klar geworden, dass uns täglich unzählige Menschen begegnen, die einfach nur versuchen zu überleben, bis jemand kommt und sie rettet – und dieser Jemand könnten Sie oder ich sein.

Die Bibel sagt: *Schon vor Beginn der Welt, von allem Anfang an, hat Gott uns, die wir mit Christus verbunden sind, auserwählt. Wir sollten zu ihm gehören* (Epheser 1,4; Hfa). In seiner Liebe hat er schon vorher geplant, dass er uns als seine Kinder annehmen will. Diese wunderbaren Worte haben meiner verwundeten Seele sehr bei der Heilung geholfen. Gott nimmt die Verlassenen und Einsamen an, richtet sie auf und vermittelt ihnen Wert. Das tut er durch sein Wort, durch den Heiligen Geist und durch Menschen, die sich vom Heiligen Geist leiten lassen, anderen zu helfen.

Mutter Teresa sagte, dass in jedem Mensch, der ihr begegne, »Jesus versteckt« sei. Stellen Sie sich nur einmal vor, wie anders wir die Menschen behandeln würden, wenn wir sie so sehen würden. Jesus hat gesagt, wenn wir auch den »geringsten« Menschen etwas Gutes oder Böses tun, tun wir es ihm (Matthäus 25,45). Anders ausgedrückt: Jesus nimmt die Art, wie wir andere behandeln sehr persönlich. Wenn jemand eines meiner Kinder beleidigen, schneiden, ignorieren oder niedermachen würde, würde ich das als persönliche Beleidigung auffassen. Warum ist es also so schwer zu begreifen, dass Gott genauso empfindet? Wir sollten alle bemüht sein, Menschen aufzubauen, sodass jeder, dem wir begegnen, sich besser fühlt und wir seinem Leben etwas Wert geben.

Fangen Sie mit einem Lächeln an

Ein Lächeln ist der Anfang von Liebe. Es signalisiert Annahme und Zustimmung. Wir sollten es uns angewöhnen, alle anzulächeln. Wenn wir das tun, fühlen sich nicht nur die anderen besser, sondern wir selbst auch.

Ich bin oft sehr in Gedanken versunken und sehe dann sehr angespannt aus. Außerdem trage ich auch viel Verantwortung. Wenn ich nicht aufpasse, schaue ich dann sehr düster drein. Ich bin dabei zu lernen, die Menschen anzulächeln und mich zu erkundigen, wie es ihnen geht, und ihnen etwas Nettes zu sagen. Wenn wir zu beschäftigt sind, um freundlich zu sein, dann ist etwas aus dem Gleichgewicht geraten und wir steuern auf eine Beziehungskatastrophe zu. Beziehungen machen einen großen Teil unseres Lebens aus. Ich habe sogar festgestellt, dass die Bibel ein Buch über Beziehungen ist. Es geht darin um unsere Beziehung zu Gott, zu uns selbst und zu anderen Menschen.

Es ist erstaunlich, wie entspannt Menschen sind, wenn man sie anlächelt und freundlich grüßt. Das sind zwei von vielen Arten, wie wir anderen, überall wo wir hingehen, etwas geben können. Sie denken jetzt vielleicht: *So bin ich einfach nicht. Ich bin eher reserviert und zurückgezogen. Mir ist es lieber, wenn ich nicht so viel mit Menschen zu tun habe, ganz besonders, wenn ich sie nicht kenne.* Ich kann gut verstehen, wie es Ihnen geht. Ich war genauso, bis ich immer wieder feststellte, was die Bibel zum Thema andere ermutigen, aufbauen, ermahnen und wertschätzen sagt. Ich habe Folgendes gelernt: Die Tatsache, dass ich auf einem bestimmten Gebiet nicht so begabt bin, bedeutet nicht, dass ich es nicht lernen kann.

Jahrelang habe ich mich davor gedrückt, freundlich zu sein und mich damit entschuldigt, dass ich einfach nicht der Typ dafür sei; ich sei mehr ein Einzelgänger. Aber dann merkte ich, dass »Einzelgänger« in der Bibel nirgends als Begabung erwähnt wird. Sich selbst als »Einzelgänger« zu bezeichnen, ist nur eine Ausrede, um sich nicht verwundbar zu machen, denn wir denken: *Wie wird es mir gehen, wenn ich andere anlächle und sie erwidern das Lächeln nicht?* Dann werde ich mich zurückgewiesen fühlen, und das ist nie schön. Die meisten von uns verbringen mehr Zeit damit, Ablehnung zu vermeiden, als dass wir Zeit damit verbringen, zu versuchen gute, gesunde Beziehungen aufzubauen. Was wäre, wenn ich versuche, mich mit einem fremden Menschen im Wartezimmer beim Arzt freundlich zu unterhalten, und merke, dass er oder sie in Ruhe gelassen werden möchte? Plötzlich ist es mir peinlich und ich fühle mich unwohl. Also bleibe ich lieber gleich für mich, statt das Risiko einzugehen. Wenn wir das tun, verpassen wir die Chance, anderen mit einem Lächeln oder einem freundlichen Wort die Liebe Gottes zu zeigen. Wenn wir anderen ein Lächeln schenken, können wir sie zum Lächeln bringen, und das ist das Schönste, was wir tun können.

Bei einer Revolution der Liebe mitzumachen, erfordert Anstrengung und Übung unsererseits. Wir müssen einige unserer Verhaltensweisen ändern und Gott bitten, uns zu zeigen, was er von uns will. Können Sie sich Jesus vorstellen, wie er Menschen finster oder unfreundlich anschaut oder sie ignoriert, nur damit er selbst keine Ablehnung erfährt oder weil er zu sehr mit seinen eigenen Angelegenheiten beschäftigt ist, um sie zu bemerken? Natürlich wissen wir alle, dass Jesus sich niemals so verhalten würde. Deshalb sollten wir beschließen, es auch nicht zu tun. Fangen Sie an, mehr zu lächeln. Sie können auch versuchen zu lächeln, wenn Sie alleine sind. Sie werden merken, dass Sie sich dabei besser und glücklicher fühlen. Der Apostel Paulus hat den Empfängern seiner Briefe immer aufgetragen, sich gegenseitig mit einem heiligen Kuss zu grüßen (Römer 16,16), was damals üblich war. Ich bitte Sie doch nur zu lächeln!

Keine Angst, wenn es nicht Ihre Gabe ist

Am Ende dieses Kapitels werden Sie einen Beitrag von John Maxwell lesen, einem international bekannten Redner und Autor verschiedener Bücher zum Thema Leiterschaft. Er ist auch ein guter Freund von uns. Jeder, der sich in Johns Nähe aufhält, fühlt sich schon nach wenigen Minuten wertgeschätzt. Ich habe mich schon mit ihm über seine Gabe auf diesem Gebiet unterhalten, und er hat zugegeben, dass sein Vater auf ihn denselben Einfluss hatte. John hatte also nicht nur als Kind ein gutes Beispiel vor

Augen, sondern er hat auch noch von Gott die Gabe der Ermutigung bekommen.

Die Bibel erwähnt diese Gabe der Ermutigung (Römer 12,8) und sagt, dass Menschen mit dieser Gabe sie mit Eifer und Freude ausüben sollen. Genauso wie ich die Gabe der Kommunikation habe, die es mir erlaubt, mühelos verständliche Vorträge zu halten, so haben andere Menschen die Gabe der Ermutigung. Sie ermutigen andere mühelos; das kommt bei ihnen von ganz alleine. Manche schätzen die Gabe der Ermutigung vielleicht gering, aber ich glaube, sie ist eine der am dringendsten gebrauchten Gaben überhaupt.

Es tut gut, solche Menschen zu kennen, oder in ihrer Nähe zu sein. Aber ich möchte Sie noch einmal auffordern, sich nicht selbst herabzusetzen, nur weil Ermutigung nicht Ihre Gabe ist. Ich habe die Gabe des Gebens und kann mich noch erinnern, wie ich als Kind immer Pläne geschmiedet habe, wem ich etwas schenken könnte, um denjenigen glücklich zu machen. Nicht jeder hat die Gabe des Gebens (die auch in Römer 12 aufgeführt wird), aber deshalb sind trotzdem alle aufgefordert zu geben.

Nur zu: Lachen Sie einfach

Die meisten von Ihnen haben schon einmal davon gehört, wie gut Lachen für unsere körperliche und seelische Verfassung ist. Lächeln ist die Tür zum Lachen. Und lachen sollten wir oft und absichtlich.

Die Bibel sagt, dass ein fröhliches Herz dem Leib guttut (Sprüche 17,22). Ich habe etwas Erstaunliches beobachtet, wenn ich Vorträge halte oder predige: Ich mache viele Witze. Das ist deshalb erstaunlich, weil ich im »normalen Leben« nicht so bin. Aber da es der Heilige Geist ist, der durch mich spricht, weiß er offensichtlich, wie wertvoll Humor ist und welche heilende Wirkung er hat.

Gott will, dass wir lachen und er will, dass wir andere zum Lachen bringen. Das heißt nicht, dass wir alle Witzbolde sein oder bei den unpassendsten Gelegenheiten lachen sollen. Aber wir können uns gegenseitig helfen, indem wir das Leben ein bisschen leichter nehmen. Es ginge uns allen sicher besser, wenn wir lernen könnten, manchmal über uns selbst zu lachen, statt uns selbst zu wichtig zu nehmen.

Die letzten drei Mal, als ich weiße Hosen anhatte, habe ich jedes Mal Kaffee darauf gekleckert. Jetzt kann ich mich entweder für einen ausgemachten Tollpatsch halten, der nichts richtig festhalten kann, und anfangen, mich selbst gering zu schätzen. Oder ich mache einen Witz darüber und versuche, beim nächsten Mal besser aufzupassen und sauber zu bleiben. Jahrelang habe ich mitbekommen, wie Menschen sich selbst bei jedem Fehler niedermachen, und ich glaube, dass Gott darüber traurig ist. Wenn wir wissen, was wir Gott in Jesus wert sind, dann sollten wir uns nie selbst schlecht machen und damit Gottes Schöpfung abwerten.

Genauso gut können wir anderen helfen zu erkennen, dass wir alle einmal dumme Fehler machen und die Wahl haben, darüber zu lachen oder uns darüber aufzuregen. Wir sollten anderen die Erlaubnis geben, unvollkommen zu sein. In unserer Welt gibt es so viel Leistungsdruck und Wettkampf. Wenn wir einmal etwas nicht gut machen, dann brauchen wir durch ein freundliches Wort die Bestätigung, dass wir immer noch angenommen und wertgeschätzt sind.

Wenn jemand in Ihrer Gegenwart einen Fehler macht, dann versuchen Sie, ihn sofort an seine Stärken zu erinnern oder an etwas Großartiges, was er vor Kurzem gemacht hat. Meine beiden Töchter sind beide wunderbare, hingebungsvolle Mütter. Wenn sie ein schlechtes Gewissen haben, weil sie etwas nicht richtig gemacht haben, erinnere ich sie daran, was für großartige Mütter sie sind und wie wichtig das ist. Wir sollten nichts, was andere gut machen, für selbstverständlich halten. Der Teufel legt sich ganz besonders ins Zeug, um Menschen einzureden, dass sie Versager sind. Wir sollten uns genauso anstrengen, um ihnen zu zeigen, dass sie gut sind.

Nichts kann eine peinliche Situation schneller wenden als Lachen. Wir unterdrücken das »Kind in uns« schon viel zu früh im Leben. Kinder regen sich nicht so sehr auf, wenn sie etwas fallen lassen, sich bekleckern, stolpern und hinfallen oder einen Fehler machen. So lange wir Erwachsenen sie lassen, lachen sie schnell wieder und haben ihren Spaß. Jesus hat gesagt, dass wir das wunderbare Leben, das Gott uns verheißen hat, nicht haben können, wenn wir nicht wie kleine Kinder zu ihm kommen (Lukas 18,17). Deshalb rate ich uns allen dringend, uns auf diesem Gebiet gegenseitig zu helfen.

Am liebsten bin ich unter Menschen, die mich nicht unter Druck setzen, perfekt zu sein. Gott liebt uns bedingungslos. Das bedeutet, dass er uns so annimmt, wie wir sind, und uns dann hilft, unser volles Potenzial zu entwickeln. Lächeln ist ein Zeichen der Annahme. Wenn wir anderen helfen, über sich selbst zu lachen, sagen wir damit: »Ich nehme dich mit allen deinen Fehlern an.«

Die Schwächen des anderen mitzutragen, ist nur eine Art, Liebe zu zeigen. Der Apostel Paulus hat die Menschen gelehrt, einander zu ermutigen und aufzubauen und hat sie immer wieder daran erinnert, das zu tun. *Deshalb ermahnt (ermuntert) einander und erbaut (ermutigt) einer den anderen, wie ihr auch tut!* (1. Thessalonicher 5,11; Elberfelder und Amplified). Der Heilige Geist lebt selbst in uns und geht mit uns durchs Leben, um uns zu trösten, zu ermutigen und aufzubauen. Er drängt uns dazu, unser Bestes zu geben. Wenn wir Fehler machen, verurteilt er uns nicht, sondern drängt uns weiterzugehen.

Ein Mangel an Ermutigung führt zu Depression, Verzweiflung, Versagen und Scheidung und hindert die Menschen daran, das Beste aus sich herauszuholen. Wir alle brauchen Ermutigung. Deshalb will ich noch einmal ganz deutlich machen, dass ein paar einfache Worte der Ermutigung das wichtigste Mittel sind, um die Revolution der Liebe in unserer Gesellschaft anzufachen.

Das Positive betonen

Gott hat mir gezeigt, dass ich meinen Mann lieben konnte, indem ich kleine Fehler, die er machte, einfach nicht ansprach, wie zum Beispiel, wenn er irgendwo das Licht nicht ausgemacht hatte oder vergaß, die Klopapierrolle zu wechseln. Vielleicht vergaß er etwas, worum ich ihn gebeten hatte – zum Beispiel meine Aktentasche mit nach oben ins Büro zu nehmen, damit ich sie nicht am nächsten Morgen hochtragen muss, während ich meine Kaffeetasse in der Hand halte. Es gibt buchstäblich Hunderte von Kleinigkeiten, die wir alle tun und die andere verärgern. Aber wir können darüber hinwegsehen und daran denken, dass wir alle kleine Fehler machen und es uns auch lieber wäre, wenn uns andere nicht ständig darauf aufmerksam machen würden.

Wenn Sie etwas wirklich ansprechen müssen, dann tun Sie es auf jeden Fall. Aber die meisten Beziehungen zerbrechen, weil jemand aus einer unwichtigen Kleinigkeit ein großes Drama macht. Jedes Mal wenn ein Mensch an etwas erinnert wird, was er falsch gemacht hat, wird er hinuntergezogen und geschwächt. Ich habe viele Jahre lang alles »erwähnt«, was mich an anderen gestört hat, in der Hoffnung, dass die anderen aufhören würden es zu tun. Aber meine Bemerkungen setzten sie nur unter Druck und sie fühlten sich in meiner Gegenwart unwohl. Ich habe festgestellt, dass es viel effektiver ist, wenn man betet und das Positive betont.

Wenn wir die Stärken anderer und das, was sie gut machen, hervorheben, dann sind sie motivierter, an ihren Schwächen und Fehlern zu arbeiten. Ich war überrascht, wie schwer es mir am Anfang fiel, etwas, das mich störte, einfach zu übergehen und es nicht zu erwähnen. Inzwischen habe ich begriffen, dass mein Ärger über diese Kleinigkeiten ein größeres Problem ist, als die Dinge selbst. Warum sollte ich mich darüber aufregen, wenn jemand das Licht anlässt? Lasse ich nicht auch manchmal irgendwo ein Licht brennen? Natürlich.

Vor Kurzem habe ich Dave zurechtgewiesen, weil er sich auf die Bettkante gesetzt hat, nachdem ich die Betten schon gemacht hatte, und dann aufgestanden und gegangen ist, ohne es wieder glatt zu streichen. Er schaute mich schockiert an und machte mich dann darauf aufmerksam, dass ich diejenige war, die auf dem Bett gesessen hatte – nicht er. Unglaublich! Ich war so fest davon überzeugt, dass es Dave gewesen war, dass ich vollkommen verdrängt hatte, dass ich die Schuldige war! Dieses Beispiel zeigt, wie wir blind für unsere eigenen Fehler werden, wenn wir immer bei anderen Fehler suchen.

Erweisen Sie den Menschen Liebe, indem Sie ihre Stärken hervorheben. Seltsamerweise fällt es uns überhaupt nicht schwer, zu sehen, was sie falsch machen. Ihre Fehler scheinen wie Warnlichter aufzuleuchten. Aber das Positive müssen wir bewusst suchen – zumindest, bis wir es uns zur Gewohnheit gemacht haben.

Ich schlage noch einmal vor, dass Sie damit anfangen, indem Sie sich vornehmen, jeden Tag mindestens drei Menschen zu loben. Um sicherzugehen, überlegen Sie sich dann abends, wen Sie an diesem Tag gelobt haben. Wenn drei schon selbstverständlich geworden ist, nehmen Sie sich sechs Menschen als Ziel vor, dann zehn, und dann ist es schon normal für Sie, alle Menschen, die Sie im Laufe des Tages treffen, zu ermutigen.

Es muss kein großartiges Lob sein. Schon Kleinigkeiten wie »Diese Farbe steht dir wirklich gut«, »Deine Frisur gefällt mir gut«, »Du hast eine hübsche Bluse an«, »Bei dir fühle ich mich sicher«, »Du arbeitest wirklich hart«, »Schön, dass es dich gibt« oder »Ich bin froh, dass du meine Freundin bist« sind sehr wirkungsvoll und von großer Bedeutung. Wenn Sie positive Bemerkungen machen und das Gute hervorheben, geht es Ihnen selbst auch besser. Sie geben also nicht nur, sondern empfangen gleichzeitig auch noch etwas.

Liebes-Revolutionär

John C. Maxwell

Ermutigung verändert alles

Ermutigung ist etwas Unglaubliches. Sie kann großen Einfluss ausüben — ja schon fast Wunder bewirken. Ein ermutigendes Wort des Lehrers kann das Leben eines Kindes verändern. Eine Ermutigung des Ehepartners kann eine Ehe retten. Ein ermutigendes Wort eines Leiters kann einen Mitarbeiter dazu veranlassen, sein Bestes zu geben. Wie der Coach und Buchautor Zig Ziglar sagt: »Man weiß nie, welchen Einfluss ein Augenblick Zeit und ein paar ernst gemeinte Worte auf ein Leben haben können.« Jemanden ermutigen heißt, ihm zu helfen, den Mut zu finden, den er alleine nicht hätte — den Mut, in den Tag zu gehen, das Richtige zu tun, ein Risiko einzugehen, etwas zu verändern. Der Kern der Ermutigung ist, jemandem zu sagen, wie wertvoll er ist. Wenn wir Menschen das Gefühl geben, wertgeschätzt und fähig zu sein und sie so motivieren, können wir ihr Leben dauerhaft verändern. Und manchmal erleben wir sogar, dass sie die Welt verändern.

Wenn Sie Kinder haben, haben Sie die Aufgabe, Familienmitglieder zu ermutigen. Wenn Sie eine leitende Aufgabe haben, können Sie die Effektivität Ihres Teams drastisch vergrößern, indem Sie Ihre Teammitglieder ermutigen. Als Freund können Sie jemanden durch Ihre ermutigenden Worte anspornen, in einer schwierigen Lebenssituation durchzuhalten oder nach Höherem zu streben. Als Christ haben Sie die Möglichkeit, Jesus zu repräsentieren, indem Sie andere lieben und mit ermutigenden Worten aufrichten.

Machen Sie mit

Unterschätzen Sie die Macht der Ermutigung niemals. In den 1920er-Jahren fing der Arzt, Berater und Psychologe George W. Crane an, an der

Northwestern University in Chicago Sozialpsychologie zu unterrichten. Obwohl er vorher keine Erfahrung im Unterrichten hatte, war er ein scharfsinniger Beobachter menschlichen Verhaltens und fest davon überzeugt, dass sein Psychologieunterricht für seine Studenten praktisch sein musste.

In einer seiner ersten Kurse saßen Abendschulstudenten, die älter waren als die übrigen College-Studenten. Die jungen Frauen und Männer arbeiteten tagsüber in den Läden, Büros und Fabriken von Chicago und wollten durch den Besuch der Abendkurse etwas aus sich machen.

Eines Abends nach dem Unterricht kam eine junge Frau namens Lois, die erst vor Kurzem aus beruflichen Gründen aus einer Kleinstadt in Wisconsin nach Chicago gezogen war, zu Crane und gestand ihm, dass sie sich einsam und isoliert fühlte.

»Ich kenne niemanden, außer ein paar Kolleginnen«, klagte sie. »Abends gehe ich in mein Zimmer und schreibe Briefe nach Hause. Das Einzige, was mich von Tag zu Tag aufrecht hält, ist die Hoffnung auf einen Brief von meinen Freunden aus Wisconsin.«

Im Grunde als Antwort auf Lois' Problem verkündete Crane seinen Studenten in der folgenden Woche, dass er einen Komplimente-Klub gründen wolle. Es war die erste von vielen praktischen Aufgaben, die er seinen Studenten in diesem Semester geben wollte.

»Sie müssen das, was Sie hier lernen, jeden Tag praktisch anwenden, entweder daheim oder bei der Arbeit oder in den öffentlichen Verkehrsmitteln«, erklärte Crane ihnen. »Im ersten Monat ist der Komplimente-Klub Ihre Hausaufgabe. Sie müssen jeden Tag drei verschiedenen Menschen ein ehrliches Kompliment machen. Wenn Sie wollen, können Sie die Zahl auch erhöhen, aber um diesen Kurs zu bestehen, müssen Sie dreißig Tage lang jeden Tag mindestens drei Personen ein Kompliment machen ... Am Ende dieses dreißigtägigen Experimentes schreiben Sie dann eine Hausarbeit über Ihre Erfahrungen«, fuhr er fort. »Beschreiben Sie sowohl, welche Veränderungen Sie an den Menschen in Ihrer Umgebung wahrgenommen haben, als auch, wie sich Ihre eigene Einstellung zum Leben verändert hat.«[1]

Einige von seinen Studenten weigerten sich, die Aufgabe zu erfüllen. Andere beklagten sich, sie wüssten nicht, was sie sagen sollten. Wieder andere hatten Angst, auf Ablehnung zu stoßen. Und manche meinten, es sei nicht ehrlich, jemandem ein Kompliment zu machen, den sie nicht mochten. »Was ist, wenn ich jemanden treffe, den ich nicht mag?«, fragte ein junger Mann. »Wäre es nicht unehrlich, seinen Feind zu loben?«

»Nein, es ist nicht unehrlich, seinen Feinden ein Kompliment zu machen«, erwiderte Crane, »denn ein Kompliment ist eine ehrliche, lobende Aussage über eine objektive Eigenschaft oder einen Verdienst, und somit etwas, das eine Erwähnung verdient. Sie werden feststellen, dass es niemanden gibt, der absolut kein Verdienst oder keine Tugend aufzuweisen hat ...

Ihr Lob gibt vielleicht einem einsamen Menschen, der es fast schon aufgegeben hätte, Gutes zu tun, moralischen Auftrieb. Sie wissen nie, ob Ihr Kompliment nicht gerade auf einen Jungen oder ein Mädchen oder einen Mann oder eine Frau trifft, der oder die sonst das Handtuch geworfen hätte.«[2]

Cranes Studenten stellten fest, dass ihre Komplimente die Menschen in ihrer Umgebung positiv beeinflussten. Doch auf die Studenten selbst hatte das Experiment noch viel größere Auswirkungen. Lois blühte zu einem echten Beziehungsmenschen auf, und die Sonne schien aufzugehen, wenn sie einen Raum betrat. Eine andere Studentin, die schon ihren Job als Rechtsanwaltsgehilfin aufgeben wollte, weil ihr Chef so schwierig war, fing an, ihm Komplimente zu machen, wenn auch zuerst mit zusammengebissenen Zähnen. Schließlich legte sich nicht nur seine mürrische Art ihr gegenüber, sondern auch ihre Verzweiflung über ihn. Letzten Endes fingen sie an, sich zu mögen und heirateten.

Für uns heutzutage klingt George Cranes Komplimente-Klub wahrscheinlich etwas kitschig. Aber die Prinzipien, die dahinterstecken, sind noch genauso vernünftig wie in den 1920er-Jahren. Letzten Endes brachte Crane seinen Studenten das Aufzug-Prinzip bei, wie ich es nenne: In unseren Beziehungen können wir Menschen hochziehen oder niederdrücken. Crane versuchte, seinen Studenten beizubringen, die Initiative zu ergreifen. Er sagte: »Die Welt hungert nach Wertschätzung. Sie dürstet nach Komplimenten. Aber jemand muss den Ball ins Rollen bringen, indem er den ersten Schritt tut und jemand anderem etwas Nettes sagt.«[3] Er teilte Benjamin Franklins Überzeugung, der sagte: »Genauso, wie wir für jedes überflüssige Wort zur Rechenschaft gezogen werden, werden wir auch für jedes überflüssige Schweigen zur Rechenschaft gezogen werden.«

Fünf Dinge, die jeder Mutmacher über andere wissen muss

Sie haben sehr großen Einfluss auf das Leben der Menschen um Sie herum. Eine Ermutigung von Ihnen kann für jemanden den Tag, die Woche oder sogar das Leben verändern und denjenigen in eine ganz neue Richtung leiten.

Es ist schwer, andere zu ermutigen, wenn man nicht weiß, was sie ermutigt. Beobachten Sie die Menschen und finden Sie heraus, was sie bewegt. Stellen Sie fest, was sie aufbaut. Für den Anfang sollten Sie sich die folgenden fünf Dinge zu eigen machen, die ich über die Menschen weiß:

1. Jeder will jemand sein

Jeder Mensch will bestätigt werden. Jeder Mensch will geliebt werden. Jeder Mensch will, dass man etwas von ihm hält. Jeder Mensch will jemand sein. Das gilt für das kleinste Kind genauso wie für den ältesten Erwachsenen.

Wie können Sie anderen das Gefühl geben, dass sie jemand sind? Indem Sie sie als Nummer eins sehen. Ich bin überzeugt, dass die meisten Menschen sich entsprechend den Erwartungen, die wir an sie haben, verhalten. Wenn man das Beste von ihnen denkt, bemühen sie sich auch, ihr Bestes zu geben. Wenn Sie die Menschen wie eine Nummer eins behandeln, werden sie sich wie eine Eins verhalten. Wenn Sie sie wie eine Null behandeln, werden sie sich wie eine Null verhalten. Menschen wollen Anerkennung und Bestätigung. Das ist ein zutiefst menschliches Bedürfnis. Wir können Menschen helfen, etwas aus sich zu machen, indem wir ihnen einfach zeigen, dass wir an sie glauben.

2. Die Menschen interessiert nicht, was Sie wissen, solange sie nicht sehen, wie wichtig sie Ihnen sind

Die Menschen wollen nicht wissen, wie schlau wir sind. Sie wollen nicht wissen, wie geistlich wir sind. Sie wollen nicht wissen, welche akademischen Titel wir besitzen oder wie viele Reichtümer wir angehäuft haben. Das Einzige, was sie wirklich interessiert, ist, ob wir uns aufrichtig für sie interessieren. Wir müssen anderen durch unser Leben die Liebe Gottes zeigen.

Diese Lektion habe ich von Katie Hutchison, meiner Sonntagsschullehrerin in der zweiten Klasse gelernt. Sie war eine erstaunliche Frau. Sie liebte mich, und ich wusste es. Wenn ich krank war und nicht in die Kirche kommen konnte, kam sie unter der Woche vorbei und besuchte mich.

»Johnny, ich habe dich am Sonntag in der Kirche vermisst«, sagte sie dann. »Da wollte ich einmal nachschauen, wie es dir geht.« Sie brachte mir irgendeine Kleinigkeit für ein paar Cent mit, aber für mich war es Millionen wert. Und dann sagte sie: »Ich hoffe, du kannst nächsten Sonntag wieder kommen, denn wir haben dich alle sehr vermisst. Und wenn du wieder kommst, will ich dich nicht verpassen. Deshalb musst du mir zuwinken, wenn ich nach vorne gehe, um anzufangen.« (Wir waren fast fünfzig Kinder in ihrer Klasse!) »Dann sehe ich dich und werde dir zulächeln; ich fühle mich dann besser und werde deshalb besser unterrichten.«

Wenn dann der nächste Sonntag kam, ging ich in die Sonntagsschule, ganz gleich, ob es mir besser ging oder nicht. Ich winkte ihr zu. Sie lächelte mich an, nickte mir zu und fing mit dem Unterricht an. Ich wusste, wie wichtig ich ihr war, und das gab mir das Gefühl, alles schaffen zu können.

3. Jeder im Leib Christi gehört zu jedem im Leib Christi

Zu viele Christen versuchen, alleine durchzukommen. Dadurch werden sie anderen gegenüber gleichgültig und erwarten, dass sie ebenfalls alleine durchkommen. Aber so sollte der Leib Christi nicht funktionieren.

Ein Christ, der versucht, alleine durchzukommen, ist wie der Maurer, in der folgenden lustigen Geschichte, die ich einmal gehört habe. Der Maurer musste fünf Zentner Backsteine vom vierten Stock auf den Bürgersteig befördern. Folgendes hat er in seinen eigenen Worten der Versicherung in seiner Schadensmeldung berichtet:

> Die Backsteine alle von Hand hinunterzutragen, hätte zu lange gedauert. Also beschloss ich, sie in ein Fass zu laden und mit dem Flaschenzug, den ich ganz oben am Gebäude angebracht hatte, hinunterzulassen. Nachdem ich das Seil unten gut gesichert hatte, ging ich nach oben, befestigte das Seil am Fass, lud die Steine hinein und schwang das Fass hinaus, über den Bürgersteig, um es hinunterzulassen.
>
> Dann ging ich nach unten, um dort das Seil zu lösen. Ich hielt es gut fest, um das Fass langsam hinunterzulassen. Aber da ich selbst nur 75 Kilo wiege, riss mich die Last von fünf Zentner so schnell nach oben, dass ich nicht einmal mehr reagieren und das Seil loslassen konnte.
>
> Zwischen dem zweiten und dritten Stock traf ich auf das Fass, das herunterkam. Daher kommen die Prellungen und Platzwunden am Oberkörper.
>
> Ich hielt das Seil fest bis ich oben war, wo ich mir die Hand im Flaschenzug einklemmte. Daher kommt der gebrochene Daumen.
>
> Im gleichen Moment knallte das Fass allerdings auf den Gehweg und der Boden brach heraus. Da nun das Gewicht der Steine nicht mehr da war, wog das Fass nur noch etwa zwanzig Kilo, und meine 75 Kilo machten einen schnellen Abgang. Unterwegs begegnete mir das Fass wieder. Daher mein gebrochenes Fußgelenk.
>
> Das Gewicht des Fasses bremste meinen Fall nur wenig, und ich landete auf dem Steinhaufen. Daher kommt meine gestauchte Wirbelsäule und mein gebrochener Halswirbel. In diesem Moment verlor ich meine Geistesgegenwart und ließ das Seil los, sodass das leere Fass auf mich krachte. Daher kommen meine Kopfverletzungen.
>
> Und was die letzte Frage auf Ihrem Fragebogen angeht — Was würden Sie tun, wenn Sie noch einmal in die gleiche Situation kä-

men? — möchte ich Ihnen hiermit mitteilen, dass ich genug davon habe, die Arbeit alleine zu tun.[4]

Genau das passiert geistlich gesehen auch, wenn Menschen losgelöst vom Leib Christi sind. Gott hat keinen von uns dazu erschaffen, alles alleine zu packen. Wir sind dazu gemacht, einander zu ermutigen und zu helfen. Als Geschwister müssen wir uns gemeinsam auf die Reise machen.

4. Jeder, der einen anderen ermutigt, beeinflusst viele andere

In meinem Leben haben mich viele Menschen ermutigt und mir weitergeholfen. Wenn ich jetzt, mit einundsechzig Jahren, zurückschaue, bin ich erstaunt, wie großzügig und freundlich andere mit mir waren.

Ein Mensch, der das ganz besonders getan hat, als ich noch ein hibbeliger Teenager war, war ein Mann namens Glen Leatherwood, ebenfalls einer meiner Sonntagsschullehrer. Wir waren eine störrische Gruppe: Wir zappelten, waren unruhig, schwatzen, kämpften — wir taten alles außer zuzuhören. Aber Glen hörten wir zu, denn er war immer da, um uns zu lieben und uns zu ermutigen.

Eines Tages versagte ihm die Stimme. Alle sahen zu ihm auf, er sah auf uns hinunter und ihm liefen die Tränen übers Gesicht.

»Gleich nach dem Unterricht«, sagte er, »möchte ich Steve Benner, Phil Conrad, Junior Fowler und John Maxwell einen Augenblick sprechen. Ich muss euch etwas Wunderbares sagen.«

Als wir nach dem Unterricht zu ihm gingen, sagte er: »Ich bete jeden Samstagabend für jeden Jungen in dieser Gruppe. Gestern Abend hatte ich den Eindruck, dass Gott mir sagte, dass ihr vier einmal in den vollzeitlichen Dienst berufen werdet, und ich wollte der Erste sein, der euch das sagt. Ich wollte außerdem der Erste sein, der euch die Hände auflegt und für euch betet.«

Glen legte uns die Hände auf und segnete uns, und das habe ich immer als meine offizielle Berufung in den vollzeitlichen Dienst gesehen. Glen sollte recht behalten. Wir wurden alle vier Pastoren.

Viele Jahre später besuchte ich Glen einmal und fragte ihn, wie viele seiner Sonntagsschulschüler über die Jahre in den vollzeitlichen Dienst gegangen waren. Er sagte, er wisse es nicht ganz genau, aber dreißig seien es mindestens.

Ich frage mich, wie viele Gemeinden wohl von der Liebe und Ermutigung profitiert haben, die er diesen Teenagern Jahr für Jahr gegeben hatte. Wie viele Menschen hat er mit seinen ermutigenden Worten verändert? Das werde ich wohl erst im Himmel erfahren. Aber eins kann ich Ihnen sagen: Jeder, der einen anderen ermutigt, beeinflusst viele andere.

5. Gott liebt alle

Viele Christen sind zu wählerisch, wenn es darum geht, wem sie helfen und wen sie ermutigen. Sie halten nach Menschen Ausschau, die so sind wie sie selbst. Manche meinen sogar, dass sie nur den Menschen helfen sollten, die das Gleiche glauben und denken wie sie selbst. So sollte es nicht sein. Ganz sicher ist es nicht das, was Jesus getan hat.

Vor Jahren bin ich einmal über diese Geschichte gestolpert, über einen Mann, der in eine Grube gefallen war und nicht mehr herauskam — und über die Reaktionen der anderen:

> Ein subjektiver Mensch kam vorbei und sagte: »Ich kann nachempfinden, wie es dir da unten geht.«
>
> Ein objektiver Mensch kam vorbei und sagte: »Nun, das ist ganz logisch, dass jemand in diese Grube fallen würde.«
>
> Ein Pharisäer sagte: »Nur böse Menschen fallen in Gruben.«
>
> Ein Mathematiker berechnete den Fall des Mannes.
>
> Ein Reporter wollte die Exklusivrechte an der Geschichte des Mannes in der Grube.
>
> Ein Fundamentalist sagte: »Du hast deine Grube verdient.«
>
> Ein Calvinist sagte: »Wenn du wirklich errettet wärst, wärst du nicht in die Grube gefallen.«
>
> Ein Anhänger des Theologen Arminius sagte: »Du bist zwar errettet, aber trotzdem bist du in die Grube gefallen.«

Ein Charismatiker sagte: »Bekenne einfach, dass du nicht länger in dieser Grube sitzt.«

Ein Realist kam vorbei und sagte: »Na, das ist aber mal eine Grube.«

Ein Geologe empfahl ihm, die Gesteinsschichten an den Wänden der Grube zu bewundern.

Ein Steuerfahnder fragte ihn, ob er die Steuern für die Grube auch bezahlt habe.

Ein Beamter fragte ihn, ob er eine Genehmigung habe, diese Grube zu graben.

Ein selbstmitleidiger Mensch sagte: »Deine Grube ist ja gar nichts gegen meine.«

Ein Optimist sagte: »Es hätte schlimmer kommen können.«

Ein Pessimist sagte: »Es wird noch schlimmer kommen.«

Jesus sah den Mann, streckte ihm die Hand hin und zog ihn aus der Grube.

Jesus kam, um für die Menschen zu sterben. Ihm ging und geht es immer noch um die Menschen. Und Ihnen und mir muss es auch um die Menschen gehen. Wir sollten nie vergessen, dass Gott alle Menschen liebt, und dass wir andere so behandeln sollen, wie Jesus sie behandeln würde. Wir sollten sie dazu ermutigen, das zu sein, wozu Gott sie erschaffen hat.

Ich bin überzeugt, dass wir in unserem Innern alle Mutmacher sein wollen, und dass alle, die Jesus kennen, so werden wollen wie er — selbst der am negativsten eingestellte Mensch. Warum ich das sage? Weil ich glaube, dass wir alle einen positiven Einfluss auf andere haben wollen. Wir wollen anderen Selbstwertgefühl geben und es ihnen nicht nehmen.

Also erlauben Sie mir, Ihr Mutmacher zu sein. Sie können etwas bewirken. Sie können anderen Selbstwertgefühl geben. Sie können Jesus würdig vertreten und eines Tages die Worte hören: »Gut gemacht, du tüchtiger und treuer Knecht.« Jeder kann ein Mutmacher werden. Dazu müssen Sie nicht reich sein. Dazu müssen Sie kein Genie sein. Dazu brauchen Sie keine besondere Ausstrahlung. Und dazu müssen Sie nicht alles im Griff haben. Sie müssen sich nur für andere interessieren und bereit sein anzufangen. Sie müssen nichts Großartiges oder Spektakuläres tun. Die Kleinigkeiten, zu denen Sie jeden Tag Gelegenheit haben, können weit mehr bewirken, als Sie sich vorstellen können.

- Ertappen Sie jemanden dabei, wie er etwas gut macht.
- Machen Sie jemand ein ernst gemeintes Kompliment.
- Helfen Sie jemand in Not.
- Erlauben Sie jemand, sich bei Ihnen auszuweinen.
- Freuen Sie sich mit jemand über seinen Erfolg.
- Geben Sie jemand Hoffnung.

Das können Sie auch. Handeln Sie jetzt. Und denken Sie an dieses Zitat, das mir schon immer gefallen hat: »Ich werde nur einmal auf dieser Welt leben. Deshalb werde ich alles Gute, das ich jemand tun kann und jede Freundlichkeit, die ich einem Mitmenschen erweisen kann, jetzt tun. Ich werde es nicht aufschieben oder unterlassen, denn ich kann diesen Weg nur einmal gehen.«[5]

Kapitel 10

Überragende Freundlichkeit

Und lasst uns aufeinander achthaben, um uns zur Liebe
und zu guten Werken anzureizen.
Hebräer 10,24

Haben Sie schon einmal mit Ihrem Ehepartner, einem anderen Familienmitglied oder einem guten Freund darüber gesprochen, wie Sie anderen etwas Gutes tun können? Ich wage einmal zu behaupten, dass die meisten das noch nie getan haben. Bis vor drei Jahren hatte ich es auch noch nie getan. Aber inzwischen machen mir solche Unterhaltungen Freude und ich finde sie sehr hilfreich. Wir sind alle ganz gespannt, wenn wir uns bewusst Gedanken machen und uns darüber unterhalten, wie wir anderen Menschen helfen können. Wenn wir nicht bewusst anderen helfen, wird es keine Revolution der Liebe geben. Wir müssen uns Ziele setzen und uns bemühen, diese zu erreichen.

Als ich erst einmal beschlossen hatte, dass die Nächstenliebe mein Lebensmotto sein sollte, sehnte ich mich nach verschiedenen Möglichkeiten, anderen Liebe zu zeigen. Liebe ist keine Theorie und besteht nicht aus bloßen Worten; sie ist eine Tat (1. Johannes 3,18). Natürlich können wir die Menschen mit guten Worten ermutigen, ihnen unsere Wertschätzung ausdrücken und so unsere Liebe zeigen, aber wir müssen auch unsere Mittel an Zeit, Energie, materiellem Besitz und Geld einsetzen, um andere zu lieben.

Sie sind vielleicht davon überzeugt, dass Sie nichts zu geben haben, weil sie verschuldet sind oder gerade mal so Ihre Rechnungen bezahlen können. Die Vorstellung, anderen etwas zu geben, ärgert Sie vielleicht oder macht Sie traurig, weil Sie gerne geben möchten, aber nichts haben. Es gibt Tausende von Wegen, wie man geben kann, wenn man nur aktiv danach sucht.

Tun, was man sagt

Ich glaube, es ist ein großer Fehler, wenn man den Menschen zwar sagt, was sie tun sollen, ihnen aber nicht erklärt, wie sie es tun können. Viele Menschen sprechen von der Liebe. Aber nur davon zu sprechen, zeigt den Menschen noch nicht, wie sie die Liebe ganz praktisch ausleben können. Ich habe gerade ein ganzes Buch bezüglich Liebe überflogen. Darin wird auf 210 Seiten erklärt, dass Jesus uns ein neues Gebot gegeben hat, nämlich einander zu lieben, wie er uns geliebt hat, damit die Welt Jesus an unserer Liebe erkennt (Johannes 13,34-35). Aber ich habe darin keinen einzigen praktischen Vorschlag oder eine kreative Idee gefunden, wie das im alltäglichen Leben tatsächlich aussehen könnte. Der Autor hat immer wieder betont, dass einander zu lieben das Wichtigste in unserem Leben sei. Aber ehrlich gesagt, wenn dieses Buch alles wäre, was ich über die Liebe wüsste, hätte ich nicht den blassesten Schimmer, wie ich das umsetzen sollte. Ich glaube, die Menschen wollen das Richtige tun, aber sie brauchen jemanden, der ihnen die richtige Richtung zeigt.

Jesus hat nicht nur über die Liebe gesprochen. Erinnern Sie sich daran, dass es in Apostelgeschichte 10,38 heißt, dass Jesus täglich umhergezogen ist und Gutes getan und alle geheilt hat, die in der Gewalt des Teufels waren. Seine Jünger sahen jeden Tag, wie er Menschen half, ihnen zuhörte, oder seine eigenen Pläne über den Haufen warf, um jemandem zu helfen, der mit einer Not zu ihm kam. Sie sahen, wie er dafür sorgte, dass sie immer Geld zur Seite legten, um den Armen helfen zu können. Sie beobachteten, wie bereitwillig er vergab und wie geduldig er mit den Schwachen war. Er war sanftmütig, demütig, ermutigte andere und gab nie jemanden auf. Jesus redete nicht nur davon, dass man die Menschen lieben sollte, sondern er zeigte allen um sich herum, wie man das machte. Unsere Worte sind wichtig, aber unsere Taten sprechen deutlicher als unsere Worte.

Unsere Worte sind wichtig, aber unsere Taten sprechen deutlicher als unsere Worte.

Unser größtes Problem

Das größte Problem, das wir Christen haben, ist, dass wir anderen zuhören, die uns sagen, was wir tun sollen – und sogar anderen erzählen, was sie tun sollen – und dann aus dem Gottesdienst oder der Bibelstunde gehen und nichts tun. Es kommt nicht darauf an, was wir *glauben* zu wissen. Was wir *wirklich* wissen, zeigt sich in dem, was wir tun. Jesus sagt, dass man uns an unserer Frucht erkennen wird (Matthäus 12,33). Das bedeutet, dass die Menschen an dem, was wir in unserem Leben hervorbringen und an unserem Verhalten sehen können, wer wir wirklich innerlich sind.

Ich muss mich immer wieder selbst fragen: »Was tue ich konkret, um Liebe zu zeigen?« Der Apostel Paulus schrieb, dass das Wissen uns verführen kann. Der Stolz auf das, was wir wissen, kann uns blind machen, bis dahin, dass wir nicht mehr merken, dass wir eigentlich gar nichts davon praktizieren. Paulus schrieb an die Korinther, dass Wissen die Menschen aufblähen kann, aber die Liebe (Zuneigung, Wohlwollen, Güte), die Menschen aufbaut und ermutigt, ihr volles Potenzial zu entwickeln (1. Korinther 8,1). Wir sollten alle dafür sorgen, dass zwischen dem, was wir sagen, und dem, was wir tun, kein Unterschied besteht.

Kein Wunder, dass die Welt vielen Christen vorwirft, heuchlerisch zu sein. Sie sind es schließlich auch.

Ich bin jahrelang in eine Gemeinde gegangen, in der einmal im Jahr über Mission gesprochen wurde, nämlich am »Missionssonntag«. Aber ich erinnere mich nicht daran, jemals etwas darüber gehört zu haben, wie wir die Armen und Notleidenden in unserer eigenen Stadt erreichen können. Die meisten Predigten, die ich gehört habe, handelten eher von christlicher Lehre als von der praktischen Seite des christlichen Glaubens und davon, wie man sich im Leben verhalten sollte. Eine gute Lehre ist wichtig, aber zu wissen, wie man das tägliche Leben meistern kann, ist genauso wichtig. Die Gemeinde war voller Tratsch, Spaltungen und Menschen, die nach wichtigen Posten in der Gemeinde strebten. In vielerlei Hinsicht haben wir uns nicht anders verhalten als der Rest der Welt; nur dass wir in den Gottesdienst gingen. Schließlich bat man mich, die Gemeinde zu verlassen, weil ich zu radikal und begeistert war, als ich feststellte, dass die übernatürlichen Gaben Gottes allen Gläubigen offenstanden. Ich war eine freudige, begeisterte Christin geworden – doch man sagte mir, dass ich zu emotional sei und mich wieder beruhigen solle.

Dann ging ich in eine andere Gemeinde, in der die Menschen genauso begeistert von dem waren, was mir wichtig geworden war. Sie waren sehr engagiert dabei, anderen von der Errettung durch Jesus zu erzählen. Ich war hocherfreut und wollte Gott von ganzem Herzen dienen. Also trommelte ich eine Gruppe von Frauen zusammen, und wir gingen jeden Freitag mit Traktaten bewaffnet hinaus. Wir verteilten die Traktate an Menschen, die aus dem Supermarkt kamen oder klemmten sie unter die Scheibenwischer der Autos auf dem Parkplatz. Innerhalb von wenigen Wochen hatten wir zehntausend solcher Faltblättchen mit dem Evangelium verteilt. Außerdem leitete ich jeden Dienstag bei mir zu Hause eine Bibelgruppe.

Ich wuchs im Glauben und freute mich, Gott dienen zu können. Aber dann riefen mich die Gemeindeleiter zu sich und erklärten, dass ich aufsässig sei, weil ich mit einer Gruppe Frauen Traktate verteilt hatte, ohne sie vorher um Erlaubnis zu bitten. Sie ließen Dave und mich auch wissen, dass er die Bibelgruppe leiten sollte, und nicht ich. Diese Gemeinde schwand allmählich dahin und existiert inzwischen nicht mehr, weil sie versuchten, die Menschen zu kontrollieren und dabei oft die Gaben, die Gott uns gegeben hat, unterdrückten.

Danach besuchte ich länger als mir heute lieb ist eine andere Gemeinde, die viel Gutes gelehrt hat, aber in der ich, um ehrlich zu sein, rückblickend wenig Liebe sehen kann. Diese Gemeinde wirkte kaum nach außen und hatte ein minimales Budget für die Mission, das schließlich ganz gestrichen wurde. Außerdem hatten wir egoistische Leiter, die voller Stolz und Neid waren und den Erfolg anderer Leute fürchteten. Manche waren beherrschend und sehr unreif. Ich ärgere mich jedes Mal, wenn ich daran denke, wie viel Zeit meines Lebens ich damit verschwendet habe, bei etwas so In-sich-Gekehrtem mitzumachen. Die Gemeinde weltweit und die Ortsgemeinden ganz besonders sind dazu da, nach außen zu wirken, nicht nach innen gekehrt zu sein. Es ist die Aufgabe der Gemeinde, ein Zeugnis für die Dörfer, Städte, Länder und die Welt zu *sein* (Apostelgeschichte 1,8).

Die Gemeinde soll engagierte Liebe leben, was die Bibel ganz klar definiert: geduldig, freundlich und demütig sein, Freude am Erfolg anderer haben, selbstlos sein, geben, immer das Beste glauben, vergebungsbereit sein, gnädig sein statt urteilen, wohlwollend sein, Gutes tun, den Armen, Witwen, Waisen, Hungernden, Obdachlosen und Unterdrückten helfen. Die Liebe lässt das eigene Leben zum Wohl des anderen los. Ja, die Liebe muss aktiv sein, sonst stirbt sie. Sie muss fließen und wachsen!

Was machen Sie mit Ihrem Herz?

In 1. Johannes 3,17 steht eine wichtige Frage: *Wer aber irdischen Besitz (den Lebensunterhalt der Welt) hat und sieht seinen Bruder Mangel leiden und verschließt sein Herz vor ihm, wie bleibt die Liebe Gottes in ihm?* (Elberfelder und Amplified). Anders ausgedrückt sagt dieser Vers, dass wir die Wahl haben, unser Herz zu öffnen oder zu verschließen, wenn wir jemanden in Not sehen. Aber wenn wir es wiederholt verschließen, kann die Liebe Gottes in uns nicht lebendig bleiben. Es liegt in der Natur der Liebe, dass sie handelt, denn sie ist etwas Lebendiges. Gott ist Liebe!

Die Aussage des Apostels Johannes, *Wer nicht liebt, hat Gott nicht erkannt, denn Gott ist Liebe* (1. Johannes 4,8), ist sehr ernüchternd. Wenn wir das Leben Jesu betrachten, bekommen wir eine Kurzanleitung, wie Liebe im Alltag aussehen sollte. Oder wie es jemand anderes einmal ausgedrückt hat: »Vielleicht lernen wir mehr, wenn wir Jesus beobachten.« Er hatte immer Zeit für die Menschen! Er war immer interessiert! Ganz gleich, wohin er ging, er blieb immer stehen, um Notleidenden zu helfen.

Liebe praktisch

Ich habe Hunderte von Menschen gebeten, mir zu sagen, wie sie Liebe praktisch leben. Ich habe Bücher darüber gelesen, im Internet recherchiert und habe selbst aktiv nach Wegen gesucht, wie ich Liebe kreativ in meinen Alltag integrieren kann. Einiges von dem, was ich gelernt habe, möchte ich mit Ihnen teilen. Aber ich ermutige Sie auch, selbst Ideen zu entwickeln und sie dann mit anderen zu teilen. Auf www.theloverevolution.com, der offiziellen englischen Internetseite der Love Revolution, finden Sie schon Links zu unseren Seiten bei Facebook, YouTube oder MySpace. Ein entsprechendes deutsches Angebot unter www.theloverevolution.de befindet sich ebenfalls im Aufbau. Sie können Ihre eigene Seite dazu kreieren und verlinken, finden Hintergrundbilder, Poster und Buttons zum Herunterladen und vieles andere, um diese Bewegung weiter zu verbreiten. Sie können anderen Ihre Ideen mitteilen oder von anderen lernen. Denken Sie daran: Sie sind die Revolution der Liebe! Ohne Ihr praktisches Mitwirken funktioniert es nicht.

Hier einige Ideen, die wir mit verschiedenen Menschen zusammengetragen haben:

- Wenn jemand anderes in die gleiche Parklücke fahren möchte wie Sie, überlassen Sie dieser Person die Parklücke mit einem Lächeln.
- Mähen Sie einem älteren Menschen den Rasen oder schippen Sie im Winter Schnee.
- Putzen Sie einem älteren Menschen das Haus oder gehen Sie für diese Person einkaufen.
- Nehmen Sie jemand, der keine Transportmöglichkeit hat, mit in den Gottesdienst oder woanders hin, auch wenn es nicht auf Ihrem Weg liegt.
- Hören Sie jemandem aufmerksam zu, ohne die Person zu unterbrechen.
- Seien Sie ein freundlicher Autofahrer.
- Halten Sie einer fremden Person die Tür auf und lassen Sie ihm oder ihr den Vortritt.
- Wenn Sie mit einem vollen Einkaufswagen an der Kasse stehen, und die Person hinter Ihnen hat nur zwei Sachen, dann lassen Sie ihr den Vortritt.
- Passen Sie auf die Kinder eines/einer Alleinerziehenden auf, damit der- oder diejenige einmal Zeit für sich hat, oder etwas in Ruhe erledigen kann.
- Laden Sie jemanden, der keine Verwandten in der Nähe hat, an einem Feiertag zu sich ein.
- Verschicken Sie Karten oder Blumen als Ausdruck Ihrer Wertschätzung.
- Schenken Sie einer alleinerziehenden Mutter einen Gutschein, damit sie einmal mit ihren Kindern essen gehen kann.

Es funktioniert!

Einer der Vorschläge, die wir bekamen, war: »Zahlen Sie im Restaurant heimlich auch die Rechnung einer anderen Person.« Dave und ich tun das öfter und haben dabei schon wunderbare Dinge erlebt. Eines Abends sahen wir im Restaurant zwei ältere Damen. Sie hatten sich fein herausgeputzt und sahen wirklich liebenswert aus. Wir wollten für ihr Essen bezahlen und taten es über den Kellner. Wir baten ihn, uns zuerst gehen zu lassen und den beiden dann zu erklären, dass jemand ihnen etwas Gutes tun wollte und bereits für ihr Essen bezahlt hatte. Natürlich fragten sie nach, wer das gewesen sei. Der Kellner erzählte ihnen, dass ich Fernseh-Predigerin sei und wir sie einfach glücklich machen wollten.

Einige Monate später waren wir wieder in diesem Restaurant, und eine der beiden Damen kam auf uns zu und fragte, ob wir uns noch an sie erinnerten. Wir mussten wohl unsicher gewirkt haben, denn sie erinnerte uns noch einmal kurz an die besagte Begebenheit. Dann erzählte sie uns, dass sie an jenem Tag Geburtstag gehabt hatte, und dass es ihr sehr viel bedeutet hatte, dass jemand so etwas für sie tat. Sie sagte, sie habe meine Fernsehsendung gefunden und sie seither regelmäßig gesehen. Wir konnten uns nicht nur darüber freuen, diese Dame glücklich gemacht zu haben, sondern auch darüber, dass Gott uns gerade an ihrem Geburtstag dazu benutzt hatte. Außerdem hört sie durch unsere Fernsehsendung jetzt regelmäßig etwas über Gottes Wort. Gott alleine weiß, was daraus noch werden kann. So hat eine kleine freundliche Geste und ein bisschen Geld jemand anderes nicht nur eine Freude bereitet, sondern diese Person auch zum Wort Gottes geführt.

Ein anderer Vorschlag, den wir erhielten, war: »Bezahlen Sie im Supermarkt für jemanden.« Unser Sohn hat uns eine Geschichte erzählt, die mich tief berührte und mich stolz auf ihn machte. Er war mit seiner Frau im Supermarkt, als ihm eine Frau auffiel, die sehr müde und abgespannt wirkte und aussah, als hätte sie nur wenig Geld. Sie ging mit ihrer Einkaufsliste die Regale entlang und schien sehr genau zu überlegen, was sie in den Wagen legte. Er ging einfach auf sie zu, drückte ihr einen Hundertdollarschein in die Hand, sagte ihr, sie solle kaufen, was sie brauche – und verschwand. Ich habe einmal gelesen, dass die Liebe im Dunkeln auf Gelegenheiten wartet, bei denen sie sich zeigen kann, dann hervortritt, ihre Aufgabe erfüllt und schnell wieder im Dunkeln verschwindet, um auf die nächste Gelegenheit zu warten. Ich finde, das ist eine wunderbare Vorstellung.

Ich halte oft Ausschau nach Menschen, die niedergeschlagen wirken, drücke ihnen ein wenig Geld in die Hand und sage einfach: »Gott liebt Sie.« Oft sage ich auch gar nichts von Gott, sondern zeige ihnen nur seinen Charakter. Ich habe einmal eine junge Frau in einem Starbucks-Café gesehen, in dem sie arbeitete. Sie hatte gerade Pause, saß alleine an einem Tisch und sah sehr müde aus. Ich gab ihr fünfzig Dollar und sagte: »Ich möchte Ihnen einfach etwas Gutes tun. Ich wette, Sie müssen hart arbeiten. Ich möchte Ihnen nur sagen, dass ich das sehr schätze.« Sie sah mich erschrocken an und sagte dann: »Das ist das Freundlichste, was je jemand für mich getan hat.«

Ich glaube, wir merken gar nicht, wie vielen Menschen wir täglich begegnen, die sich einsam und unwichtig fühlen und kaum einmal oder noch gar nie erlebt haben, was bedingungslose Liebe ist. Sie sind es nicht gewohnt, irgendetwas »einfach so« zu bekommen, ohne dass sie es sich verdient oder erarbeitet haben. Ich glaube, willkürlich und ohne Grund irgendjemandem etwas Gutes zu tun, ist eine wunderbare Art, Gottes Liebe zu zeigen.

Vergessen Sie nicht, Gutes zu tun

Hebräer 13,16 sagt, *Und vergesst nicht, Gutes zu tun und mit anderen [in der Gemeinde] zu teilen [als Verkörperung und Beweis eurer Gemeinschaft]. An solchen Opfern hat Gott Freude* (Hfa und Amplified). Obwohl dieser Bibelvers speziell davon handelt, anderen in der Gemeinde Gutes zu tun, will ich damit einfach sagen, dass Gott ein großzügiger Lebensstil gefällt. Es gibt noch viele andere Bibelstellen, die uns sagen, dass wir allen Gutes tun sollen, nicht nur denen, die gleich gesonnen sind oder die in die gleiche Gemeinde gehen. In 1. Thessalonicher 5,15 heißt es zum Beispiel, *bemüht euch vielmehr darum, einander wie auch allen anderen Menschen Gutes zu tun* (Hfa).

Ich möchte Sie ermutigen, sich zu überlegen, was sie denen Gutes tun können, die zum Beispiel Ihren Müll entleeren oder Ihre Post zustellen. Es sind Menschen, die ständig unsere Wege kreuzen. Doch wir denken kaum einmal darüber nach, wie ihre Arbeit aussieht. Ich möchte jedenfalls nicht den ganzen Tag stinkenden Müll riechen oder einsammeln.

Meine Tochter hat den Müllmännern einmal eine Dankeschön-Karte geschrieben und ihnen einen Restaurantgutschein geschenkt. Ich glaube, dass so etwas die Menschen nicht nur freut, sondern sie oft auch regelrecht schockiert, weil es fast nie vorkommt. Die Welt ist voller Menschen, die hart arbeiten und keine besonders angenehmen Jobs haben, aber keiner beachtet sie.

In dem Kaufhaus, in das ich immer gehe, habe ich einmal eine Frau die Toiletten putzen sehen. Ich gab ihr ein wenig Geld und sagte: »Sie sehen aus, als müssten Sie schwer arbeiten und da habe ich gedacht, dass Ihnen eine kleine Freundlichkeit sicher guttut.« Ich habe sie angelächelt und bin schnell gegangen. Einige Minuten später kam sie in der Schuhabteilung zu mir und sagte mir, wie dankbar sie sei und dass sie meine Freundlichkeit sehr aufgebaut hätte.

Sie erzählte mir, dass sie in der Tat hart arbeiten musste und das Gefühl hatte, dass niemand das wahrnahm. Sie werden erstaunt sein, was in Ihrem Herzen vor sich geht, wenn Sie es sich angewöhnen, diejenigen zu beachten, die sonst keiner beachtet. Gott kümmert sich um diese Menschen. Er wird entzückt sein, wenn Sie sich ihm dabei als Partner zur Verfügung stellen.

Üben Sie allgemeine Höflichkeit

Als wir Ideen gesammelt haben, wie man Liebe praktisch leben kann, schrieb jemand: »Immer Bitte und Danke sagen.« Das sind zwei Formen der allgemeinen Höflichkeit, und zuvorkommend statt unfreundlich zu sein, ist sicher eine Möglichkeit, Freundlichkeit und Respekt zu zeigen. Seien Sie ganz besonders zu

Hause, in der Familie höflich. Ich versuche, daran zu denken, mich immer bei Dave zu bedanken, wenn er etwas für mich getan hat. Es ist sehr wichtig, dass wir die Menschen, die uns am nächsten stehen, nicht für selbstverständlich halten. In der Öffentlichkeit gute Manieren zu zeigen, sollte nur eine Folge dessen sein, wie wir uns normalerweise zu Hause, hinter verschlossenen Türen verhalten.

Nach 1. Korinther 13,5 verhält sich die Liebe nicht unanständig. Unanständiges Verhalten kommt meistens aus der Selbstsucht. Ein Weg, die Selbstsucht zu bekämpfen, ist, immer höflich zu sein. In unserer Gesellschaft findet man überall unanständiges, grobes und unhöfliches Verhalten, aber das spiegelt nicht Gottes Charakter wider. Jesus sagt, dass er nicht rau, hart, scharf oder erdrückend ist (Matthäus 11,30), und wir sollen seinem Beispiel folgen.

Wir sollten uns auf jeden Fall bemühen, Dankbarkeit zu zeigen. Die Bibel weist uns immer wieder darauf hin. Wir halten uns vielleicht für dankbare Menschen, aber nur was in unserem Herzen ist, drücken wir auch in Worten aus (Matthäus 12,34). Wenn wir im Herzen dankbar sind, sollte es uns auch nicht schwer fallen, das zu sagen.

Zeit ist ein Geschenk – Verschenken Sie Ihre Fähigkeiten

Was auch immer Ihre Begabung ist, bieten Sie sie gelegentlich umsonst an, anstatt immer zu erwarten, dafür bezahlt zu werden. Wenn Sie zum Beispiel Fotograf sind, bieten Sie einem guten Freund oder jemand mit wenig Geld an, Hochzeitsfotos umsonst zu machen.

Wenn Sie Friseurin sind, dann bieten Sie Ihre Dienste einmal im Monat oder auch öfter, wenn Sie dazu bereit sind, in einem Obdachlosenheim an.

Eine Freundin von mir ist Malerin und hat vor Kurzem drei Tage lang in einem Haus für junge Frauen in Not gestrichen.

Gott hat jedem von uns Fähigkeiten gegeben. Wir sollten sie einsetzen, um anderen etwas Gutes zu tun.

Im dritten Kapitel habe ich von einer Frau erzählt, die wenig Geld hatte, aber etwas für die Mission spenden wollte. Sie verkaufte selbst gebackenen Kuchen und spendete die Einnahmen. Die Geschichte zeigt, dass wir immer etwas finden werden, das wir geben können, wenn wir nur damit aufhören, nichts zu tun. Wenn alle mitmachen, wird es nicht lange dauern, bis wir das Böse in dieser Welt mit dem Guten überwunden haben.

Ziele stecken

Stecken wir uns Ziele! Ich bin fest davon überzeugt, dass wir Ziele brauchen und einen Plan, um diese zu erreichen. Sie könnten zum Beispiel Ihrem Pastor vorschlagen, dass alle Gottesdienstbesucher, wenn sie die Kirche verlassen, innerhalb der nächsten drei Stunden irgendjemand etwas Gutes tun sollten. Stellen Sie sich einmal vor, was passieren würde, wenn das alle Christen machen!

In diesem Kapitel habe ich Ihnen ein paar der unzähligen Wege aufgezeigt, wie wir anderen Liebe erweisen können. Ich hoffe, dass diese Ideen Ihnen gezeigt haben, was Sie selbst tun können. Wenn wir sagen, wir können nichts machen, stimmt das einfach nicht. Wir haben vielleicht Ausreden, aber mit Ausreden machen wir uns nur selbst etwas vor und rechtfertigen unser Nichtstun. Wenn Sie bereit sind, sich engagiert um andere zu kümmern, werden Sie neues Leben in sich spüren, wie Sie es noch nie gespürt haben. Millionen von Menschen auf der Welt haben das Gefühl, keinen Sinn im Leben zu haben. Sie suchen nach Gottes Willen für ihr Leben und sind desorientiert.

Wir sollten die Worte von Jesus nicht vergessen: *Ein neues Gebot gebe ich euch, dass ihr einander liebt, damit, wie ich euch geliebt habe, auch ihr einander liebt* (Johannes 13,34). Das ist ganz zweifellos unser Sinn im Leben und Gottes Wille für uns.

Kapitel 11

Finden Sie heraus, was andere brauchen und werden Sie Teil der Lösung

Ich bin allen alles geworden.
1. Korinther 9,22

Paulus schrieb, dass er sich zum Diener aller gemacht hatte, obwohl er in jeder Hinsicht frei war und von niemandem kontrolliert wurde. Das ist eine sehr erstaunliche Aussage, wenn man einmal genauer darüber nachdenkt. Paulus war so frei, dass er sich selbst zum Diener anderer machen konnte, ohne Angst zu haben, ausgenutzt zu werden. Er wusste, dass er sein Leben verschenken musste, um echtes Leben zu finden. Er hatte beschlossen zu leben, um zu dienen und andere glücklich zu machen. Er folgte dem Vorbild Jesu im täglichen Leben.

Paulus beschreibt weiter, dass er für die Juden wie ein Jude wurde, für die unter dem Gesetz wie einer unter dem Gesetz und für die Schwachen wie ein Schwacher (1. Korinther 9,22). Mit anderen Worten, er passte sich so an, dass er immer das wurde, was die Menschen brauchten. Er tat alles, was nötig war, um sie für Christus zu gewinnen und ihnen seine Liebe zu zeigen. Paulus war sehr gebildet, aber ich bin mir sicher, dass er seine Ausbildung nie erwähnte und auch keine Vorträge über alles hielt, was er wusste, wenn er mit Menschen zusammen war, die nicht gebildet waren. Paulus stellte seine Bildung nie zur Schau. Das folgende Zitat zeigt, wie demütig er war und dass er es unter allen Umständen vermeiden wollte, dass andere sich herabgesetzt vorkamen. Er schrieb: *Denn ich nahm mir vor, nichts anderes unter euch zu wissen, als nur Jesus Christus, und ihn als gekreuzigt* (1. Korinther 2,2).

Wenn Paulus unter Menschen war, musste er sich Zeit nehmen, ihnen zuzuhören, um sie wirklich kennenzulernen. Ich glaube, das sollten wir alle tun, und ich weiß aus Erfahrung, dass dadurch Beziehungen ungeheuer gewinnen. Wir sollten uns Mühe geben, die Menschen kennenzulernen. Wir müssen herausfinden, was sie mögen und was nicht, was sie wollen und was nicht, was sie brauchen und welche Zukunftsträume sie haben. Wenn sie auf einem gewissen Gebiet eine Schwäche haben und wir dort besonders gut sind, sollten wir auf keinen Fall mit unseren Fähigkeiten angeben.

Anderen helfen, sich besser zu fühlen

Was meine Essgewohnheiten angeht, bin ich recht diszipliniert. Kürzlich war ich eine Woche mit jemandem zusammen, der auf diesem Gebiet Schwierigkeiten hat. Die Person erwähnte wiederholt, wie diszipliniert ich im Gegensatz zu ihr sei. Jedes Mal, wenn sie das tat, erklärte ich ihr, dass ich dafür andere Schwächen hatte, und dass sie ihre Schwäche überwinden würde, wenn sie nur weiter dafür betete und daran arbeitete.

Früher einmal wäre ich nicht so sensibel für die Gefühle meiner Freundin gewesen. Ich hätte ihr wahrscheinlich einen Vortrag über die Vorzüge der Selbstdisziplin und die Gefahren von Übergewicht und falscher Ernährung gehalten. Aber damit hätte ich nur erreicht, dass meine Freundin Schuldgefühle bekommt und ein schlechtes Gewissen hat. Als sie mich fragte, ob ich irgendwelche Ideen hätte, wie sie das tun könnte, machte ich ihr einige Vorschläge, aber achtete darauf, dass sie nicht den Eindruck bekam, ich hätte alles im Griff und sie sei vollkommen undiszipliniert. Ich habe festgestellt, dass man Menschen Liebe entgegenbringen kann, indem man ihnen nicht ein noch schlechteres Gewissen macht, als sie ohnehin schon haben.

Bescheidenheit und Demut sind zwei der schönsten Seiten der Liebe. Paulus schrieb, dass die Liebe sich nicht aufbläht und nicht hochmütig ist (1. Korinther 13,4). Demut dient und baut andere auf.

Die Bibel sagt, wir sollen die gleiche Gesinnung und demütige Haltung haben wie Jesus (Philipper 2,5). Jesus war eins mit Gott, aber gab alle Vorrechte auf und demütigte sich selbst und wurde Mensch, damit er an unserer Stelle sterben und die Strafe, die wir als Sünder verdient hatten, auf sich nehmen konnte (Philipper 2,6-9). Jesus machte nie jemandem ein schlechtes Gewissen, weil er nicht auf derselben Stufe stand wie er, sondern ließ sich stattdessen auf unsere Stufe herab. Paulus tat dasselbe, und wir müssen diesen radikalen biblischen Beispielen folgen.

Jeder braucht etwas anderes

Wir sind alle verschieden und haben unterschiedliche Bedürfnisse. Ich möchte Sie anspornen, sich die Mühe zu machen und herauszufinden, was andere Menschen wirklich brauchen, statt ihnen einfach zu geben, was Sie gerne geben möchten. Vielleicht fällt es Ihnen besonders leicht, andere Menschen mit Worten zu ermutigen. Deshalb tendieren Sie dazu, alle auf diese Weise aufzubauen. Das ist zwar gut, weil wir alle ermutigende Worte gebrauchen können, aber vielleicht ermutigen Sie dann Menschen, die eigentlich ganz praktische Hilfe brauchen. Diese Menschen sind vielleicht mit ihren Mietzahlungen drei Monate im Rückstand, und anstatt sie zu ermutigen, dass Gott schon für sie sorgen wird, brauchen sie Ihre finanzielle Unterstützung. Wenn Sie nicht mit Geld helfen können, ist das verständlich, aber in einer ernsten Situation ist es immer gut, sich zu überlegen, wie man auch irgendwie praktisch helfen kann.

Vielleicht mögen Sie es besonders, Zeit mit anderen Menschen zu verbringen. Sie besuchen andere gern, rufen an oder laden Freunde zu sich zum Essen ein. Also versuchen Sie so oft es geht, anderen von Ihrer Zeit zu schenken. Aber was ist, wenn Sie sich Zeit für Menschen nehmen, die eigentlich mehr Zeit bräuchten, um alleine zu sein und sich zu entspannen? Diesen Menschen täte es besser, wenn Sie ihnen einen Restaurantgutschein schenken und auf die Kinder aufpassen würden, während sie Essen gehen. Aber Sie wollen ihnen das geben, was Ihnen am meisten Freude macht.

Manche Menschen lieben Details. Sie erzählen alles bis ins Kleinste. Sie schicken endlose E-Mails und hinterlassen lange Botschaften auf dem Anrufbeantworter. Manche Menschen wollen solche E-Mails oder Telefonnachrichten gar nicht erst lesen oder abhören, weil es so lange dauert. Wenn Menschen, die das Detail lieben, nur tun, was sie mögen, dann kann es passieren, dass einige Menschen ihnen aus dem Weg gehen.

Sogar bei der Art zu kommunizieren, sollten wir uns bemühen herauszufinden, was andere mögen oder brauchen und nicht einfach immer so sprechen oder schreiben, wie es uns passt. Wenn Sie jemanden kennen, der Details liebt, dann erzählen Sie so viele Einzelheiten wie möglich. Aber wenn Ihre Freunde es lieber kurz und bündig haben, dann erzählen Sie nur die »schlichten Tatsachen«.

Ich mache gerne Geschenke. Das ist meine Art, Liebe zu zeigen. Ich hatte einmal eine Assistentin, die meine Geschenke nicht sehr zu schätzen schien. Das störte mich wirklich sehr, denn sie schien undankbar zu sein. Aber als ich sie näher kennenlernte, erzählte sie mir, dass es für sie am wichtigsten war, Liebe in Worten ausgedrückt zu hören. Ich wollte ihr Geschenke machen, weil das für mich einfacher war, als die Worte zu finden, die sie hören wollte. Ich brachte meine Wertschätzung für die harte Arbeit anderer durch kleine Geschenke zum Ausdruck. Aber sie wollte, dass ich ihr immer wieder *sage*, dass sie eine gute Arbeit macht und dass ich das sehr schätze. Sie brauchte eine liebevolle Umarmung oder ein freundliches Schulterklopfen. Mit meinen Geschenken hatte ich mich sehr bemüht, ihr meine Liebe zu zeigen, aber erstaunlicherweise fühlte sie sich dadurch nicht geliebt. Ich glaube, so etwas passiert öfter als wir denken, weil wir die Menschen nicht gut genug kennenlernen, um ihnen das geben zu können, was sie tatsächlich brauchen. Wir wollen ihnen lieber das geben, was wir ihnen eben geben wollen, weil das einfacher für uns ist.

Wenn wir davon ausgehen, dass alle Menschen gleich sind, dann setzen wir andere unter Druck, weil wir erwarten, dass sie jemand sind, der sie nicht sein können. Gott schenkt uns in seiner Gnade alles, was wir brauchen. Er schickt uns die richtigen Menschen mit den richtigen Gaben über den Weg. Wir müssen das nur erkennen und die Menschen so schätzen, wie sie sind.

Beobachten Sie andere

Als ich anfing, die Menschen genau zu beobachten, um herauszufinden, was sie brauchen, gingen mir einige Lichter auf. Mein Mann benötigt zum Beispiel Respekt und das Gefühl, dass er sich gut um mich kümmert. Er braucht eine friedliche Umgebung um sich herum. Er liebt Sport und braucht Zeit zum Golf spielen und um Ballspiele anzuschauen. Wenn ich ihm das gebe, dann ist er rundum glücklich.

Ich dagegen liebe Hilfsbereitschaft. Es bedeutet mir sehr viel, wenn jemand etwas für mich tut, was mir das Leben leichter macht. Mein Mann räumt nach dem Essen fast immer die Küche auf, damit ich mich ausruhen kann. Wenn er sieht, dass ich zum Beispiel etwas Schweres zu tragen habe, nimmt er es mir sofort ab. Diese Gesten geben mir das Gefühl, wertgeschätzt und geliebt zu sein. Zu verstehen, was der andere braucht und es ihm bereitwillig zu geben, hat unsere Beziehung unglaublich verbessert.

Meine Tochter Sandra braucht Zeit miteinander und ermutigende Worte. Meine Tochter Laura braucht auch ermutigende Worte, aber für sie ist es nicht so wichtig, Zeit mit mir zu verbringen. Beide Töchter lieben mich sehr, aber sie zeigen das auf unterschiedliche Art und Weise. Sandra ruft mich fast jeden Tag an.

Wir essen oft zusammen mit ihr und ihrer Familie. Laura ruft nicht so oft an, und ich sehe sie auch nicht so oft wie Sandra. Aber sie unterstützt mich darin, mich um meine hilfsbedürftige Mutter und Tante zu kümmern. Sie geht für sie einkaufen und hilft ihnen bei Bankangelegenheiten und beim Bezahlen der Rechnungen, obwohl sie vier Kinder hat und die Großmutter ihres Mannes bei ihnen lebt.

Ich habe zwei wunderbare Söhne, aber sie sind sehr unterschiedlich. Einer ruft mich jeden Tag an und sagt mir, dass er mich liebt. Der andere ruft nicht so oft an, aber er zeigt seine Liebe auf andere Art. Jedes Mal, wenn ich die beiden bitte, etwas für mich zu tun, tun sie es entweder selbst oder kümmern sich darum, dass es getan wird. Was ich damit sagen will ist, dass unsere vier Kinder alle verschieden sind, aber sie sind alle wunderbar.

Auch meine Kinder musste ich genau beobachten, um herauszufinden, was jedes von ihnen braucht. Eines bekommt gern Geschenke, ein anderes verbringt gerne Zeit mit Menschen, ein drittes braucht ermutigende Worte, und wieder ein anderes vielleicht körperliche Zuwendung. Ich lerne immer noch dazu, aber zumindest versuche ich jetzt, es *ihnen* recht zu machen und nicht mir selbst.

Wir alle haben unsere eigene »Sprache der Liebe«, ein Begriff, der durch Dr. Gary Chapmans Buch »Die fünf Sprachen der Liebe« weithin bekannt gemacht wurde. Die Sprache der Liebe einer Person ist die Art, wie diese Person Liebe empfängt und zum Ausdruck bringt. Meine Sprache der Liebe ist Hilfsbereitschaft, während die meiner Tochter Zweisamkeit ist. Wenn andere ihre Liebe in unserer Sprache zeigen, dann fühlen wir uns geliebt. Wenn wir die Liebessprache eines anderen Menschen sprechen, fühlt derjenige sich geliebt. Meistens geben wir anderen das, was wir selbst brauchen – wir sprechen in unserer eigenen Liebessprache mit ihnen. Aber das kann ein großer Fehler sein. Wenn sie nicht das Gleiche brauchen wie wir, dann können wir uns noch so viel Mühe geben, doch sie werden sich nicht geliebt fühlen.

Ich lerne auch, dass ich manchmal von anderen nicht das bekomme, was ich brauche, ganz gleich, wie sehr ich es brauche. Vielleicht können sie es mir nicht geben, zumindest nicht im Augenblick. Ich war viele Jahre lang enttäuscht, bis ich schließlich lernte zu beten und darauf zu vertrauen, dass Gott mir durch Menschen, die er auswählt, geben wird, was ich brauche. Bis dahin versuche ich, das Richtige zu tun. Ich merke dabei, dass Freude nicht daher kommt, dass man alles bekommt, was man haben möchte, sondern dass man anderen gibt, was sie brauchen. Das Opfer, das damit verbunden ist, macht mir nicht immer Spaß (eigentlich meistens nicht), aber ich genieße die innere Befriedigung, wenn ich etwas getan habe, von dem ich weiß, dass Gott es von mir wollte.

Haben Sie die Menschen in Ihrem Umfeld einmal genauer beobachtet, um herauszufinden, was sie brauchen, und es ihnen dann gegeben? Haben Sie sie schon einmal gefragt, was sie brauchen? Es wird Zeit, dass wir aufhören, selbstsüchtig zu sein und nur das zu tun, was für uns bequem ist. Wir müssen die Menschen, die Gott uns in den Weg gestellt hat, näher kennenlernen und anfangen, ihnen so zu dienen, dass es für sie am besten ist, nicht so, dass es für uns am einfachsten ist.

Den Bedürfnissen anderer begegnen

Die Bibel sagt, dass wir die Schwachheit anderer mittragen und nicht nur uns selbst gefallen sollen, wenn wir im Glauben stark sind. Jeder von uns sollte es sich angewöhnen, seinen Nächsten glücklich zu machen, ihn aufzubauen und zu bestärken (Römer 15,1-2). Das ist ein wunderbarer Rat, aber meistens machen wir genau das Gegenteil. Wir wollen, dass die anderen *uns* glücklich machen und tun, was *uns* gefällt.

Aber menschliche Methoden funktionieren nicht. Dadurch bekommen wir nicht, was wir wirklich wollen und brauchen. Doch Gottes Methoden funktionieren. Wenn wir das tun, was er uns sagt, müssen wir vielleicht ein paar Opfer bringen, aber wir bekommen dafür eine Freude, die man nirgends sonst findet, sondern nur, wenn man Gottes Willen tut.

Seien Sie ehrlich zu sich selbst, und stellen Sie sich selbst einige Fragen, die vielleicht schwierig zu beantworten sind. Aber diese Fragen werden Ihnen zeigen, wo Sie stehen, wenn es darum geht, andere zu lieben.

- Wie viel tun Sie für andere?
- Bemühen Sie sich herauszufinden, was andere möchten und brauchen, um ihnen wirklich zu helfen?
- Sind Sie aufrichtig bemüht, die Menschen in Ihrem Umfeld kennenzulernen?
- Wie gut kennen Sie Ihre Familie?

Als ich mir diese Fragen vor einigen Jahren stellte, war ich entsetzt darüber, wie selbstsüchtig ich noch lebte, obwohl ich schon seit Jahren predigte und lehrte. Die Wahrheit hat mir die Augen dafür geöffnet, warum ich immer noch unglücklich und unerfüllt war, obwohl ich eigentlich allen Grund hatte, glücklich zu sein. Im Prinzip war ich egoistisch und musste mich dringend ändern. Diese Veränderung fiel mir nicht leicht und sie geschah auch nicht schnell. Genauso wenig ist sie inzwischen abgeschlossen, aber ich bemühe mich jeden Tag neu, mache Fortschritte und werde dabei immer glücklicher.

Zuhören lernen

Als ich mich erst einmal dazu entschlossen hatte, dem Egoismus den Krieg zu erklären und bei der Revolution der Liebe mitzumachen, musste ich nach kreativen Methoden suchen, anderen etwas Gutes zu tun. Da die Menschen verschieden sind und unterschiedliche Dinge brauchen, musste ich mich darin üben, ihnen gut zuzuhören. Wenn ich einer Person lange genug zuhöre, fällt mir auch etwas ein, was ich ihr schenken, für sie tun oder wie ich für sie beten kann. Ich muss es nur wollen. Die »Ich weiß nicht, was ich tun soll«-Ausrede ist alt, und wir müssen sie entsorgen.

Wenn wir wirklich geben wollen, finden wir auch Wege. Denken Sie daran: »Die Gleichgültigkeit findet eine Ausrede, die Liebe eine Lösung!«

»Die Gleichgültigkeit findet eine Ausrede, die Liebe eine Lösung!«

Ich bin überzeugt, dass Zuhörenlernen eine wichtige Rolle spielt, wenn wir lernen wollen, die Menschen so zu lieben, wie sie es brauchen. Schreiben Sie einmal eine Woche lang auf, was andere Ihnen in einer ganz normalen Unterhaltung erzählen, was sie gerne hätten, brauchen oder mögen. Beten Sie dann und fragen Sie Gott, ob er will, dass Sie irgendetwas von dieser Liste tun. Wenn Sie das Verlangen haben, etwas davon zu tun, dann tun Sie es. Ich glaube nicht, dass wir eine Extra-Aufforderung von Gott brauchen, um anderen etwas Gutes zu tun. Wenn das, was jemand braucht, für Sie alleine nicht zu schaffen ist, schlage ich vor, dass Sie ein paar andere Menschen einbeziehen und es gemeinsam tun. Wenn eine Freundin zum Beispiel erzählt, dass sie nach einem Jahr in der neuen Wohnung immer noch auf dem Sofa schläft, weil sie sich kein Bett leisten kann, wäre das ein gutes Projekt für eine Gruppe.

Eine Freundin erzählte mir einmal, dass ein junger Mann in ihrer Gemeinde sehr schiefe Zähne hatte. Es war so schlimm, dass er nie lächelte, weil es ihm peinlich war, wenn andere seine Zähne sahen. Als ich das hörte, war ich sehr bewegt, und wir konnten ihm anonym das Geld für die Behandlung beim Kieferorthopäden schenken. Das hat sein Leben vollkommen verändert. Wie oft erfahren wir von so einer Sache, sind bewegt, aber drehen uns um und gehen weg, ohne überhaupt darüber nachzudenken, ob wir helfen können? Ich glaube, das geschieht viel zu oft. Wir müssen uns einfach nur informieren und es uns angewöhnen zu helfen. Statt anzunehmen, dass wir sowieso nichts tun können, sollten wir zumindest einmal darüber nachdenken. In 1. Johannes 3,17 heißt es: *Wer aber irdischen Besitz (den Lebensunterhalt der Welt) hat und sieht seinen Bruder Mangel leiden und verschließt sein Herz vor ihm, wie bleibt die Liebe Gottes in ihm?* (Elberfelder und Amplified)

Ich hörte einmal eine Freundin sagen, dass sie Hautpflegeprodukte brauche. Ich hatte einige Produkte übrig und gab sie ihr. Meine Mutter erwähnte, dass sie kein Parfüm mehr hatte, also besorgte ich ihr welches. Meine Tante geht gerne zu Starbucks, also habe ich ihr einen Gutschein gegeben. Bitte verstehen Sie mich richtig. Ich erzähle das nur, um Ihnen zu zeigen, was man alles tun kann, um anderen Liebe zu erweisen. Sie haben sicher selbst jede Menge Ideen. Bitte denken Sie daran, sie auf der Internetseite der Love Revolution anderen mitzuteilen, damit wir uns gegenseitig durch Anregungen inspirieren können.

Jedes Mal, wenn wir etwas tun, um einem anderen Menschen das Leben leichter zu machen oder uns gegen Ungerechtigkeit stellen, strahlen wir Hoffnung in eine anscheinend hoffnungslose Gesellschaft aus. Wir können das Böse mit dem Guten überwinden, also lassen Sie uns unerbittlich daran arbeiten.

Kapitel 12

Bedingungslose Liebe

Die Liebe macht nicht blind – durch ihre Augen
sieht man mehr, nicht weniger.
Rabbi Julius Gordon

Eine der schönsten Aussagen der Bibel ist, dass Christus für uns gestorben ist, als wir noch Sünder waren (Römer 5,8). Er wartete nicht, bis wir seine Liebe verdient hatten; er liebt uns bedingungslos. Ehrlich gesagt ist das für viele von uns ziemlich schwer zu begreifen, weil wir so daran gewöhnt sind, uns alles im Leben verdienen und erarbeiten zu müssen.

Gottes Gnade ist groß, und um seiner übergroßen, wunderbaren, tiefen Liebe zu uns Ausdruck zu verleihen, gab er sein Leben freiwillig für uns auf (Epheser 2,4). *Das* ist revolutionäre Liebe! Echte, revolutionäre Liebe muss sich selbst verschenken, denn sie wird sich nie mit weniger zufriedengeben.

Gottes bedingungslose Liebe zieht uns zu ihm. Unsere bedingungslose Liebe für andere in seinem Namen wird andere zu ihm ziehen. Er will, dass wir die Menschen an seiner Stelle lieben, und zwar genauso, wie er sie lieben würde, wenn er leiblich auf der Erde wäre. *Er will, dass wir die Revolution der Liebe leben.*

Als Gott mir und Dave sagte, dass wir uns um meinen Vater kümmern sollten, obwohl er es sicher nicht verdient hatte, zeigten wir ihm dadurch Gottes bedingungslose Liebe. Das hat letztlich sein Herz erweicht, und er hat seine Sünden bekannt und Jesus als seinen Retter angenommen.

Mit menschlicher Liebe ist es unmöglich, bedingungslos zu lieben, aber als Gläubige haben wir die Liebe Gottes in uns und können diese Liebe bedingungslos und frei fließen lassen. Menschliche Liebe versagt, doch Gottes Liebe nicht. Menschliche Liebe kommt an ihre Grenzen, aber Gottes Liebe kennt keine Grenzen. Manchmal merke ich, dass ich einen Menschen aus eigener Kraft heraus nicht lieben kann, aber mit Gottes Liebe ist es möglich.

Eine Person, die mich jahrelang immer wieder verletzt hatte, fragte mich kürzlich, ob ich sie liebe. Ich konnte ehrlich antworten, dass ich sie als Kind Gottes liebe und ihr helfen würde, auch wenn meine Gefühle für diesen Mensch sicher nicht so tief waren, wie sie sein könnten, wenn alles anders gelaufen wäre.

Die Liebe Gottes ist nicht von unseren Gefühlen abhängig, sie basiert auf unseren Entscheidungen. Ich werde jedem helfen, der Hilfe braucht, auch wenn er es nicht verdient hat, es sei denn meine Hilfe wäre letztlich schlecht für denjenigen. Manchmal denke ich sogar: Je weniger jemand es verdient hat, desto schöner ist es zu helfen und desto größer ist die Wirkung. Es ist sehr befreiend, Menschen lieben zu können, ohne sich vorher überlegen zu müssen, ob sie es verdient haben.

Vergebung

Es kam überhaupt nicht infrage. Das war einfach zu viel verlangt. Wie konnte Bill Ebarb dem Mann vergeben, der seinen Bruder kaltblütig ermordet hatte? Bill Ebarb und Charles Manuel kannten sich nicht, aber sie würden in Bruchteilen einer Sekunde für immer miteinander verbunden sein – nämlich in dem Moment, als Charles abdrückte und Bills Bruder John erschoss. Von dem Augenblick an konnte Bill nur noch an Rache denken.

Bills Herz war voller Wut und Zorn. Er war sich sicher, dass keine Strafe der Welt seinen Verlust wiedergutmachen konnte. Nach Johns Tod verging kein Tag, an dem Bill nicht an den Mörder dachte. Sein tiefer Hass fraß ihn bei lebendigem Leib auf. Seine Besessenheit kostete ihn bald seinen Job und seine Ehe. Er wusste, wenn er diese zerstörerische Richtung beibehielt, würde es ihn früher oder später das Leben kosten.

An diesem Punkt erfuhr Bill eine Veränderung in seinem Leben, die noch dramatischer war als der Tod seines Bruders. Bill erlebte die Vergebung Gottes. Es war eine übernatürliche Erfahrung, die weit über alles hinausging, was menschliche Vergebung ihm geben konnte. Gott nahm ihm den Hass und die Wut.

Bills Herz wurde auf so wunderbare Weise verändert, dass er das Unmögliche zu denken wagte. Ihm wurde klar, wenn Gott ihm alles vergeben konnte, was er in seinem Leben getan hatte, dann musste er auch Charles vergeben. Und er musste Charles sagen, dass er ihm den Mord an seinem Bruder vergeben hatte. Zunächst war es reiner Gehorsam, aber bald wurde es zu einer Herzensangelegenheit. So saßen sich Bill und Charles auf den Tag genau achtzehn Jahre nach Johns Tod gegenüber und bestätigten, was Gott in ihrer beider Leben getan hatte. Gott hatte beide durch die Macht seiner Vergebung befreit.

Die Statistik belegt:[1]

- Vergebung verringert Stress. Groll gegen jemanden zu hegen, kann zu den gleichen körperlichen Stresssymptomen führen wie jede andere Stresssituation (Muskelverspannung, erhöhter Blutdruck, Schweißausbrüche).
- Ihrem Herz geht es besser, wenn Sie vergeben können. In einer Studie wurde ein Zusammenhang zwischen der Fähigkeit zu vergeben und einer Verbesserung der Herzfrequenz und des Blutdrucks festgestellt.
- In einer kürzlich durchgeführten Studie wurde nachgewie-

sen, dass Frauen, die ihren Männern vergeben und liebevoll zu ihnen sind, Konflikte besser bewältigen können.

Die menschliche Liebe hängt von Gefühlen ab. Wir lieben andere, weil sie freundlich zu uns sind, uns helfen oder uns zuerst geliebt haben. Sie vermitteln uns ein gutes Gefühl oder machen uns das Leben leichter. Also sagen wir, dass wir sie lieben. Oder wir lieben sie, weil wir möchten, dass sie uns auch lieben. Aber diese Art der Liebe hängt davon ab, was andere tun. Wenn sie es nicht mehr tun, werden wir sie wahrscheinlich nicht mehr lieben. Diese Liebe kommt und geht; sie ist mal heiß und mal kalt. Diese Liebe erleben wir überall in der Welt. Viele Ehen und andere zwischenmenschliche Beziehungen basieren auf dieser Art der Liebe. Wir lieben Eis, weil es gut schmeckt. Wir lieben Menschen, weil sie uns etwas Schönes zu Weihnachten geschenkt haben.

Gottes Liebe ist ganz anders – sie basiert ausschließlich auf Gott selbst. In dem Moment, in dem wir Jesus als unseren Retter annehmen, wird die Liebe Gottes durch den Heiligen Geist in unsere Herzen ausgegossen (Römer 5,5). Wenn wir Gottes Mitarbeiter sind, erwartet er von uns, dass wir seine Stellvertreter hier auf der Erde werden und rüstet uns mit der Liebe aus, die wir dazu brauchen. Wenn menschliche Liebe an ihre Grenzen stößt – was sie oft tut –, ist Gottes Liebe immer noch da, um das zu vollenden, was getan werden muss.

Ich habe meinen Vater nicht so geliebt, wie Töchter das tun, weil er nie ein Vater für mich war. Aber ich hatte die Liebe Gottes in mir und konnte so, unabhängig von meinen Gefühlen, beschließen, ihn im Alter freundlich zu behandeln und ihm gnädig zu sein. Ich hatte sogar Mitleid mit ihm, weil er sein ganzes Leben verschwendet hatte und es so viel zu bedauern gab.

Wir hören hier oft unglaubliche Geschichten von Vergebung. Ich erfuhr von einem Teenager, der angetrunken einen Unfall verursachte, bei dem Frau und Kind eines Mannes ums Leben kamen. Der Mann war Christ und wusste, dass Gott wollte, dass er dem Unfallverursacher vergibt. Mit viel Gebet war er schließlich in der Lage, die Liebe Gottes durch sich fließen zu lassen. Dieser Mann war ein Liebes-Revolutionär!

Wir müssen lernen zu sehen, was die Menschen sich selbst antun, anstatt auf das zu schauen, was sie uns angetan haben. Wenn ein Mensch einen anderen verletzt, tut er sich selbst damit meistens ebenso viel Schaden an und leidet oft noch unter den Folgen. Genau das hat Jesus getan, als er betete: *Vater, vergib ihnen! Denn sie wissen nicht, was sie tun* (Lukas 23,34).

Gottes Liebe lässt sich mit dem menschlichen Verstand nicht erfassen; sie ist eine Sache des Herzens. Es schien ziemlich unlogisch, dass Gott von mir verlangen sollte, ich solle mich um meinen Vater kümmern. Aber die Liebe ist nicht logisch. Es gibt keinen logischen Grund weshalb Gott uns lieben sollte, als wir noch Sünder waren und ihn vollkommen ignoriert haben. Und dennoch hat er es getan.

Gnade triumphiert über Gericht

Es ist einfach, einen Menschen oder eine Situation zu beurteilen und das zu geben, was jemand verdient hat. Aber die Gnade ist größer. Es ist eine großartige Sache, wenn jemand über ein Vergehen hinwegsehen kann. Wenn ich Menschen in Entwicklungsländern helfen will, darf ich nicht darauf schauen, dass viele von ihnen Götzen oder Tiere oder die Sonne oder sogar Dämonen anbeten. Es wäre einfach zu sagen: »Kein Wunder, dass sie verhungern – sie haben sich von Gott abgewandt.« Aber vielleicht ginge es mir ja genauso, wenn ich dort geboren wäre, wo sie zur Welt gekommen sind. Wir müssen daran denken, dass wir es nur Gottes Gnade zu verdanken haben, dass wir nicht in dieser Situation sind.

Es ist einfach, als religiöser Mensch einen Homosexuellen mit Aids zu verurteilen und zu denken: *Er hat es nicht anders verdient.* Aber sieht Gott die Menschen auch so? Oder sieht er nicht doch den Grund für die äußeren Umstände? Gott möchte solche Menschen mit seiner Erlösung erreichen, solange sie noch leben – und vielleicht möchte er Sie oder mich dazu gebrauchen. Das heißt nicht, dass wir anderer Menschen Sünde gutheißen müssen. Aber wir sollten die Menschen annehmen und ihnen in ihrer Not helfen, indem wir ihnen Medikamente, Unterkunft und liebevolle Worte schenken, damit sie die Hoffnung in Gott finden können.

Gnade und Mitgefühl sind zwei der schönsten Seiten der Liebe, und ohne sie gibt es keine echte Liebe. Weil ich mir in den ersten dreißig Jahren meines Lebens alles verdienen musste, war ich nicht besonders gerne bereit, anderen etwas von dem zu geben, was ich mir verdient hatte, wenn ich das Gefühl hatte, dass sie nichts taten, um sich selbst zu helfen. Es dauerte einige Zeit, bis ich den Unterschied zwischen meiner menschlichen Liebe und der Liebe Gottes, die er in mich hineingelegt hatte, begriff. Gnade kann man sich nicht erarbeiten oder verdienen. Paulus schrieb an die Kolosser, sie sollten »die Liebe anziehen« (Kolosser 3,14). Ich liebe diesen Ausdruck »anziehen«, was bedeutet, dass sie es bewusst tun sollten, ohne sich von Gefühlen oder ihrem Verstand abhängig zu machen. Dieser eine kleine Satz hat mir erstaunliche Lektionen erteilt.

Während ich hier sitze und schreibe, ist es mitten am Nachmittag, und ich sitze immer noch im Schlafanzug da und schreibe. Dave hat gerade angerufen. Er will mich abholen und mit mir zu einer Mustang-Autoschau gehen. Ich versichere Ihnen, mit ihm zu einer Autoschau zu gehen, ist eine Liebestat. Ich habe überhaupt keine Lust, mich anzuziehen und fertig zu machen. Ich finde es eigentlich sehr gemütlich im Schlafanzug – aber ich werde es trotzdem tun. Auf die gleiche Weise begegnen uns immer wieder unzählige Gelegenheiten, uns zu entscheiden, bedingungslose Liebe anzuziehen.

Wenn wir nicht lernen, uns über unsere Gefühle hinwegzusetzen, werden wir niemals in der Lage sein, die Menschen mit der Liebe Gottes zu lieben oder den Notleidenden in dieser Welt zu helfen. Sind Sie bereit, die Gnade anzuziehen? Sind Sie bereit, die Liebe anzuziehen? Wenn Sie mit Gefühlen kämpfen, die Sie davon abhalten könnten, das Richtige zu tun, fragen Sie sich einmal: »Was würde Jesus in dieser Situation tun?« Wenn Dave mich aufgegeben hätte, wäre ich heute nicht da, wo ich jetzt bin. Das weiß ich ganz sicher. Dave hörte auf sein Herz, nicht auf seine Gefühle. Und dazu fordere ich Sie auch auf.

Die Liebe wendet sich nicht ab

Menschen zu lieben heißt nicht, sich ausnutzen zu lassen. Es bedeutet nicht, dass die anderen alles im Leben umsonst bekommen und nichts tun müssen. Die Bibel sagt, Gott korrigiert und weist diejenigen zurecht, die er liebt (Hebräer 12,6). Korrektur ist nicht das Gleiche wie Strafe; Korrektur heißt, jemanden zu richtigem Verhalten zu erziehen. Manchmal bedeutet diese Erziehung, dass Gott uns Gutes vorenthält. Aber Gott wird immer für unsere Grundbedürfnisse sorgen, wenn wir ihn um Hilfe bitten. Die Bibel sagt, dass wir allen möglichen Prüfungen ausgesetzt sein können, und wenn wir Weisheit brauchen, um sie zu bestehen, können wir Gott bitten, der allen willig gibt. Er wird uns helfen, ohne uns Vorwürfe zu machen (Jakobus 1,1-5). Das ist eine wunderbare Vorstellung!

Ich werde einem Drogensüchtigen kein neues Auto kaufen, weil ich weiß, dass er es wahrscheinlich verkaufen würde, um sich wieder Drogen zu kaufen. Aber ich kann ihm etwas zu Essen geben, ihn duschen lassen und ihm Hoffnung auf ein neues Leben schenken. Ich kann ihm sagen, dass Gott ihn liebt und ihm helfen will. Außerdem kann ich darauf verzichten, ihn zu verurteilen, denn wenn ich ihn verurteile, kann ich ihn nicht mehr lieben.

Menschen, die uns verletzt haben oder mit denen wir nicht gut zurechtkommen, möchten wir oft am liebsten einfach nur loswerden. Aber was ist, wenn Gott stattdessen will, dass wir eine Beziehung zu ihnen aufbauen? Es ist viel einfacher für uns, uns von schwierigen Menschen abzuwenden und sie auszuschließen. Aber das ist nicht immer Gottes Wille. Wir müssen das wahre Gesicht der Liebe kennenlernen und versuchen, in jeder Situation danach zu handeln, statt unseren Gefühlen nachzugeben.

Eine Frage, die mir häufig gestellt wird, ist: »Wie lange muss ich bei dieser Person bleiben?« Diese Frage kann Ihnen nur Ihr Herz beantworten. Gott ist der Einzige, der die ganze Situation von beiden Seiten kennt. Er wird Sie in Ihrer Entscheidung leiten, wenn Sie wirklich seinen Willen tun wollen und nicht Ihren eigenen. Denken Sie immer daran: Bei der Revolution der Liebe mitzumachen heißt, andere zu lieben, auch wenn es unmöglich scheint.

Wenn ich mit Menschen über bedingungslose Liebe spreche, kommt unweigerlich noch eine weitere Frage auf: »Muss ich immer geben, ganz egal, was die Menschen tun?« Die Antwort auf diese Frage lautet: Nein. Nehmen wir einmal an, ein Erwachsener wäre seit Langem alkohol- oder drogenabhängig und dazu noch sehr verantwortungslos. Seine Familie opfert viel Zeit, Geld und Kraft, um ihm zu helfen, aber letztendlich kehrt er immer wieder zu seinen alten Gewohnheiten und seinem alten Lebensstil zurück. Das ist eine typische Situation, in der der Feind die Schwäche eines Familienmitglieds ausnutzt, um seinen Angehörigen, die ihn lieben und ihm helfen wollen, Kraft zu rauben und sie abzulenken. Manchmal müssen wir der Tatsache ins Auge sehen, dass all unsere Hilfe nichts nützt, wenn derjenige nicht wirklich will, dass ihm geholfen wird. Oft muss eine Familie in dieser Situation nach jahrelangen Versuchen zu helfen, meist unter großen persönlichen Opfern, die Hilfe ganz einstellen. Diese Entscheidung kann man nicht auf die Schnelle treffen, und sie ist auch nicht leicht. Aber oft muss sie getroffen werden.

In einer solchen Situation wird uns als Christen manchmal vorgeworfen, keine wahre Nächstenliebe zu praktizieren. Wir bekommen dann Dinge zu hören wie: »Wie kannst du behaupten, die Menschen zu lieben, wenn du nicht einmal deinen eigenen Angehörigen hilfst?« Und obwohl es schwer ist, bedeutet wahre Liebe in diesem Fall, hart zu bleiben und zu sagen: »Wenn du dich deinen Problemen je wirklich stellen willst und dir Hilfe suchst, dann sag Bescheid.« Ich weiß auch, dass ich nicht ständig dazu beitragen darf, dass der andere seinen schädlichen Lebensstil fortsetzt.

Wir sollten einen nahestehenden Menschen, der in Not ist und Hunger hat oder krank ist, niemals ohne Hilfe lassen. Aber wir dürfen es ebenso wenig zulassen, dass er uns unseren Frieden stiehlt oder uns nur benutzt. Menschen zu lieben, bedeutet nicht, ihnen das abzunehmen, was sie selbst tun sollten.

Die Gnade hilft denen, die es nicht verdient haben, aber bedingungslose Liebe ist nicht dazu da, die Verantwortungslosigkeit anderer zu decken. Gnade schenkt immer wieder eine neue Chance und bedingungslose Liebe gibt niemals auf. Sie betet und ist bereit, aus der Dunkelheit hervorzukommen und zu helfen, wenn sie wirklich etwas bewirken kann.

Gott will, dass seine Liebe durch uns zu anderen fließt. Wir müssen lernen, uns selbst in ausgewogener Weise zu lieben, denn wir müssen uns selbst lieben, sonst können wir keine Liebe weitergeben. Wir müssen Gottes Liebe empfangen und uns von ihr heilen lassen. Bedenken Sie, dass wir nichts weitergeben können, was wir selbst nicht haben. Aber dabei dürfen wir nicht stehen bleiben! Gott heilt uns, damit wir seine Heilung auch anderen bringen können. Gott will, dass wir von Menschen, die gerettet wurden, zu Menschen werden, die andere retten. Menschliche Liebe stößt immer an ihre Grenzen, aber die Liebe Gottes glücklicherweise nicht. Gott hat uns versprochen, dass seine Liebe niemals aufhört!

Kapitel 13

Die Liebe rechnet das Böse nicht an

Die Liebe freut sich nicht über die Ungerechtigkeit; sondern sie freut sich mit der Wahrheit, sie erträgt alles, sie glaubt alles, sie hofft alles, sie erduldet alles.
1. Korinther 13,6-7

Sind Sie ein guter Buchhalter? Führen Sie ganz genau Buch über alles Schlechte, das andere Ihnen zufügen? Jahrelang habe ich, jedes Mal wenn Dave und ich uns gestritten haben, angefangen alles hervorzukramen, was ich dachte, dass er jemals falsch gemacht hat. Ich erinnerte ihn an alle seine Fehler aus der Vergangenheit. Dave war erstaunt, dass ich mich überhaupt noch daran erinnerte, weil es schon so lange her war. Er fragte mich: »Wo hebst du das nur alles auf?« Während ich jahrelang an Dingen festhielt, war Dave sofort bereit zu vergeben und loszulassen.

Gott will mehr als alles andere, dass wir einander lieben. Aber das ist unmöglich ohne wirkliche Vergebung. Wir können Menschen nicht aufrichtig lieben, wenn wir wütend auf sie sind oder ihnen grollen. Paulus schrieb an die Korinther: *Die Liebe (Gottes Liebe in uns) sucht nicht das Ihre, sie lässt sich nicht erbittern, sie rechnet Böses nicht zu* (1. Korinther 13,5b; Elberfelder und Amplified).

Das Beste annehmen

Wenn wir andere lieben wollen, dann müssen wir unsere Gedanken über sie und das, was sie tun, durch Gott verändern lassen. Wir können immer das Schlimmste annehmen und bei allem, was andere tun oder sagen, misstrauisch sein. Aber wahre Liebe nimmt immer das Beste an. Was wir denken und glauben ist unsere Entscheidung. Eine häufige Wurzel des Übels in unserem Leben ist, dass wir unsere Gedanken nicht unter Kontrolle haben. Wenn wir nicht beschließen, unsere Gedanken unter Kontrolle zu halten, entscheiden wir uns damit automatisch dafür, das Schlimmste von jemandem anzunehmen oder misstrauisch zu sein.

Der Prophet Jeremia fragte die Menschen: *Wie lange noch wohnen in dir deine frevelhaften Gedanken?* (Jeremia 4,14; EÜ). Das, was das Volk entschieden hatte zu denken, war für Gott anstößig.

Wenn wir beschließen, das Beste zu glauben, sind wir in der Lage, alles, was einer guten zwischenmenschlichen Beziehung im Wege stehen könnte, loszulassen. Ich habe viel Kraft gespart, die sonst durch Ärger verpufft wäre, indem ich mir selbst einfach gesagt habe: »Auch wenn das, was derjenige gesagt oder getan hat, mich verletzt hat, beschließe ich trotzdem anzunehmen, dass er es nicht böse gemeint hat.« Das sage ich mir selbst so lange, bis meine Wut sich allmählich auflöst. Ich sage mir zum Beispiel: »Ich glaube, derjenige weiß gar nicht, welche Auswirkungen sein Verhalten auf mich hat. Ich glaube nicht, dass er mich mit Absicht verletzen wollte. Er war sich nur nicht bewusst, wie seine Worte klangen. Vielleicht ging es ihm nicht gut oder er hat selbst ein Problem und ist deshalb etwas unsensibel.«

Ich weiß aus eigener Erfahrung, dass wir nur unser eigenes Leben vergiften, wenn wir genau Buch führen über das, was uns andere angetan haben. Die anderen verändert das nicht. Wie oft vergeuden wir einen ganzen Tag damit, auf jemanden sauer zu sein, ohne dass derjenige überhaupt weiß, dass er etwas getan hat, was uns stört. Der andere genießt den Tag und wir vergeuden unseren.

Wenn wir schon Buch führen müssen, warum dann nicht über das, was andere uns Gutes getan haben, statt über ihre Fehler?

Hier einige Beispiele negativer Buchführung:

Dave schaut immer Sportsendungen, obwohl er weiß, dass ich die gar nicht gerne sehe.

Dave korrigiert Kleinigkeiten, während ich versuche, ihm etwas zu erzählen.

Dave gibt mir gute Ratschläge, wenn ich eigentlich nur Verständnis suche.

Ich kann an einer Hand abzählen, wie oft mir Dave in unseren zweiundvierzig Ehejahren Blumen geschenkt hat.

Dave plant mit seinen Freunden Golf spielen zu gehen, ohne mich zu fragen, was ich vorhabe, oder ob ich überhaupt schon etwas vorhabe.

Und jetzt die positive Buchführung:

Dave ist immer schnell bereit, mir zu vergeben, wenn ich mich ihm gegenüber falsch verhalte.

Dave lässt mir absolute Freiheit, ich selbst zu sein.

Dave räumt seine Sachen auf. Er hinterlässt kein Chaos, das andere dann aufräumen müssen.

Dave sagt mir jeden Tag, dass er mich liebt, oft sogar mehrmals am Tag.

Dave macht mir Komplimente für meine Kleidung und mein Aussehen.

Dave kauft mir alles, was ich mir wünsche, solange wir es uns leisten können.

Dave geht mit mir überall hin, wo ich hin will.

Dave ist sehr ausgeglichen. Er ist selten schlecht gelaunt.

Dave beschützt mich. In seiner Gegenwart fühle ich mich sicher.

Es ist unschwer zu erkennen, dass die positive Liste länger ist als die negative. Ich glaube, das wäre bei den meisten Menschen so, wenn sie sich einmal die Zeit nehmen würden, die positiven

Dinge aufzuschreiben. Wir sollten auf das Gute in der Welt und in anderen achten und uns darüber freuen, weil wir das Böse mit dem Guten überwinden. Wenn wir über das Gute in Menschen nachdenken und darüber sprechen, werden uns die Dinge, die uns wirklich stören, kaum noch auffallen.

Betrüben Sie den Heiligen Geist nicht

Mit unserer Wut, unserer schlechten Laune, unserem Mangel an Vergebung, unserer Bitterkeit und unserem Streit können wir den Heiligen Geist traurig machen. Die Bibel drängt uns, Bosheit, Groll und Falschheit jeder Art abzuschaffen. Es macht mich traurig, wenn ich mir vorstelle, dass ich den Geist Gottes betrüben kann. Wenn ich mich daran erinnere, wie schnell ich früher wütend wurde, dann weiß ich, dass ich ihn damit traurig gemacht habe. Doch das will ich nie wieder tun. Ich kann es nur verhindern, indem ich negativen Gefühlen gegenüber anderen energisch entgegentrete. Wir sollen einander dienen, hilfsbereit und freundlich zueinander sein, bereit zu vergeben, genau wie Gott uns durch Jesus auch vergeben hat (Epheser 4,30-32).

Wenn wir grollen, betrübt das den Heiligen Geist nicht nur deshalb, weil Gott möchte, dass wir einander lieben, sondern auch, weil er weiß, was für negative Auswirkungen das auf uns hat. Er will, dass wir ein Leben in innerer Freiheit genießen. Wir sollten Gottes Beispiel folgen. Er ist nicht schnell zum Zorn gereizt, schenkt reichlich Gnade und ist schnell bereit zu vergeben. Unser Zorn treibt die Gerechtigkeit nicht voran, in der wir nach Gottes Willen leben sollen.

Genauso wenig wie echte Liebe etwas mit unseren Gefühlen zu tun hat, hat auch echte Vergebung nichts damit zu tun. Beide basieren auf einer Entscheidung, nicht auf unseren Gefühlen. Ich habe gelernt, dass meine Gefühle allmählich hinterherkommen, wenn ich beschließe zu vergeben. Wenn ich anderen vergebe, kann ich wieder mit ihnen reden und muss sie nicht aus meinem Leben ausschließen. Vergebung macht es möglich, dass ich für andere bete und sie segne und Gutes statt Negatives über sie sage. Wir schenken unseren Gefühlen zu viel Beachtung. Stattdessen sollten wir lieber daran denken, dass unsere Gefühle unbeständig und ziemlich wechselhaft sind. Die Liebe hingegen ist unwandelbar.

Nachsichtig miteinander sein

Wenn wir uns wirklich gegenseitig lieben, werden wir geduldig und nachsichtig miteinander sein (Epheser 4,1-2). Nachsichtig sein heißt nicht, das falsche Verhalten anderer zu entschuldigen. Wenn etwas falsch ist, ist es falsch. So zu tun, als wäre es das nicht oder es einfach zu ignorieren, hilft nicht. Nachsichtig miteinander sein heißt, dem anderen zu erlauben, unvollkommen zu sein. Durch unsere Worte und unser Verhalten vermitteln wir eine Botschaft, die besagt: »Ich werde dich nicht ablehnen, weil du das getan hast; ich habe dich nicht aufgegeben. Ich werde das mit dir durchstehen und weiter an dich glauben.«

Ich habe meinen Kindern gesagt, dass ich immer versuchen werde, sie zu verstehen und niemals aufhören werde sie zu lieben, auch wenn ich vielleicht nicht immer mit allem einverstanden bin, was sie tun. Ich will, dass sie wissen, dass sie immer mit mir rechnen können.

Gott kennt alle unsere Fehler und hat uns trotzdem auserwählt. Er kennt unsere Fehler schon bevor wir sie machen, aber seine Haltung uns gegenüber drückt aus: »Ich erlaube dir, unvollkommen zu sein!« Er hat versprochen, uns niemals im Stich zu lassen (Hebräer 13,5).

Dave erlaubt mir, ich selbst zu sein, obwohl ich bei Weitem nicht vollkommen bin. Er setzt mich nie unter Druck, mich verändern zu müssen. Ich muss nie Angst haben, dass er mich zurückweist, weil ich eine unvollkommene Ehefrau bin. Bei jedem unserer Familienmitglieder oder engen Freunde gibt es Eigenschaften, von denen wir wünschten, sie wären anders. Aber wenn wir jemanden wirklich lieben, nehmen wir ihn so an, wie er ist – mit den guten und den weniger guten Seiten. Es gibt nun einmal keine vollkommenen Menschen. Wenn wir Perfektion erwarten, sind Enttäuschungen und sogar Bitterkeit vorprogrammiert. Das Leben ist wesentlich einfacher, wenn wir ein wenig Nachsicht üben. Vor allem zeigen wir dadurch, dass wir Gott gehorsam sind.

Wenn Menschen etwas tun, das Sie einfach nicht verstehen, sollten Sie nicht versuchen, ihr Verhalten zu ergründen, sondern sich einfach sagen: »Es sind auch nur Menschen.« Jesus kannte unsere menschliche Natur. Deshalb war er nicht schockiert, als die Menschen Dinge taten, von denen er sich gewünscht hätte, sie hätten sie nicht getan. Er liebte Petrus immer noch, obwohl der ihn dreimal verleugnet hatte. Er liebte seine Jünger weiterhin, obwohl sie nicht einmal mit ihm wachen und beten konnten, als er Todesängste ausstand. Wenn wir uns von vornherein klarmachen, dass die Menschen nicht vollkommen sind und wir nachsichtig sind, wird das, was sie tun, uns nicht davon abhalten, sie trotzdem zu lieben.

Wir sollten nicht nur nicht über das Buch führen, was andere falsch machen, sondern wir sollten auch nicht über das Buch führen, was wir glauben richtig zu machen. Wenn wir zu viel von uns selbst halten, werden wir leicht ungeduldig und ungnädig mit anderen. Der Evangelist Matthäus schrieb, wenn wir etwas Gutes tun, sollte unsere rechte Hand nicht wissen was die linke tut (Matthäus 6,3). Für mich bedeutet das, dass ich nicht lange darüber nachdenken sollte, was ich glaube Gutes getan zu haben oder welche guten Eigenschaften ich glaube zu haben. Ich soll mich nur darauf konzentrieren, allen Menschen liebevoll zu begegnen. Das ist das oberste Ziel eines Liebes-Revolutionärs!

Liebe deckt die Sünde zu

Der Apostel Petrus schrieb, dass wir vor allem eine tiefe und anhaltende Liebe füreinander zeigen sollten, denn die Liebe bedeckt eine Menge von Sünden (1. Petrus 4,8). Die Liebe bedeckt nicht nur einen Fehler; sie bedeckt eine Menge. Gottes Liebe deckt unsere Sünden nicht nur zu, sondern sie nimmt sie vollkommen weg. Die Liebe hat ein ungeheures Reinigungspotenzial. Beachten Sie, dass Petrus schrieb, dass wir uns vor allem gegenseitig lieben sollten.

Paulus schrieb das Gleiche an die Kolosser und forderte sie auf, über alles die Liebe anzuziehen (Kolosser 3,14). In der Bibel werden wir immer und immer wieder aufgefordert, einander zu lieben und uns durch nichts davon abbringen zu lassen.

Als Petrus Jesus fragte, wie oft er seinem Bruder für die gleiche Sache vergeben müsse, antwortete Jesus, er solle es so oft tun, wie es nötig sei (Matthäus 18,21-22). Petrus schlug sieben Mal vor. Ich habe mich oft gefragt, ob Petrus vielleicht schon sechs Mal vergeben hatte und glaubte, nur noch ein weiteres Mal dazu in der Lage zu sein. Wenn wir bei der Love Revolution mitmachen wollen, muss uns klar sein, dass sehr viel Vergebung von uns verlangt wird. Vergebung wird wahrscheinlich sogar zu einer täglichen Übung werden. Manches von dem, was wir vergeben müssen, werden Kleinigkeiten sein. Es wird uns leichtfallen, aber hin und wieder kommt ein dicker Brocken, und wir fragen uns, ob wir jemals darüber hinwegkommen. Denken Sie einfach daran, dass Gott nie etwas von uns verlangt, wozu er uns nicht die Fähigkeit gegeben hat. Wenn wir Gottes Liebe durch uns fließen lassen, können wir jedem alles vergeben.

Wenn wir die Fehler anderer zudecken, werden wir gesegnet sein. Doch wenn wir sie aufdecken, werden wir verflucht sein. Jemandes Fehler zuzudecken bedeutet auch, sie für sich zu behalten. Erzählen Sie nicht vorschnell anderen Menschen von den Fehlern Dritter. Behalten Sie anderer Leute Fehler für sich, so wie Sie sich auch wünschen würden, dass diese Menschen Ihre Fehler für sich behalten. In der Bibel wird berichtet, dass Noah einmal betrunken war und nackt in seinem Zelt lag. Einer seiner Söhne deckte Noahs Nacktheit auf, indem er seinen beiden Brüdern davon erzählte. Sein Leben war von dem Tag an verflucht. Die beiden anderen Söhne gingen rückwärts in das Zelt ihres

Vaters, um ihn nicht nackt zu sehen, und deckten ihn zu. Die Bibel berichtet, dass sie gesegnet wurden (1. Mose 9,20-27). Noahs Nacktheit steht für seine falsche Entscheidung, seinen Fehler, seine Sünde. Diese Geschichte zeigt ganz deutlich, dass wir unsere Fehler gegenseitig bedecken, nicht aufdecken sollen.

Jesus gab ganz klare Anweisungen, was wir tun sollen, wenn uns jemand Unrecht zufügt (Matthäus 18,15-17). Er sagte, wir sollen zuerst zu diesem Menschen gehen, und unter vier Augen mit ihm darüber reden. Wenn das nicht funktioniert, sollen wir zwei oder drei Zeugen mitnehmen und mit ihm reden – in der Hoffnung, dass er seinen Fehler einsieht und Buße tut. Wenn wir diese einfachen Anweisungen befolgen würden, ließen sich viele Probleme vermeiden. Ich kann Ihnen gar nicht sagen, wie oft Menschen zu mir kommen, um Probleme zu besprechen, die sie eigentlich unter vier Augen mit dem Betreffenden lösen sollten und die eigentlich nur sie selbst und die Person, die ihnen Unrecht getan hat, etwas angehen. Haben Sie keine Angst, ein klärendes Gespräch mit jemandem zu führen, wenn Sie das Gefühl haben, das tun zu müssen. Manchmal ist der einfachste Weg zur Vergebung, die Sache ans Licht zu bringen und offen zu besprechen. Verborgene Kränkungen sind wie unbehandelte Infektionen. Sie werden immer schlimmer, bis wir davon krank werden. Eine solche Wunde muss sofort gereinigt werden, bevor es zu spät ist.

Die Bibel berichtet von einem Mann namens Josef, der von seinen Brüdern in die Sklaverei verkauft wurde. Als Josefs Brüder Jahre später entdeckten, dass er noch am Leben war und die Nahrungsmittel verwaltete, die sie so dringend brauchten, hatten sie Angst vor ihm. Sie erinnerten sich daran, was sie Josef angetan hatten. Auch Josef erinnerte sich daran. Aber er beschloss, niemandem sonst etwas davon zu erzählen. Er ließ sie zu sich rufen und erklärte ihnen, dass er nicht Gott sei und es ihm nicht zustand, Rache zu üben, sondern nur Gott allein. Er vergab ihnen bereitwillig, forderte sie dazu auf, keine Angst zu haben und sorgte dann für sie und ihre Familien. Kein Wunder, dass Josef ein einflussreicher Mann war, der überall Gunst fand, wo er hinkam. Er kannte die Macht der Liebe und die Bedeutung vollkommener Vergebung!

Löschen Sie den Speicher

Wie wäre es, wenn Sie alle überfälligen Rechnungen mit anderen mit dem Vermerk »bezahlt« versehen? *Glückselig der Mann, dem der Herr Sünde nicht zurechnet!* (Römer 4,8). Das heißt nicht, dass Gott die Sünde nicht sieht. Es heißt nur, dass Gott dem Sünder die Sünde aus Liebe nicht anrechnet. Die Liebe kann sich eingestehen, dass Unrecht geschehen ist und es dann wegwischen, bevor es sich im Herzen festsetzt. Die Liebe führt nicht Buch über Unrecht; auf diese Art hat der Groll keine Chance aufzukommen.

Manche von uns machen sich Sorgen um ihr Gedächtnis. Aber ehrlich gesagt sollten wir uns eher darin üben, Dinge zu vergessen, als unser Gedächtnis zu trainieren. Ich glaube, wir vergessen oft, woran wir uns erinnern sollten und erinnern uns an das, was wir vergessen sollten. Eines der gottgefälligsten Dinge, die wir im Leben tun können, ist wohl das Vergeben und Vergessen. Manche Menschen sagen: »Ich werde vergeben, aber vergessen kann ich das nie.« In Wahrheit haben wir aber nicht wirklich vergeben, wenn wir an der Erinnerung festhalten. Sie fragen sich jetzt vielleicht, wie man etwas vergessen kann, was einen tief verletzt hat. Die Antwort ist, dass wir versuchen müssen, bewusst nicht mehr daran zu denken. Wenn uns solche Dinge in den Kopf kommen, müssen wir diese Gedanken verwerfen und bewusst an etwas anderes denken, was uns guttut.

Wenn Sie Ihren Speicher löschen, wird das wunderbare Auswirkungen haben. Es wird viel Druck von Ihnen nehmen und Ihnen mehr Lebensqualität schenken. Die Vertrautheit zwischen Ihnen und Gott wird wiederhergestellt und sie erfahren mehr Freude und Frieden. Sogar Ihr Gesundheitszustand könnte sich verbessern. Denn ein ruhiges Herz und gelassene Gedanken bedeuten Leben und Gesundheit für den Körper (Sprüche 14,30). Groll baut Mauern, Liebe baut Brücken!

Kapitel 14

So wird Liebe praktisch

Predige das Evangelium zu jeder Zeit;
wenn nötig, gebrauche Worte.
Franz von Assisi

Dieses Buch wäre nutzlos, wenn ich Ihnen nicht auch praktische Wege zeigen würde, um Liebe zu leben. Liebe ist keine Theorie und nicht nur ein schönes Wort, sie ist eine Tat. Als Liebes-Revolutionäre sollten wir ständig nach neuen und besseren Wegen suchen, Liebe zu verbreiten.

Denken Sie daran: Wenn wir keine Liebe haben, haben wir nichts und sind wir nichts, ganz gleich was wir haben oder tun (1. Korinther 13,1-3). Für die Zukunft unserer Gesellschaft ist es zwingend notwendig, dass wir entschlossen Liebe üben. Die Menschen um uns herum wollen wissen, ob Gott existiert, was der Sinn des Lebens ist und warum die Welt so voll Bösem ist, wenn Gott tatsächlich existiert. Ich bin überzeugt, dass gelebte Liebe ihre Fragen beantworten könnte. Gott ist Liebe. Es gibt ihn tatsächlich und er zeigt sich den Menschen meistens durch uns.

Wenn wir keine Liebe haben, haben wir nichts und sind wir nichts, ganz gleich was wir haben oder tun.

Die Welt um uns herum muss gelebte Liebe sehen. Sie muss Geduld, Freundlichkeit, Selbstlosigkeit und Vergebungsbereitschaft erleben. Sie muss Menschen sehen, die bereit sind, Opfer zu bringen, um denen zu helfen, die es nicht so gut haben. Von Liebe berührt zu werden ist, als kuschle man sich vor einem Kaminfeuer in eine weiche, warme Decke. Es gibt nichts Vergleichbares. Und es liegt in unserer Hand, anderen dieses Geschenk zu machen!

Geduldig sein

Die erste Eigenschaft der Liebe, die Paulus in 1. Korinther 13 nennt, ist die Geduld. Paulus schreibt, dass die Liebe alles erträgt und geduldig ist. Liebe ist langmütig. Sie ist beständig, auch wenn die Dinge nicht so laufen, wie man es sich wünscht.

Ich habe Geduld mit Verkäuferinnen geübt, die den Preis von etwas nicht finden können, denen die Kassenrolle ausgeht oder die am Telefon versuchen, einen aufgebrachten Kunden zu besänftigen, während ich direkt vor ihnen stehe und darauf warte, bedient zu werden. Es kam sogar schon mehrfach vor, dass sich eine Verkäuferin bei mir für meine Geduld bedankt hat. Sie müssen sich wahrscheinlich viel Geschimpfe von verärgerten, ungeduldigen, wenig liebevollen Kunden anhören. Ich habe für mich beschlossen, dass ich nicht zu diesem Kundenkreis gehören will. Ich will Teil der Antwort sein. Natürlich haben wir es alle eilig und wollen sofort bedient werden, aber da die Liebe nicht das Ihre sucht, müssen wir lernen, die Gefühle der Verkäufer über unsere zu stellen. Vor Kurzem hat sich eine Verkäuferin bei mir dafür entschuldigt, weil sie so langsam war. Da habe ich ihr gesagt, dass das, was ich zu tun hatte, nicht so dringend sei. Ich sah wie sie entspannter wurde, und merkte, dass ich gerade Liebe geübt hatte.

Die Bibel ermutigt uns dazu, mit allen sehr geduldig zu sein und unsere Launen unter Kontrolle zu halten (1. Thessalonicher 5,14). Das ist nicht nur gut für das Bild, das wir bei anderen abgeben, sondern es ist auch gut für uns selbst. Je geduldiger wir sind, desto weniger Stress haben wir. Petrus schreibt, dass Gott außerordentlich geduldig mit uns ist, weil er nicht will, dass auch nur einer von uns verloren geht (2. Petrus 3,9). Aus dem gleichen Grund sollten wir auch Geduld miteinander haben und ganz besonders mit Menschen, die nach Gott suchen.

Paulus schrieb an Timotheus, dass Gottes Diener geschickte Lehrer sein sollen, die freundlich und bereit sind, Böses zu ertragen. Durch unser Verhalten lehren wir die Menschen jeden Tag. Lehren geschieht nicht nur mit Worten – oft sind Taten viel effektiver. Wir alle beeinflussen andere, und wir sollten darauf achten, wozu wir sie beeinflussen. Es nützt weder mir noch dem Ruf Jesu, wenn ich einen glitzernden Jesus-Anhänger um den Hals trage, aber ungeduldig und grob mit Verkäufern umgehe. Ehrlich gesagt habe ich davon in den letzten zwanzig Jahren so viel erlebt, dass mir schlecht davon werden könnte.

Wir sollten keine christlichen Symbole tragen, wenn wir nicht auch bereit sind, danach zu leben. Meine Beziehung zu Gott zeigt sich nicht in meinen frommen Autoaufklebern, meinem christlichen Schmuck oder darin, wie oft ich in den Gottesdienst gehe. Sie zeigt sich nicht darin, wie viele Bibelverse ich auswendig kann und wie viele christliche Bücher, DVDs oder CDs ich zu Hause im Regal stehen habe. Mein Glaube zeigt sich in meiner revolutionären Liebe.

Beten Sie regelmäßig dafür, dass Sie alles, was auf Sie zukommt, mit einer positiven Haltung ertragen können. Glauben Sie mir, es kommen Dinge, die einen aus der Fassung bringen können. Aber wenn Sie vorbereitet sind, werden Sie ruhig bleiben können. Es ist sehr wichtig, dass wir ausgeglichen und ruhig bleiben. Es gibt zu viele Menschen, die schnell in die Luft gehen, wenn es nicht so läuft, wie sie es wollen. Ich bin davon überzeugt, dass wir etwas bewirken können, indem wir geduldig bleiben, wenn etwas schiefläuft.

Vor ein paar Wochen predigte ich darüber, unter allen Umständen geduldig und dankbar zu bleiben. Ich hatte drei große Konferenzen innerhalb von sechs Wochen abgehalten und war dazwischen noch verschiedenen anderen Verpflichtungen nachgekommen. Ich freute mich sehr darauf, an diesem Tag früher nach Hause zu kommen, gemütlich zu essen, mit Dave einen Einkaufsbummel zu machen, mich zu Hause in die Badewanne zu legen, Eis zu essen und einen schönen Film zu sehen. Ich wollte mich für meine harte Arbeit belohnen. Ich hatte mir alles so schön zurechtgelegt.

Wir stiegen für den Rückflug ins Flugzeug und der Flug sollte nur fünfunddreißig Minuten dauern. Ich freute mich so auf zu Hause. Und dann ging etwas schief. Die Flugzeugtür ließ sich nicht richtig schließen und wir saßen fast eineinhalb Stunden da, während sie die Tür zu reparieren versuchten. Es gingen sogar Gerüchte um, dass wir gar nicht mehr fliegen würden und besser mit einem Mietwagen nach Hause fahren sollten. Ich kann Ihnen gar nicht sagen, wie schwer es mir fiel, geduldig zu bleiben. Es war schon eine große Leistung, einfach nur den Mund zu halten. Ich hatte über Geduld gepredigt, aber vergessen, dafür zu beten, dass ich selbst den Test mit fliegenden Fahnen bestehen würde.

Haben Sie es schon einmal erlebt, dass Sie eine tolle Predigt gehört haben, die Sie wirklich angesprochen hat, und wurden sofort danach in dieser Sache auf die Probe gestellt? Dann sollten Sie einmal selbst eine Predigt halten. Was meinen Sie, wie schnell dann der Test kommt! Mir ist klar, dass uns nicht immer nach Geduld zumute ist, aber wir können es uns antrainieren, geduldig zu sein. Manchmal können wir an unseren Gefühlen einfach nichts ändern, aber unser Verhalten können Sie und ich sehr wohl kontrollieren. Ich kann Ihnen versichern, dass ich mich dort im Flugzeug nicht sehr geduldig gefühlt habe. Aber ich habe die ganze Zeit gebetet: *Oh Gott, bitte hilf mir, ruhig zu bleiben, damit ich kein schlechtes Bild von dem abgebe, was ich gerade gepredigt habe.* Gott half mir, und wir kamen rechtzeitig nach Hause, sodass ich all das tun konnte, was ich mir vorgenommen hatte, obwohl in solchen Situationen nicht immer alles so ausgeht, wie ich es möchte.

Wenn Sie in einer schwierigen Situation sind, bewahren Sie Ruhe. Sie werden sehen, wie Gott Ihnen hilft. Als die Israeliten zwischen dem Roten Meer und der Armee der Ägypter standen, sagte Mose: *Der Herr wird für euch kämpfen, ihr aber werdet still sein* (2. Mose 14,14).

Schenken Sie Zeit

Zeit ist das kostbarste Gut, das die meisten von uns haben. Wenn wir Menschen bitten, uns etwas Zeit zu geben, sollten wir uns bewusst machen, dass es ein kostbares Geschenk ist. Wir sollten das zu schätzen wissen. Viele Menschen bitten mich um meine Zeit, und leider kann ich sie nicht allen geben. Wenn ich es versuchen würde, wäre ich nicht nur bald völlig erschöpft, sondern ich würde auch nicht zu dem kommen, was Gott in diesem Leben mit mir vorhat.

Wir können nicht zu allen Menschen Ja sagen, aber wir sollten auch nicht zu allen Nein sagen. Ich empfehle Ihnen sehr, etwas Zeit zu verschenken, denn das ist eine Möglichkeit, Liebe zu erweisen. Kürzlich tat ich einem Freund einen Gefallen und sprach in seiner Gemeinde in Tennessee. Als ich dort war, spürte ich, wie Gott mich aufforderte, die Kollekte, die sie für mich zusammengelegt hatten, zurückzugeben für die Arbeit unter den Armen in ihrer Stadt. Mir wurde sofort klar, dass Gott wollte, dass ich meine Zeit und mein Geld großzügig verschenkte. Er wollte, dass ich nichts mitnahm, außer der Freude am Geben, und das war mehr als genug. Ich stelle fest, dass Gott mich jedes Jahr ein paar Mal auf diese Art und Weise prüft, und ich bin froh darüber. Ich möchte mir schließlich nicht angewöhnen zu denken, es müsse bei allem, was ich für andere tue, auch etwas für mich herausspringen.

Ich muss gestehen, dass es mir schwerer fällt, meine Zeit zu verschenken, als mein Geld oder etwas von meinem Besitz. Ich habe jetzt bestimmt zwei Drittel meines Lebens hinter mir, und mir wird klar, dass ich das, was noch davon übrig ist, zielgerichtet leben muss. Aus dieser Notwendigkeit heraus sage ich jetzt öfter Nein. Aber wo ich kann, sage ich Ja, denn ich weiß, dass meine Zeit ein kostbares Zeichen meiner Liebe ist.

Wenn Ihnen jemand beim Umzug hilft, schenkt er Ihnen von seiner kostbaren Zeit. Wenn Ihnen jemand seine ungeteilte Aufmerksamkeit schenkt, ehrt derjenige Sie und beweist seine Liebe. Jedes Mal, wenn wir jemanden bitten »Kannst du mir einen Gefallen tun?«, bitten wir um das Kostbarste, was ein Mensch hat, denn wir bitten um seine Zeit.

Denken Sie einmal an Ihre Zeit. Sorgen Sie dafür, dass Sie reichlich davon in Ihre Beziehung zu Gott investieren. Und geben Sie auch anderen Menschen etwas davon, um Gottes Liebe dadurch zu demonstrieren. Tommy Barnett, der Hauptpastor der First Assembly of God in Phoenix, eine der am schnellsten wachsenden Gemeinden in Amerika, sagte einmal: »Das Leben ist etwas, das wir ständig verlieren.« Genau deshalb sollten wir alles, was wir tun, sehr ernst nehmen. Wenn Menschen behaupten, sie hätten nichts zu verschenken, dann vergessen sie, dass wir immer etwas zu verschenken haben, solange wir leben: unsere Zeit.

Da die Zeit so ein kostbares Gut ist, sollten wir sie bewusst und klug verschenken. Lassen Sie sich Ihre Zeit nicht stehlen, verschwenden Sie sie nicht und sagen Sie niemals: »Ich versuche nur, ein wenig Zeit totzuschlagen.« Setzen Sie Prioritäten und widmen Sie Ihre Zeit diesen Dingen. Gott und Ihre Familie sollten ganz oben auf der Liste stehen. Dann brauchen Sie Zeit für sich selbst. Sie müssen arbeiten, sich ausruhen und Freizeit haben, um ausgeglichen zu sein. Sie brauchen auch etwas Zeit, um anderen Menschen zu helfen.

Wenn Sie glauben, Ihnen fehlt die Zeit, um alles zu erledigen und sich darüber hinaus noch anderen zu widmen, dann ermutige ich Sie, das zu tun, was Gott Tommy Barnett auftrug. Er sagte ihm, er solle seine halben Stunden klug nutzen. Er zeigte ihm, dass er am Tag einige Lücken von einer halben Stunde hatte. Pastor Barnett sagt: »Wenn Sie mir sagen, was Sie mit Ihren halben Stunden machen, sage ich Ihnen, worum sich Ihr Leben dreht.« Was machen Sie mit der halben Stunde Fahrtzeit zur Arbeit und zurück jeden Tag? Was machen Sie mit der halben Stunde im Wartezimmer des Arztes? Was machen Sie mit der halben Stunde, die Sie im Restaurant auf Ihr Essen warten müssen? Haben

Sie in diesen halben Stunden Zeit, jemandem Liebe zu schenken? Können Sie diese Zeit nutzen, um jemanden per Brief oder Telefon aufzumuntern? Können Sie für jemanden beten? Können Sie beten und Gott fragen, was Sie für andere tun können? Nutzen Sie die Zeit, um darüber nachzudenken, was Sie zu geben haben.

Sie könnten in Ihren halben Stunden ein ganzes Buch schreiben. Sie könnten eine Seele retten. Sie könnten in einer halben Stunde eine wichtige Entscheidung treffen. Eine halbe Stunde könnte der Unterschied zwischen einem schmutzigen und einem sauberen Haus sein. Ihre halben Stunden sind wichtig. Sie haben wahrscheinlich jede Menge davon, wenn Sie einmal darüber nachdenken. Damit will ich nicht sagen, dass Sie jede Sekunde am Tag irgendetwas tun müssen. Vielleicht beschließen Sie auch, dass Sie sich eine halbe Stunde ausruhen. Wenn Sie das tun, ist das auch in Ordnung. Aber Sie haben die Zeit wenigstens bewusst genutzt und sie nicht verschwendet.

Denken Sie daran, dass Sie keinen Tag, der vorüber ist, je wieder zurückbekommen. Nutzen Sie ihn; verschwenden Sie ihn nicht.

Lieben Sie mit Gedanken, Worten und Ihrem Besitz

Die Macht der Gedanken. Eine Frau erzählte mir einmal diese Geschichte, um die Macht der Gedanken zu zeigen:

> In der Weihnachtszeit stellte ich unseren Ficus ins Schlafzimmer, um Platz für den Weihnachtsbaum zu schaffen. Das Bäumchen hatte einen kleinen Ast mit etwa einem Dutzend Blätter dran, der unterhalb der anderen Zweige hing. Es sah nicht gut aus und störte die Form des Baumes.
>
> Jeden Morgen, wenn ich aufwachte, sah ich den Baum am Fenster und dachte: *Ich werde diesen Ast abschneiden.* Jedes Mal, wenn ich an dem Baum vorbeikam, dachte ich: *Der Zweig ist einfach nicht am richtigen Fleck. Ich werde ihn abschneiden.*

Die Zeit verging, das Bäumchen kam wieder ins Wohnzimmer, und ich ärgerte mich immer noch jedes Mal über diesen Zweig, wenn ich ihn sah. Das ging etwa sechs Wochen so.

Eines Morgens ging ich an dem Bäumchen vorbei, und jedes einzelne Blatt an diesem Ast war gelb. Am übrigen Baum war kein einziges gelbes Blatt. Ich bekam eine Gänsehaut und erzählte es meinem Mann. Der schaute mich nur an und sagte: »Mann, bin ich froh, dass du über mich *positiv* denkst.«

An jenem Tag habe ich den Zweig abgeschnitten!

Ich hatte schon immer eine schwierige Beziehung zu meiner Schwiegermutter gehabt. Natürlich kam mir nie der Gedanke, dass ich daran irgendwie mit schuld sein könnte. Ich war ja schließlich immer lieb und nett. So beschloss ich, dass es ein Experiment wert war. Ich entschied mich, meine Schwiegermutter jedes Mal, wenn ich an sie dachte, zu segnen. Ich würde mir alle Mühe geben und sie segnen!

Meine Schwiegermutter ruft mich selten an, um mit mir zu plaudern. Aber innerhalb der nächsten fünf Tage rief sie mich drei Mal an – nur ganz kurz, aber es waren alles freundliche Anrufe. Im ganzen letzten Jahr hatte sie mich höchstens sechs Mal angerufen!

Die Frau, die mir diese Geschichte erzählt hatte, bestellte meine Vortragsreihe über die Macht der Gedanken und sagte: »Ich werde jetzt aufpassen, was ich über andere Menschen denke.«

Uns gehen unzählige Gedanken über andere Menschen durch den Kopf, aber wir sollten damit verantwortungsbewusster umgehen. Ich glaube, Gedanken sind eine geistliche Macht. Obwohl man sie mit bloßem Auge nicht sehen kann, bin ich der Ansicht, dass andere Menschen sie fühlen können. Ich bin überzeugt davon, dass Menschen durch unsere Gedanken beeinflusst werden – genauso wie der Ficus durch die negativen Gedanken der Frau beeinflusst wurde.

Was wir über andere denken, beeinflusst nicht nur sie, sondern auch die Art, wie wir sie behandeln. Wenn ich heimlich daran denke, wie wenig ich jemanden mag und in Gedanken alle Fehler durchgehe, die dieser Mensch meiner Meinung nach hat, dann werde ich diesen Menschen genau so behandeln, wie ich über ihn denke.

Eines Tages war ich mit meiner Tochter, die damals noch ein Teenager war, einkaufen. An jenem Tag hatte sie viele Pickel und ihre Haare waren nicht schön frisiert. Ich erinnere mich noch daran, dass ich jedes Mal, wenn ich sie ansah, dachte: *Du siehst heute gar nicht gut aus*. Im Laufe des Tages bemerkte ich, dass sie immer bedrückter wurde. Ich fragte sie, was los sei, und sie antwortete: »Ich komme mir heute irgendwie hässlich vor.« An jenem Tag lehrte mich Gott, wie viel Macht unsere Gedanken haben. Mit guten, liebevollen, positiven Gedanken können wir Menschen helfen, aber mit schlechten, lieblosen, negativen Gedanken können wir sie verletzen.

Ich möchte Sie ermutigen, sich jeden Tag eine Person vorzunehmen, für sie zu beten und sich darin zu üben, bewusst Gutes über diesen Menschen zu denken. Legen Sie im Laufe des Tages immer mal wieder Denkzeiten ein, in denen Sie über die Stärken dieser Person nachdenken, ihre guten Seiten, jeden Gefallen, den derjenige Ihnen je getan hat und jedes Kompliment über das Äußere der Person, das Ihnen einfällt. Am nächsten Tag nehmen Sie sich jemand anderes vor. Gehen Sie die wichtigsten Menschen in Ihrem Leben so lange der Reihe nach durch, bis Sie sich angewöhnt haben, Gutes von ihnen zu denken.

Lieben Sie die Menschen mit Ihren Gedanken, dann werden Sie sie aufbauen und stark machen.

Die Macht der Worte. Ich habe bereits darüber geschrieben, wie man Worte einsetzen kann, um andere aufzubauen und zu ermutigen. Aber es ist auch eine Art, Menschen zu lieben. Wir alle können anderen mit unseren Worten unsere Liebe zeigen. Erst gestern habe ich eine Maklerin getroffen, die wunderschöne blaue Augen hatte. Also habe ich ihr gesagt, dass sie wunderschöne Augen hat. Ich merkte, wie sie gleich auflebte. Und mich kostete es nur einen Augenblick meiner Zeit. Es war nur ein winzig kleiner Aufwand. Ich sah noch eine andere Maklerin, die auffallend hübsch war und sagte ihr, sie sei sehr hübsch. Auch sie freute sich und war dankbar. Ich habe mit meinen Worten zwei Menschen aufgebaut, und das alles während normale geschäftliche Dinge abgewickelt wurden. Als Liebes-Revolutionäre müssen wir die Macht der Worte jeden Tag nutzen, um die Menschen um uns herum zu lieben und zu ermutigen.

Gestern kam mein Mann vom Golfspielen heim und sagte mir gleich innerhalb der ersten fünf Minuten, dass er mich liebt, dass ich gut aussehe und dass ich hart gearbeitet habe. Ich hatte schon etwa sieben Stunden an diesem Buch geschrieben und konnte eine Pause gebrauchen. Seine freundlichen Worte gaben mir das Gefühl, geliebt und geschätzt zu werden. Wir gingen abends mit unserem Sohn, seiner Frau und ihrem kleinen Kind essen. Ich sagte Nicole, dass sie eine gute Ehefrau und Mutter ist. Unmittelbar zuvor beobachtete ich, wie mein Sohn ihr ein *Ich liebe dich* ins Ohr flüsterte. Solche Dinge sollten wir einander regelmäßig sagen, um uns zu lieben und uns gegenseitig aufzubauen.

Tod und Leben sind in der Gewalt der Zunge. Das ist ein erstaunlicher Gedanke. Wir haben die Macht, anderen Menschen und uns selbst Leben oder Tod zuzusprechen. Was wir anderen sagen, wirkt sich auch auf unser eigenes Leben aus. Die Bibel sagt: *Tod und Leben sind in der Gewalt der Zunge, und wer sie liebt, wird ihre Frucht essen* (Sprüche 18,21).

Worte enthalten Macht. Sie können entweder destruktive oder kreative Macht enthalten. Das liegt in unserer Hand. Wählen Sie Ihre Worte sorgfältig und seien Sie vorsichtig damit. Sie übermitteln Botschaften, die ein ganzes Leben verändern können. Mit unseren Worten können wir das Selbstbewusstsein eines Menschen aufbauen oder zerstören. Mit Worten können wir den Ruf eines Menschen zerstören. Achten Sie also darauf, was Sie über andere sagen. Vergiften Sie nicht die Haltung einer Person gegenüber einer anderen.

Stellen Sie sich einmal vor, Ihre Worte würden in einem großen Warenlager in den Regalen liegen, und Sie würden jeden Morgen durch die Reihen gehen und die Worte auswählen, die

Sie mit in den Tag nehmen wollen. Wahrscheinlich wissen Sie von einigen Menschen schon, dass Sie ihnen begegnen werden. Also können Sie schon vorab Worte aussuchen, die ihnen das Gefühl geben, geliebt zu sein und ihr Selbstvertrauen aufbauen. Nehmen Sie für jede Person, der Sie an diesem Tag begegnen werden, ein paar Worte mit, damit Sie darauf vorbereitet sind, ihnen allen etwas Gutes zu tun, indem Sie sie mit Ihren Worten lieben.

Ich versuche jeden Tag, so viele Menschen wie möglich mit meinen Worten aufzubauen. Ich habe in meinem Leben schon genug Worte verschwendet, die unnütz waren und entweder nichts bewirkt haben oder bei denen sich andere sogar schlecht gefühlt haben. Diese verschwendeten Worte tun mir leid. Ich gebrauche meine Worte jetzt, um den Schaden, den ich in der Vergangenheit angerichtet habe, wiedergutzumachen.

Die Zunge ist ein sehr kleines Organ, aber wenn wir nicht aufpassen, kann sie verheerende Feuer entfachen. König David hat regelmäßig für die Worte seiner Zunge gebetet. Er sagte: *Ich will auf meine Wege achthaben, dass ich nicht sündige mit meiner Zunge* (Psalm 39,2). Er betete, dass das Reden seines Mundes und die Gedanken seines Herzens Gott wohlgefällig sein mögen (Psalm 19,15). Ihm war die Macht der Zunge sehr wohl bewusst und er betete darum, auf dem rechten Weg zu bleiben. Wir sollten Davids Vorbild folgen.

Die Macht des Besitzes. Wir alle besitzen etwas. Manche besitzen mehr als andere, aber wir alle haben etwas, das wir als greifbaren Segen für andere einsetzen können. Gedanken und Worte sind etwas Wunderbares, mit dem wir Liebe zum Ausdruck bringen können. Aber Besitz und materielle Güter erreichen das Gleiche. Für manche Menschen ist das sehr wichtig.

Die Bibel sagt: Wenn wir zwei Mäntel haben, sollen wir mit dem teilen, der keinen hat, und das Gleiche gilt für unser Essen (Lukas 3,11). Die erste christliche Gemeinde, von der in der Apostelgeschichte berichtet wird, war eine ungeheuer wirkungsvolle Gemeinde, die täglich wuchs. Bei ihnen waren übernatürliche Zeichen und Wunder ganz normal. Die Kraft Gottes war bei ihnen. Sie liebten einander von ganzem Herzen, mit ganzem Verstand, mit aller Kraft und allem Besitz.

Die Menge derer aber, die gläubig wurden, war ein Herz und eine Seele; und auch nicht einer sagte, dass etwas von seiner Habe sein eigen sei, sondern es war ihnen alles gemeinsam.
Apostelgeschichte 4,32

Sind wir Eigentümer oder Verwalter? Alles, was wir haben, kommt von Gott. In Wirklichkeit gehört alles ihm. Wir verwalten seinen Besitz nur. Allzu oft klammern wir uns zu sehr an Dinge. Wir sollten sie nur leicht festhalten, damit uns das Loslassen nicht zu schwer fällt, wenn Gott etwas davon braucht. Wir sollten uns immer wieder daran erinnern, dass Besitz nichts ist, das in der Ewigkeit Bestand hat. Was Bestand hat ist das, was wir für andere tun. Paulus schrieb den Korinthern, dass ihre Gaben für die Armen ewig bestehen bleiben würden (2. Korinther 9,9).

Gott will, dass wir unseren Besitz genießen, aber er will nicht, dass unser Besitz uns besitzt. Es wäre vielleicht gut, sich regelmäßig zu fragen: »Besitze ich die Dinge – oder besitzen die Dinge mich?« Sind Sie in der Lage, Ihren Besitz einzusetzen, um anderen etwas Gutes zu tun? Oder fällt es Ihnen schwer, etwas herzugeben ... selbst, wenn Sie es gar nicht mehr benutzen?

Ich bekomme oft Parfüm geschenkt, und da ich vor Kurzem Geburtstag hatte, quillt mein Regal vor Parfümflaschen über. Eines Tages hatte ich das Bedürfnis, einer Freundin etwas zu schenken, weil sie mir einen Gefallen getan hatte. Ich erinnerte mich daran, dass ihr ein bestimmtes Parfüm, das ich benutze, besonders gut gefallen hatte. Natürlich hatte ich eine neue Flasche Körperlotion mit diesem Duft im Regal stehen, und natürlich war es die teuerste Körperlotion. Ich musste kurz ein ernstes Gespräch mit mir selbst führen, aber nach einigen Minuten konnte ich mich überwinden, die Flasche vom Regal zu nehmen, einzupacken und sie ihr zu geben. Es machte sie sehr glücklich und mich kostete es nur etwas, das ich mir wieder kaufen konnte.

Ich flehe Sie an, nutzen Sie Ihren Besitz, um anderen Menschen auf greifbare Weise Ihre Liebe zu zeigen. Geschenke sind eine wunderbare Möglichkeit, Liebe zum Ausdruck zu bringen. Eine Freundin sagte mir einmal, ich würde mein Geburtstagsgeschenk etwas später bekommen, weil es noch nicht fertig sei. Als ich es dann bekam, stellte ich erstaunt fest, dass es ein selbst gemaltes Bild meines Hundes war, an dem ich mich noch Jahre lang erfreuen konnte. Das Bild hat mich sehr gefreut. Aber noch mehr hat mich gefreut, wie viel Mühe sie sich damit gegeben hat.

Geben ist immer gut, aber hin und wieder sollten wir uns die Mühe machen, jemandem etwas zu schenken, von dem wir wissen, dass derjenige es sich sehr wünscht. Schon allein die Tatsache, dass Sie aufmerksam genug zugehört haben, um zu wissen, dass derjenige sich diese bestimmte Sache wünscht, tut dem anderen schon ungeheuer gut. Eine Freundin von mir hatte einen Hund einer ganz besonderen Rasse, der noch als Welpe starb. Sie war sehr unglücklich darüber, konnte es sich aber nicht leisten, einen neuen Hund zu kaufen. Ich kaufte ihr einen und überraschte sie damit. Wenn wir Gott darum bitten, wird er dafür sorgen, dass wir anderen etwas schenken und ihnen so Liebe erweisen können. Er gibt uns immer reichlich für uns selbst und reichlich zum Verschenken, wenn wir die Dinge nur nicht zu fest halten und nach Gelegenheiten Ausschau halten, wann wir sie verschenken können.

Manchmal mache ich eine Geschenke-Razzia. Ich möchte anderen etwas Gutes tun und will das, was ich habe, benutzen, um ihnen auf handfeste Weise Liebe zu zeigen. Deshalb gehe ich dann durch mein Haus, durchsuche meine Schubladen, meine Schränke und meinen Schmuckkasten nach Dingen, die ich verschenken könnte. Und ich finde immer etwas. Es ist erstaunlich, wie sehr ich dann an etwas hänge, obwohl ich es vielleicht schon seit zwei oder drei Jahren nicht mehr benutzt habe. Wir besitzen einfach gerne Dinge! Aber wie viel schöner ist es, den eigenen Besitz dazu zu benutzen, um jemandem etwas Gutes zu tun und damit Liebe und Wertschätzung auszudrücken.

Wenn es Ihnen schwerfällt zu erkennen, was Sie geben könnten, bitten Sie Gott, Ihnen zu helfen. Dann werden Sie ganz schnell feststellen, dass Sie jede Menge Dinge besitzen, mit denen Sie traurigen Menschen zeigen können, dass sie geliebt sind. Wenn wir das, was wir haben, für etwas Gutes verwenden, wächst die Liebe. Gott wird uns noch mehr schenken, wenn wir uns als treue Verwalter seines Besitzes erweisen.

Dies aber sage ich: Wer sparsam sät, wird auch sparsam ernten, und wer segensreich sät, wird auch segensreich ernten. Jeder gebe, wie er sich in seinem Herzen vorgenommen hat: nicht mit Verdruss oder aus Zwang, denn einen fröhlichen Geber liebt Gott.
2. Korinther 9,6-7

Wenn Sie im Sterben liegen, werden Sie nicht nach Ihrem Kontoauszug oder einer Inventurliste Ihrer Besitztümer fragen. Sie wollen von einer Familie und Freunden umgeben sein, die sie lieben. Fangen Sie jetzt an, diese Beziehungen aufzubauen, indem Sie alle Ihnen zur Verfügung stehenden Mittel einsetzen, um anderen Liebe zu zeigen.

Liebes-Revolutionär

Pastor Tommy Barnett

Revolution, ‹f›: Umlauf eines Himmelskörpers um sein Zentralgestirn; spätlat. *revolutio* »das Zurückwälzen, Umdrehung«, urspr. Ausdruck der Astronomie, als »Volkserhebung« von frz. *révolution* beeinflusst; Umwälzung, polit. Umsturz.[1]

All diese Definitionen von Revolution lassen sich auf Ihre persönliche Einladung anwenden, bei der Revolution der Liebe, die Gott in der Welt entfacht, mitzumachen.

Das Wörterbuch definiert einen Revolutionär als jemand, der an einer Revolution beteiligt ist oder revolutionäres Gedankengut vertritt oder ein Anhänger davon ist. Die Revolution der Liebe ist im wahrsten Sinne des Wortes revolutionäres Gedankengut, denn für die Welt ist Liebe etwas, das man bekommen und haben muss. Jesus versucht unser Denken und unser Handeln jedoch dahingehend zu revolutionieren, dass wir die Liebe als etwas sehen, das durch uns hindurchfließt, und das wir verschenken müssen.

Sie sind also herzlich eingeladen, an einem einzigartigen Kreis der Liebe teilzunehmen, der sich immer weiter ausdehnen wird. In seinem Zentrum und Mittelpunkt liegt ein einziges Ziel: Menschen zu lieben und zu ermutigen, Jesus Christus nachzufolgen, indem wir versuchen, die Welt in Gottes Familie aufzunehmen.

Unser umwälzender Kreis der Liebe und der Ermutigung schließt jeden mit ein: Obdachlose; Opfer von natürlichen und von Menschen verursachten Katastrophen; Opfer von Missbrauch; Frauen, die eine Abtreibung hinter sich haben und mit Beziehungsproblemen kämpfen; Menschen, die wirtschaftlich benachteiligt oder arbeitslos sind; Drogenabhängige und die breite Masse derer, deren Verletzungen zu überwältigend sind, um sie alle hier aufzuzählen! In der Vergangenheit haben die Gemeinden diese Menschen zu oft als Abschaum der Menschheit betrachtet, aber wir wollen sie als die zukünftigen Schätze in Gottes Reich sehen.

Die Revolution der Liebe ist einfach: Sie fängt damit an, dass jeder von uns seinen Kreis der Liebe etwas weiter zieht und leidende Menschen in seinem Umfeld mit einschließt. Jahrelang haben Gemeinden Wert auf Programme gelegt, um neue Menschen in die Gemeinde zu bringen. Diese Programme sind in alarmierend hoher Zahl angefangen und beendet worden und konnten nichts dazu beitragen, die Gemeinde wachsen zu lassen. Im Gegenteil, der Einflussbereich vieler Gemeinden wurde ein immer kleiner werdender Kreis. Programme wichtiger zu nehmen als Menschen, hat nicht geholfen, die Aufgabe zu erfüllen, die uns Jesus gestellt hat, als er verkündete, wir sollen einander lieben.

Die Aufgabe der Revolution

Unser Umlauf, unsere Umwälzung oder unsere Revolution, wie Jesus für andere Menschen zu leben, ist eine Aufgabe, die der Apostel Paulus klar formuliert hat: *Seid nun Nachahmer Gottes als geliebte Kinder! Und wandelt in Liebe, wie auch der Christus uns geliebt und sich selbst für uns hingegeben hat als Opfergabe und Schlachtopfer, Gott zu einem duftenden Wohlgeruch!* (Epheser 5,1-2).

Das ist der Ruf der Revolution der Liebe: in Liebe zu wandeln, nicht nur zu beschließen zu lieben. Viele Menschen wissen, dass es richtig ist zu lieben, aber wie erweitert man seinen Kreis der Liebe? Das kann nur durch die tägliche Praxis geschehen.

Wir alle haben unseren Einflussbereich, und wir alle gehören zu einem Kreis von Menschen. Die meisten von uns haben einen Freundeskreis. Wie groß ist Ihr Freundeskreis? Wie offen oder geschlossen ist er? Mir begegnen viele wohlmeinende Menschen, denen überhaupt nicht bewusst ist, wie winzig ihr Kreis ist. Wenn wir in der Haltung von Christus leben wollen, und Christus in uns lebt, dann muss jeder unserer Kreise alle einschließen und darf niemanden ausschließen.

Was für mich wichtig ist, und was meinen persönlichen Menschenkreis definiert, ist die Aufgabe, Sünder in meinen Kreis aufzunehmen. Mein Hass auf die Sünde überträgt sich leicht auf den Sünder, sodass ich ihn hasse, weil ich die Sünde verabscheue. Ich musste lernen, dass Gott will, dass ich die Sünde hasse, aber den Sünder liebe. Unsere Einstellung zur Sünde ist manchmal wie die Begegnung mit einer gefährlichen Klapperschlange, die ein Kind bedroht. Die Schlange liegt zusammengerollt da, bereit zuzustoßen. Wir hassen die Schlange, aber lieben das Kind und wollen es vor dem sicheren Tod retten.

Wir müssen die Menschen vor den Folgen der Sünde warnen, aber wir brauchen auch Gottes Mitleid, um die Sünder in unseren Kreis aufzunehmen. Übrigens sind sich die meisten Sünder der negativen Folgen falscher Entscheidungen in ihrem Leben bewusst. Sie brauchen niemanden, der daherkommt und sie verurteilt. Viele von ihnen plagt ohnehin schon der Gedanke, dass die Kirche sie wegen ihres Lebensstils, ihrer Süchte, ihrer Untreue oder ihren schlimmen Fehlern nicht aufnehmen wird, ganz zu schweigen von Gott.

Gemeindeleiter fragen uns oft, warum unsere Gemeinde in Phoenix und das Dream Center in Los Angeles bewusst mit entrechteten, ungeliebten und ungewollten Menschen arbeitet. Diese Menschen haben falsche Entscheidungen getroffen. Ich habe nie daran gezweifelt, dass Gott alle Menschen in seinem Kreis haben wollte.

Wenn wir das sein wollen, was wir vorgeben zu sein, nämlich das Abbild von Jesus, dann dürfen wir niemanden ausschließen. Dazu gehören Menschen mit anderen Überzeugungen, Glaubensrichtungen und Erfahrungshorizonten. Wir müssen andere ermutigen, Hoffnung verbreiten, die Menschen auf die bedingungslose Liebe Gottes hinweisen und dann selbst der Beweis für diese Liebe sein.

Ich bin nicht dafür verantwortlich, wer mich ausschließt oder aufnimmt. Ich bin für mich selbst verantwortlich und dafür, wen ich ausschließe. Jesus hat mit seinem Aufschrei am Kreuz, *Vater, vergib ihnen! Denn sie wissen nicht, was sie tun* (Lukas 23,34), die mit eingeschlossen, die ihn kreuzigten. Sogar seine Kritiker, die ihn verspotteten, ihn bespuckten und ihm aus lauter Grausamkeit Essig anboten, als er um Wasser bat, nahm er in seinen Kreis der Liebe mit auf.

Unser Kreis muss auch die aufnehmen, die uns Unrecht getan haben. Ich habe gelernt, niemals mit denen zu streiten, die zu meinem Kreis gehören. Es gibt keinen Kampf. Solange ich alle in meinen Kreis der Liebe einschließe, bin ich in Sicherheit. Dann kann ich nicht verletzt werden.

Man kann gar nicht zu viele Freunde haben. Aber wenn Sie einen Feind haben, werden Sie diesem Feind begegnen, ganz gleich, wo Sie hingehen. Sie sind an das gebunden, was Sie hassen. Wenn sie alle akzeptieren, fangen Sie an zu begreifen, worum es bei der Liebe Gottes geht. Alle, die außerhalb Ihres Kreises sind, können Sie verletzen. Doch die, die in Ihrem Kreis der Liebe sind, werden Sie nicht verletzen können.

Der gesetzliche Glaube, den manche so hochhalten, ist eng und exklusiv. Die Revolution der Liebe schließt alles ein. Die Liebe heilt! Die Liebe stellt wieder her! Die Liebe erleuchtet! Die Liebe erhebt Menschen! Je größer mein Kreis der Liebe wird, desto glücklicher werde ich sein, und desto mehr kann ich anderen die Liebe Gottes zeigen.

Die Revolution der Liebe in Aktion

Als wir mit dem Los Angeles Dream Center anfingen, gingen wir bewusst in eine sehr berüchtigte Gegend, die die Stadtverwaltung, die Kirchen und sogar die Polizei als hoffnungslos aufgegeben hatte. Weil wir unseren Kreis der Liebe auf Bandenmitglieder, Ausreißer, Obdachlose, Prostituierte, Kriminelle und verstoßene Jugendliche ausdehnten, wurde er so groß, dass es jetzt auf der ganzen Welt Dream Centers gibt, die unter ungewollten und ungeliebten Menschen arbeiten und durch ihren Dienst die Liebe Jesu zeigen.

Jede Woche ziehen Hunderte von ehrenamtlichen Helfern unseres Wohnblock-Adoptionsprogrammes los (eine von unzähligen Aspekten der Revolution der Liebe, die vom Dream Center ausgeht) und dienen in ihrem Stadtviertel, indem sie Gärten säubern, Graffiti übermalen und auf vielerlei Art und Weise helfen. Sie dienen Menschen, die sie noch nicht einmal kennen, um ihnen die Liebe Gottes zu zeigen.

Zu einer Zeit, in der die Kriminalitätsrate in ganz Los Angeles steigt und die soziale Degeneration fortschreitet, ist die Kriminalität im Umfeld des Dream Centers um siebzig Prozent gesunken. Zahllose Menschen haben zum Glauben an Jesus Christus gefunden. Die »Rampart Division«, ein Viertel, das wegen seiner Korruption, Kriminalität und Sünde berüchtigt war, ist jetzt ein leuchtendes Beispiel von Menschen, die die Liebe Jesu ausleben. Das ist eine Revolution der Liebe!

Vergeben und weitergeben

Ist Ihnen Ihre Schuld vergeben? Dann vergeben Sie anderen. Liebe vergibt und sie ist zum Weitergeben da.

Liebe weiterzugeben, ist eines der schwierigsten Dinge. In vielerlei Hinsicht ist es schwerer als Geld zu geben, denn die Liebe muss aus einem offenen Herzen kommen. Liebe kann man nicht völlig kühl als reines Geschäft behandeln.

Aber viele von uns missverstehen die Liebe. Wir denken, sie ist etwas, was wir empfangen und besitzen können, wie ein Geschenk oder etwas, was man uns schuldet. Aber so ist die Liebe nicht.

Die Liebe ist etwas, das man nur geben kann, nicht besitzen. Niemand besitzt Liebe — wir gebrauchen sie. Das ursprüngliche Wort in der Bibel für lieben steht in der aktiven Form, was bedeutet, dass Liebe, die nicht gegeben wird, gar keine Liebe ist.

Haben Sie schon einmal jemanden getroffen, der immer Liebe braucht und niemals genug davon bekommt? Je mehr sich diese Menschen darauf konzentrieren, wie viel Liebe ihnen ihrer Meinung nach zusteht, desto weniger Liebe scheinen sie zu haben. Sie konzentrieren sich so sehr auf das, was ihnen fehlt und haben deshalb niemals genug.

Wenn wir leidenden Menschen helfen, erzählen diese uns häufig, dass sie einfach nur jemanden wollen, der sie liebt. Dabei habe ich entdeckt, dass das Gegenteil der Fall ist: Viel mehr als jemanden, der uns liebt, brauchen wir jemanden, den wir lieben können.

Wenn wir bedingungslos lieben, können wir niemals von jemandem gefesselt werden. Aber wenn wir verlangen, dass jemand uns lieben soll, dann sind wir der Sklave desjenigen und werden sofort von dessen Mangel an Liebe zu uns gefesselt.

Es ist wichtiger zu geben als zu nehmen

Ich glaube, dass es für die Menschen wichtiger ist, Liebe zu erweisen, als sie zu empfangen. Wenn wir anderen Liebe schenken, dann drehen wir damit Gottes himmlischen Wasserhahn auf, aus dem Gottes Liebe ununterbrochen auf uns herabströmt. Je mehr Liebe wir schenken, desto mehr bekommen wir, und es wird immer leichter, den Wasserhahn von uns auf andere einfach laufen zu lassen.

Der einzige Weg, die Liebe festzuhalten ist, sie wegzugeben.

Wie viel Liebe wir haben, hängt direkt damit zusammen, wie viel Liebe wir geben. Es klingt paradox, aber es ist wahr: Der einzige Weg, die Liebe festzuhalten, ist, sie wegzugeben.

Wenn Sie ständig Liebe schenken, konzentrieren Sie sich immer auf das, was Sie zu geben haben, und damit wächst Ihr Vorrat. Selbst wenn niemand Sie wieder liebt, haben Sie trotzdem einen unendlich großen Vorrat an Liebe in Jesus. Ihr Leben wird erfüllt sein von Liebe.

Als ich noch jung war, habe ich die Menschen weniger geliebt als jetzt. Aber ich habe versucht, Liebe zu schenken, und mein eigener Vorrat ist dadurch gewachsen. So lange ich die Liebe, die ich habe, einsetze, schenkt Gott mir immer tiefere Liebe.

Als junger Mann liebte ich kleine Kinder nicht wirklich, ich habe sie nur geschätzt. Aber eines Tages habe ich beschlossen, sie zu lieben. Heute quillt mein Herz über vor Liebe zu kleinen Kindern. Jetzt kann ich sagen, dass ich Kinder aufrichtig liebe, sie gern habe, und ihnen gerne etwas Gutes tue.

Jetzt freue ich mich ungeheuer am Leben. Aber als ich noch ein junger Pastor war, hatte ich nicht annähernd so viel Freude am Leben. Heute habe ich zwanzig Mal so viel Freude am Leben wie noch vor zwanzig Jahren. Ich habe einmal beschlossen, dass ich selbst entscheide, ob ich freudig oder trübsinnig sein will und habe mich für die Freude entschieden. Und ich habe immer mehr Freude entdeckt, als ich beschloss, sie zu verschenken.

Wenn die Revolution der Liebe sich im Leib Christi ausbreiten soll, müssen wir den Menschen zeigen, dass das Streben nach Liebe der falsche Ansatz ist. Wir müssen den Menschen durch unser eigenes Beispiel zeigen, dass man Liebe nicht bekommt, indem man sie sucht, sondern indem man sie gibt.

Wahre Liebe kommt nicht von irgendeinem Menschen, sie kommt von Gott. Sogar meine Liebe zu meiner Frau, Marja, ist nur deshalb rein, weil ich die richtige Quelle gefunden habe. Wir haben entdeckt, dass es besser ist, einander Liebe zu schenken, als sie zu empfangen. Wenn Mann und Frau sich bewusst gegenseitig Liebe schenken, werden sie eine wunderbare Ehe führen.

Wenn der Leib Christi lernt, einer verlorenen und sterbenden Welt aktiv Liebe zu geben, werden wir unseren Kreis der Liebe immer mehr erweitern und unsere Gesellschaft zum Guten hin beeinflussen. Wir werden unsere Gesellschaft verbessern.

Sind Sie bereit für die Revolution? Hier mache ich Ihnen einige Vorschläge, wie Sie die Liebe Gottes in Ihrer persönlichen Revolution der Liebe ausleben können.

1. Ausgesprochene Liebe. Sagen Sie es einfach geradeheraus.

Werden Sie ein »Liebeswasserfall«, der seine Liebe immer und überall über anderen ausgießt. Manche Menschen sagen: »Ich bin nicht so gestrickt.« Wenn alle Christen öfter »Ich liebe dich« sagen würden, würde das die Beziehungen dieser Welt auf den Kopf stellen. Versuchen Sie es einmal. Wenn Sie anderen sagen, dass Sie sie lieben, werden Sie das auch zu hören bekommen. Wenn Sie die Worte »Ich liebe dich« von Herzen sagen, gibt Ihnen das die Vollmacht der Liebe Jesu.

2. Schriftliche Liebe.

Ich habe einen »Ich liebe dich«-Ordner, in dem ich alle lieben Briefe sammle, die ich bekomme. Sie bedeuten mir sehr viel. Ein kurzer, ermutigender Brief von Ihnen kann für jemand anderes sehr viel bedeuten. Wenn Sie Ihre Liebe schriftlich formulieren, hat das etwas Dauerhaftes. Für jemanden, der in Verzweiflung ertrinkt, könnte es sogar der letzte Rettungsring sein. Jemandem einen Brief mit der Liebe Gottes zu schicken, ermutigt den Empfänger, regt Sie selbst an und schenkt ein tieferes Bewusstsein für die Liebe Gottes.

3. Ungewöhnliche Liebe riskieren.

Wenn wir in unserer Art, die Liebe von Jesus auszudrücken, weit über das hinausgehen, was andere von uns vielleicht erwarten, vervielfältigt sich das Ergebnis unserer Taten im Leben anderer. Manchmal muss man etwas riskieren, um ein wenig mehr zu tun — aber das gehört zur Revolution der Liebe dazu. Fragen Sie sich selbst einmal: »Kann ich noch ein bisschen mehr tun, um andere zu lieben, als ich es im Moment gerade tue?« Leben Sie ein Leben, an das man sich erinnern wird. Revolutionäre tun immer unerhörte Dinge. Machen Sie aus einem ganz normalen Tag einen außergewöhnlichen, indem Sie etwas Unerhörtes tun, um Gottes Liebe zu zeigen.

4. Die Liebe ist bereit, zu jubeln und zu weinen.

Oft geht es bei der Liebe darum, jemandem zu helfen, der absolut nicht in guter Stimmung ist. Mit jemandem zu trauern oder gemeinsam durch ein finsteres Tal zu gehen, ist die Grundlage für Liebe und tiefes Vertrauen. Jesus ging auf Hochzeiten und Beerdigungen. Er wusste, was die Menschen in beiden Lebenslagen brauchten. Wir müssen die Liebe Gottes in jeder Lebenslage teilen, sodass wir sowohl den Fröhlichen als auch den Trauernden Liebe zeigen können.

5. Unterschiedliche Menschen auf unterschiedliche Weise lieben.

Menschen geben und empfangen Liebe auf unterschiedliche Weise. Deshalb müssen wir lernen, die Menschen auf unterschiedliche Art und Weise zu lieben. Es ist lebenswichtig, dass wir lernen, wie wir nahestehende Menschen lieben und von ihnen Liebe empfangen können. Wir müssen unbedingt lernen, wie wir Menschen in der Welt um uns herum lieben können, ganz besonders diejenigen, die vielleicht sonst von niemand geliebt werden. Beobachten Sie die Menschen und studieren Sie Gottes Wort, um zu sehen, wie Jesus die Menschen geliebt hat. Dann werden Sie lernen, verschiedene Menschen auf verschiedene Arten zu lieben, sodass alle sich darüber freuen und Gott geehrt wird.

Wollen Sie ein Liebes-Revolutionär sein?

Werden Sie sich heute wie ein Revolutionär verhalten? Wird von nun an jeder einzelne Tag in Ihrem Leben zeigen, dass sie bei der Revolution der Liebe dabei sind? Woran sollen sich die Menschen erinnern, wenn sie an Sie denken? An Ihren Verstand? An Ihre Intelligenz? Letzten Endes kommt es nur auf die Liebe an. Die Liebe gibt uns unseren ewigen Wert. Jeder Mensch möchte als geistliches Wesen gesehen werden, geschaffen nach dem Bilde Gottes. Die Liebe ist der einzige Weg dazu.

Lieben Sie so, als sei Ihre Liebe grenzenlos, dann werden Sie feststellen, dass sie es tatsächlich ist. Vielleicht lieben Sie nicht jeden Menschen vom ersten Augenblick an, aber wenn Sie die Liebe verschenken, die Sie für einen Menschen haben, wird sie wachsen.

Ich fordere Sie heraus, die am meisten »liebende« Person zu werden, die Sie kennen. Ich kann Ihnen schon vorher sagen, dass Ihnen die Liebe nie ausgehen wird, wenn Sie immer und überall lieben.

Was meinen Sie dazu? Schreiben Sie sich in Gottes Armee ein, die er jetzt aufstellt, und dann treffen wir uns bei der Revolution der Liebe.

Kapitel 15

Brauchen wir Erweckung oder eine Revolution?

Jeder will die Welt verändern,
aber keiner will sich selbst verändern.
Leo Tolstoi

Wenn etwas neu belebt wird, wird das Alte wieder lebendig, etwas bekommt erneut Aufmerksamkeit. Wenn in einer Gesellschaft ein erneutes religiöses Interesse aufbricht, nennt man das Erweckung. Im Merrian-Webster's Wörterbuch wird *Erweckung* als »oft sehr emotionale, evangelistische Versammlung oder Reihe von Versammlungen« definiert. In meinem ganzen Leben als erwachsener Christ habe ich ständig Menschen um Erweckung beten oder darüber sprechen gehört. Aber ich bin mir nicht mehr so sicher, dass wir wirklich eine Erweckung brauchen. Ich glaube, wir brauchen etwas viel Radikaleres. Ich glaube, wir brauchen eine Revolution. Webster's Wörterbuch definiert *Revolution* als »plötzliche, radikale, vollkommene Veränderung«.

Irgendwie gefällt es uns besser, das Alte ein bisschen zu erneuern, als uns auf eine radikale Veränderung einzulassen. Aber haben die früheren Erweckungsbewegungen die Kirche und die Welt tatsächlich verändert? Sie waren zu ihrer jeweiligen Zeit sicher ein Segen. Aber was brauchen wir heute in der Gemeinde, damit wir in der Welt effektiv wirken können? Was wird es uns kosten, das Licht zu sein, zu dem Christus uns berufen hat?

In seinem Buch *Go wild!* schreibt Erwin McManus: »Lassen Sie das zahme Christentum hinter sich und finden Sie den kraftvollen, rohen und ursprünglichen Glauben! Wählen Sie Revolution statt Kompromiss, Gefahr statt Sicherheit und Leidenschaft statt lauwarme, verwässerte Religion.« Seine Leidenschaft hat Jesus ans Kreuz getrieben. Wird unsere Leidenschaft uns wenigstens dazu treiben, einige unserer alten Methoden aufzugeben, damit die nächste Generation die verwandelnde Kraft revolutionärer Liebe erfahren kann?

Jesus war ein Revolutionär. Er war ganz sicher kein Verfechter von Traditionen. Er kam, um Veränderung zu bewirken. Das hat die religiösen Menschen seiner Zeit bestürzt. Gott verändert sich niemals, aber er verändert Menschen. Ich habe erfahren, dass er Kreativität und Neues liebt und alles frisch und am Brennen hält.

Manche Gemeinden sind nicht einmal dazu bereit, etwas so Einfaches wie ihren Musikstil zu ändern. So lange sie existieren, werden sie Choräle singen und Orgel dazu spielen. Sie ignorieren die Tatsache, dass die Zahl der Gottesdienstbesucher immer weiter zurückgeht und dass sie ihr Umfeld nicht im Geringsten beeinflussen. Sie sollten sich sonntagmorgens einmal umschauen und sich fragen, warum alle Anwesenden mittleren Alters oder noch älter sind. Wo sind die jungen Leute? Wo ist die Begeisterung? Wo ist das Leben?

Vor einigen Jahren bemerkten wir, dass die Teilnehmerzahlen auf unseren Konferenzen, die wir im ganzen Land veranstalten, leicht zurückgingen und die meisten Teilnehmer mittleren Alters oder älter waren. Unser Sohn, der damals vierundzwanzig war, ermutigte uns, unseren Musikstil, die Beleuchtung, die Bühnendekoration und unseren Kleidungsstil radikal zu verändern. Er sagte, seine Generation müsse unbedingt das Evangelium hören, aber sie fühlten sich durch diese altmodische Religion abgestoßen, weil sie in dem Ruf stand gesetzlich und langweilig zu sein. Etwa ein Jahr lang wehrten Dave und ich uns dagegen. Wir sagten das, was die meisten Menschen sagen, wenn sie sich nicht verändern wollen: »Gott verändert sich nicht.« Außerdem hatten wir das Gefühl, dass unsere Arbeit bisher gut funktioniert hatte.

Warum sollten wir uns also verändern? Das hatte viel mit Stolz zu tun. Außerdem war es schwierig, sich von einem 24-Jährigen, der gerade erst angefangen hatte, mit uns zusammenzuarbeiten, sagen zu lassen, was wir tun sollten. Aber im Laufe des Jahres hörten wir, was andere junge Menschen sagten und merkten, dass wir uns nicht an Methoden klammern durften. Unsere Botschaft würde weiterhin die gleiche bleiben, nur die Verpackung musste geändert werden.

Die Welt verändert sich, die Menschen verändern sich. Jede neue Generation denkt anders als die vorhergehende, und wir müssen uns überlegen, wie wir sie erreichen können. Ich wollte junge Menschen auf meinen Konferenzen sehen, aber ich war nicht bereit, ihnen irgendetwas zu bieten, das sie interessierte. Ich war nicht bereit, sie dort abzuholen, wo sie standen. Aber nach und nach öffneten wir uns für Neues und erlebten wunderbare Auswirkungen. Wir verloren keine der bisherigen Teilnehmer. Es kamen sogar auch noch neue, von denen viele jung und begeistert waren. Wenn wir die Weisheit der Älteren und die begeisterte Kreativität der Jüngeren haben, haben wir das Beste aus beiden Generationen.

Einmal hatten wir im Büro eine Besprechung mit unserem Leitungsteam. Unser Sohn, der uns zur Veränderung drängte, hatte eine Idee, mit der ich nicht einverstanden war. Er beharrte auf seinem Standpunkt. So fragte ich die anderen, was sie davon hielten, und alle stimmten mir zu. Als ich argumentierte, dass alle anderen mir zustimmten, entgegnete unser Sohn Dan: »Natürlich stimmen sie dir alle zu, Mom – sie sind ja alle in deinem Alter.« Da wurde mir bewusst, dass ich lauter Menschen um mich geschart hatte, die so waren wie ich. Doch dadurch hatte ich jede Vielfalt ausgeschlossen. Wir brauchten Leiter jeden Alters, nicht nur Menschen aus ein und derselben Generation.

Ein anderes Mal wollte Dan in unserem Monatsmagazin Farben verwenden, die wir noch nie verwendet hatten. Sie gefielen mir nicht und ich sagte Nein. Er blieb so energisch bei seiner Meinung, dass ich schließlich mit Nachdruck sagte: »Sie gefallen mir nicht und wir werden sie nicht nehmen!« Er antwortete: »Ich wusste gar nicht, dass Gott dich berufen hat, um dir selbst zu dienen. Und wenn anderen Leuten diese Farben gefallen?« Da gingen mir die Augen auf. Mir wurde klar, dass die Kleiderordnung im Büro dem entsprach, was mir gefiel. Auch die Farben in unserem Magazin, auf unseren Anzeigen und im Gebäude entsprachen meinem Geschmack. Wir spielten Musik, die ich mochte. Ich schämte mich, als mir klar wurde, wie viele meiner Entscheidungen sich nur darum drehten, was mir gefiel, statt darum, was andere Menschen brauchten.

Dave und mir wurde klar, dass wir an Methoden hingen, und dass Gott diese Methoden absolut nichts bedeuteten. Er wollte, dass wir seine Botschaft verbreiteten, aber die Verpackung konnte man ruhig ändern. Also fingen wir an, uns zu verändern und sind seither für Veränderungen offen. Wir haben unsere Kleiderordnung modernisiert. Wir haben unsere Musikbands gewechselt und Musiker genommen, die mehr junge Leute anziehen. Ich beschloss, die junge Generation so zu lieben, dass ich auch ihre Lieder mitsingen konnte. Wir halten jetzt kürzere Gottesdienste, weil unsere ganze Gesellschaft heutzutage alles schneller haben will. Ich war dreistündige Gottesdienste gewohnt, aber nicht jeder ist das gewohnt. So beschlossen wir, uns in der Mitte zu treffen. Wir haben grelleres Licht angeschafft. Sogar eine Nebelmaschine haben wir uns zugelegt, die, wie die Jungen sagen, mehr Stimmung macht. Ich denke immer noch, dass sie die Menschen nur daran hindert, klar zu sehen. Aber ich kann mit Nebel leben, wenn er dazu beiträgt, dass die Menschen sich mehr mit mir verbunden fühlen und auf das Evangelium hören. Denken Sie daran, dass Paulus sagte, dass er allen alles wurde, um die Menschen für das Evangelium von Jesus Christus zu gewinnen (1. Korinther 9,2-22). Paulus hing nicht an Methoden, und wir sollten das auch nicht tun.

Die Bibel sagt, dass wir in den letzten Tagen eine Gemeinde erleben werden, die egoistisch und selbstzentriert ist. Die Menschen werden keine Moral mehr haben und nur noch den Schein der Frömmigkeit wahren, aber die Kraft des wahren Glaubens verleugnen (2. Timotheus 3,1-5). Wir müssen Gottes Macht in unseren Gemeinden erleben. Wir müssen sehen, wie Leben verändert werden, Heilung geschieht, Menschen erlöst und wiederhergestellt werden. Wir müssen die Liebe Gottes ungehindert fließen sehen. Wir brauchen eine Revolution und ich bin entschlossen dabei zu sein.

Ich muss ehrlich zugeben, dass ich viele der Veränderungen, die wir auf unseren Konferenzen eingeführt haben, nicht besonders mag. Aber ich lerne jeden Tag mehr, dass die Liebe von uns verlangt, unsere Methoden loszulassen und herauszufinden, was Gott in dieser Zeit von uns will. Viele dieser Veränderungen waren für mich persönlich ein Opfer. Doch ich bin zutiefst überzeugt, dass es richtig war. Es mag vielleicht dumm klingen, aber früher einmal dachte ich tatsächlich, dass jemand, der als Musiker in Jeans auf der Bühne steht, um die Menschen bei der Anbetung zu leiten, nicht von Gott gesegnet werden kann. Dann dachte ich einmal ernsthaft darüber nach, was Mose wohl anhatte, als er auf den Berg ging, um die Zehn Gebote zu empfangen. Da wurde mir klar, wie dumm das von mir war. Johannes der Täufer hatte einen seltsamen Kleidergeschmack, komische Essgewohnheiten und seine Adresse hieß: Wüste. Aber er führte eine Revolution an. Er bereitete den Weg für den Messias. Johannes war kein Freund organisierter Frömmigkeit, und er nannte die religiösen Führer seiner Zeit Schlangenbrut. Die selbstgerechten religiösen Menschen seiner Zeit, die zum Beten in den Tempel gingen, aber keinen Finger krumm machten, um Menschen in Not zu helfen, machten ihn krank.

Gott sieht das Herz an und wir müssen lernen, das auch zu tun. Es interessierte ihn nicht, wie Mose oder Johannes aussahen. Er war begeistert, jemanden gefunden zu haben, der keine Angst hatte, eine Revolte gegen die tote Religion anzuführen und die Menschen wieder in eine innige Beziehung mit ihm zu bringen.

Liebe bringt Opfer

Das Wort Opfer löst normalerweise keine große Begeisterung bei uns aus, weil es bedeutet, dass wir etwas aufgeben müssen, das wir vielleicht lieber behalten würden. Ursprünglich bedeutet das Wort im Griechischen »Opferhandlung oder etwas, das geopfert wird«. Die Liebe besteht nicht auf ihrer Methode (1. Korinther 13,5). Oft verlangt die Liebe von uns, dass wir unsere Art, etwas zu tun, aufgeben.

Im Alten Testament bezog sich das Opfer auf Tiere, die für die Sünden des Volkes geopfert wurden. Aber im Neuen Testament bezieht es sich darauf, dass Christus sich selbst am Kreuz geopfert hat. Außerdem fordert das Neue Testament die Gläubigen auf, *eure Leiber darzustellen als ein lebendiges, heiliges, Gott wohlgefälliges Opfer, was euer vernünftiger Gottesdienst ist* (Römer 12,1).

Der Hauptgrund, weshalb wir in dieser Welt nicht so viel Liebe erleben, wie wir sollten, ist, dass die Menschen nicht bereit sind, Opfer zu bringen. Unsere natürliche Neigung ist es, etwas zu behalten, und nicht, es opferbereit zu verschenken. Wir schützen unsere Bequemlichkeit. Wir geben vielleicht etwas, wenn es gerade passt oder leichtfällt. Aber wenn ein Opfer gebracht werden muss, machen wir einen Rückzug. An wie vielen Ihrer Methoden hängen Sie, ohne sich jemals zu fragen: »Will Gott vielleicht, dass ich das anders mache?« Schließlich lehrt uns die Bibel, dass seine Wege höher sind als unsere (Jesaja 55,8).

Zum Glück können wir uns neue Gewohnheiten aneignen, einen opferbereiten Lebensstil leben und sogar Freude daran haben. Wenn wir daran denken, anderen etwas Gutes zu tun und großzügig sind, freut sich Gott über unsere Opfer, sagt die Bibel (Hebräer 13,16). Die Liebe muss geben, und Geben erfordert Opfer.

Wir alle haben eine bestimmte Art, Dinge zu tun, und wir denken meistens, dass unsere Art die richtige ist. Eines der ganz großen Probleme der Religion ist es, dass sie oft in veralteten Methoden verhaftet bleibt, die den Menschen nicht wirklich helfen. Aber sie weigert sich, etwas zu ändern. Sie weigert sich, ihre Methoden aufzugeben.

Eine Freundin erzählte mir kürzlich, das sie ihre Teenager-Töchter zwingt, jeden Sonntag mit ihr in die Kirche zu gehen. Aber sie langweilen sich dort nur und können es kaum erwarten, dass der Gottesdienst zu Ende ist. Sie gab zu, dass ihnen der Gottesdienstbesuch absolut nichts bringt. Vermutlich lieben die Mädchen Gott, aber können mit der Art des Gottesdienstes in dieser Gemeinde nichts anfangen. Sie gehören zu einer anderen Generation, die die Dinge anders macht. Traurigerweise wenden sich viele Kinder aus christlichen Elternhäusern, wenn sie älter werden, vom Glauben ab. Vielleicht stößt sie die Heuchelei ab oder die gesetzlichen Regeln. Oder sie langweilen sich zu Tode Kirche ist einfach nichts für sie. Sie wollten etwas Echtes, Kraftvolles, etwas, das Spaß macht und Abenteuer ist, und stattdessen bekamen sie eine lange Liste von Dingen, die sie nicht tun dürfen.

Tommy Barnett, der das Los Angeles Dream Center mit begründet hat, stellte fest, dass viele Jugendliche in dieser Gegend Skateboard fuhren. Als er hörte, dass ein berühmter Skateboardfahrer in die Gegend kam, um einen Film zu drehen und für die Dreharbeiten eine Halfpipe für 50 000 Dollar aufgestellt worden war, fragte er ganz mutig, ob die Kirche die Halfpipe haben könnte, wenn die Dreharbeiten beendet waren. Er bekam sie und sie wurde zum Dream Center verlegt. Jetzt bekommt jeder, der unter der Woche einen Gottesdienst besucht hat und es möchte, am Samstag eine kostenlose Eintrittskarte für die Halfpipe. Pastor Barnetts Bereitschaft, etwas ganz radikal Neues zu wagen, hat Tausende von Teenagern zum Skaten ins Dream Center gebracht, und viele davon finden zum Glauben. Pastor Barnett opferte alte Traditionen, die so etwas vielleicht nicht zugelassen hätten, um die Skater mit der Liebe Gottes zu erreichen. Er verstand ihre Wünsche und half ihnen, sie zu erfüllen. Wir dürfen nicht erwarten, dass junge Menschen – oder eigentlich alle Menschen – nur Bibel lesen und beten wollen. Die Menschen wollen lachen, Spaß haben und Abenteuer erleben, und sie sollten nicht überall anders hingehen müssen, um das zu finden.

Pastor Barnett erzählte, dass die Jugendlichen einschliefen, wenn sein zweihundert Mann starker Kirchenchor in den weißen Roben anfing »Du großer Gott« zu singen. Als ihn dann die Teenager fragten, ob sie am nächsten Sonntag einige von ihren Liedern singen durften, stimmte er zu. Als er sie am nächsten Sonntag hörte, merkte er, dass sie einen Rock-'n'-Roll-Song in ein geistliches Lied umgeschrieben hatten. Zuerst dachte er: *Oh nein, was habe ich da nur gemacht!* Aber als er ihnen weiter zuhörte, merkte er, dass Gottes Segen auf der Musik lag. Es ist erstaunlich, welche Dinge Gott gebrauchen kann, die wir ablehnen würden. Gott sieht das Herz dahinter.

Ich glaube, wir müssen lernen, dass nur die Botschaft des Evangeliums selbst heilig ist, nicht aber die Methoden, mit denen wir sie präsentieren. Wenn wir das nicht begreifen, laufen wir Gefahr, dass wir für die jetzige Generation bedeutungslos werden und sie verlieren. Sie müssen unbedingt von der Liebe Gottes hören, und dazu müssen wir vielleicht unsere Methoden opfern.

Haben wir mit unseren Veränderungen bei den Konferenzen das geopfert, was die Anwesenden wollten, um neue Menschen zu erreichen? War das unfair gegenüber denen, die uns lange treu geblieben waren? Ich glaube nicht. Diejenigen, die geistlich reifer sind, sollten bereit sein, Opfer zu bringen, damit andere zum Glauben finden. Als ich den Teilnehmern erklärte, warum diese Veränderungen notwendig waren, jubelten alle. Die Menschen wollen das Richtige tun; sie müssen nur die Gründe verstehen. Natürlich wird es immer Menschen geben, die sich Veränderungen widersetzen, und diese Menschen bleiben dann zurück. Sie bleiben auf der Stelle stehen, aber Gott geht voran, mit oder ohne sie.

Wenn wir sagen, dass wir eine Revolution der Liebe brauchen, bedeutet das radikale Veränderungen in der Art, wie wir das Leben angehen. Wir sollten Gott täglich fragen, was wir für ihn tun können, statt ihn nur zu bitten, dass er etwas für uns tut. Von jedem, der bei der Revolution der Liebe mitmacht, werden Opfer zugunsten anderer verlangt werden. Doch diese Opfer bringen auch viel Freude. Wir müssen den Blick weg von uns selbst auf andere richten. Wir müssen überlegen, was wir geben können, nicht was wir davon haben. Als Jesus mit seinen Jüngern unterwegs war, lehrte er sie alles über das Leben. Ich glaube, wir müssen von der Kanzel Predigten über das tägliche Leben hören, die Gott gefallen, statt Predigten über Lehrfragen. Wir müssen dafür sorgen, dass unsere Predigten für alle Altersgruppen relevant sind.

Sind Sie schon lange Christ, aber Gottes Liebe ist immer noch in Ihnen gefangen? Dann ist es Zeit, sie mutig herauszulassen. Wir sollen Kanäle sein, durch die Gottes Liebe zu den Menschen fließen kann, keine Rückhaltebecken. Stellen Sie sich täglich Gott zur Verfügung. Ich fordere Sie heraus, jeden Tag dieses Gebet zu sprechen: »Gott, zeige mir, was ich heute für dich tun kann.«

Gott will, dass wir uns ihm täglich als lebendiges Opfer darbringen (Römer 12,1). Er will, dass wir ihm alle unsere Fähigkeiten und Mittel zur Verfügung stellen. Eine Revolution der Liebe erfordert Opfer an Zeit, Kraft, Geld, Methoden und vielem anderen. Aber ohne Liebe zu leben hieße, das Leben zu opfern, für das Jesus gestorben ist.

Raus aus der religiösen Routine

Sind Sie bereit, Ihre religiöse Routine hinter sich zu lassen und sich auf echte Menschen mit echten Problemen einzulassen? Der Schlüssel zum Glück liegt nicht darin, geliebt zu werden. Er liegt darin, jemanden zu haben, den man lieben kann. Wenn Sie glücklich werden wollen, dann suchen Sie jemanden, den Sie lieben können. Wenn Sie Gott zum Lächeln bringen wollen, dann suchen Sie einen leidenden Menschen und helfen Sie ihm.

Ich bin dreißig Jahre lang in die Gemeinde gegangen, ohne je eine Predigt darüber zu hören, dass ich nach der Bibel die Aufgabe habe, mich um Witwen, Waisen, Arme und Unterdrückte zu kümmern. Als ich schließlich feststellte, wie oft es in der Bibel darum geht, anderen zu helfen, war ich schockiert. Ich hatte die meiste Zeit meines Lebens als Christ gedacht, dass es in der Bibel darum ginge, wie Gott mir hilft. Kein Wunder, dass ich unglücklich war.

Momentan bereite ich mich auf eine Afrikareise nach Äthiopien, Ruanda und Uganda vor. Ich weiß, dass ich dort Nöten begegnen werde, die größer sind als alles, was ich je gesehen habe. Doch ich bin bereit zu geben und freue mich darauf. Diese Reise ist ein Opfer an Zeit, Kraft, Bequemlichkeit und Geld, aber ich muss gehen. Ich muss mit Not leidenden Menschen in Berührung kommen. Ich muss Armut und Hunger hautnah erleben. So nah, dass ich es nie wieder vergessen werde, wenn ich wieder zu Hause bin.

Ich werde unterernährte Babys im Arm halten und den Schmerz auf den Gesichtern ihrer Mütter sehen, die hilflos zusehen müssen, wie ihre Kinder sterben. Aber ich werde einigen auch helfen. Vielleicht kann ich nicht allen helfen, aber ich werde tun, was ich kann, weil ich mich weigere, nichts zu tun! Wenn ich zurückkomme, werde ich den Freunden und Partnern unserer Arbeit aus erster Hand berichten, wie sie dazu beitragen können, diesen Menschen zu helfen.

Die Menschen wollen helfen, aber viele wissen einfach nicht wie. Sie brauchen jemanden, der das für sie organisiert. Haben Sie Leitungsfähigkeiten? Wenn ja, warum organisieren Sie dann nicht einen Einsatz unter den Armen in Ihrer Stadt? Oder Sie leiten etwas für sich und Ihre Freunde in die Wege, wie sie zur Mission unter den Armen dieser Welt etwas beitragen können. Eine Gruppe von Frauen, die entschlossen waren, etwas zu tun, gingen zu ihren Nachbarn und sammelten Trödel für einen großen Flohmarkt. Das Geld vom Verkauf spendeten sie für die Armen. Sie hatten damit so viel Erfolg, dass sie es immer wieder machten. Inzwischen haben sie einen richtigen Laden, der von ehrenamtlichen Helfern geführt wird. Alle Waren sind gespendet und das Geld aus dem Verkauf geht komplett in die Mission. Sie konnten in einem einzigen Jahr 65 000 Dollar spenden. (Die meisten der Frauen sind übrigens älter als sechzig Jahre. Ich bin so stolz, dass sie so etwas Kreatives und Wertvolles tun.

Sie haben beschlossen, dass ihre letzten Jahre die besten sein sollen.)

Seien Sie entschlossen, jemandem zu helfen. Seien Sie kreativ! Führen Sie eine Revolte gegen die eingefahrene religiöse Routine, regelmäßig in den Gottesdienst zu gehen, ohne wirklich jemandem zu helfen. Sitzen Sie nicht nur in Ihrer Kirchenbank und singen Sie Choräle. Machen Sie mit und helfen Sie Not leidenden Menschen. Denken Sie daran, was Jesus gesagt hat:

> *Denn mich hungerte, und ihr gabt mir nicht zu essen; mich dürstete, und ihr gabt mir nicht zu trinken; ich war Fremdling, und ihr nahmt mich nicht auf; nackt, und ihr bekleidetet mich nicht; krank und im Gefängnis, und ihr besuchtet mich nicht. Dann werden auch sie antworten und sagen: Herr, wann sahen wir dich hungrig oder durstig oder als Fremdling oder nackt oder krank oder im Gefängnis und haben dir nicht gedient? Dann wird er ihnen antworten und sagen: Wahrlich, ich sage euch, was ihr einem dieser Geringsten nicht getan habt, habt ihr auch mir nicht getan.*
> *Matthäus 25,42-45*

Unser Bekenntnis

Ich höre mit den Ausreden **auf** und
fange an, Mitgefühl zu zeigen.
Ich stehe auf gegen Ungerechtigkeit
und **verpflichte mich**, Gottes Liebe durch
einfache Taten weiterzugeben.
Ich weigere mich, untätig zu bleiben.
Dazu bin ich fest entschlossen.
ICH BIN DIE REVOLUTION DER LIEBE.

Anmerkungen

1. Was um alles in der Welt läuft nur schief?

1. »Help End Sex Trafficking!«, http://www.crisisaid.org/traffickstats.html.
2. »Hunger Facts: International«, http://www.bread.org/learn/hunger-basics/hunger-facts-international.html.

3. Das Gute geschieht nicht von alleine

1. »Forced to Flee: Uganda's Young Night Commuters«, http://www.theirc.org/where/page-28828228.html.
2. »Simple Statistics«, http://children.foreignpolicyblogs.com/2007/03/20/simple-statistics/.

6. Böses mit Gutem überwinden

1. »Widows in Third World Nations«, http://www.deathreference.com.
2. »Uganda, Ghana and Cote d'Ivoire – The Situation of Widows«, http://www.ifad.org/gender/learning/challenges/widows/55.htm.

7. Gerechtigkeit für die Unterdrückten

1. Prostitution is not a choice, it is a lack of choices«, http://www.spokesmanreview.com/blogs/vox/media/Feb07voxpage2.pdf.

2. »Prostitution is not a choice, it is a lack of choices«, http://www.spokesmanreview.com/blogs/vox/media/Feb07voxpage2.pdf.

8. Liebe schließt ein, nicht aus

1. Paul Scanlon, »Crossing Over: Facing the Challenge to Cross Over Into Your Promised Land«, Sovereign World, 2003.

9. Wertschätzung zeigen

1. George W. Crane, Dr. Crane's Radio Talks, Bd. 1, Mellot, Indiana, Hopkins Syndicate, Inc., 1978, S. 7.
2. ebd., S. 8–9.
3. ebd., S. 16.
4. Quelle unbekannt.
5. Dieses Zitat wird William Penn und Stephen Grellet zugeschrieben.

12. Bedingungslose Liebe

1. http://preventdisease.com/home/weeklywellness203.shtml.

14. So wird Liebe praktisch

1. Wahrig Deutsches Wörterbuch, Bertelsmann Lexikon-Verlag Reinhard Mohn, Gütersloh 1968

Joyce Meyer

Über die Autorin

Joyce Meyer ist eine der weltweit bekanntesten Bibellehrerinnen. Als Bestsellerautorin hat sie mehr als 80 wegweisende Bücher geschrieben, unter anderem „Das Schlachtfeld der Gedanken". Darüber hinaus hat sie Tausende von Lehrvorträgen auf CD und DVD herausgegeben. Joyce' Radio- und Fernsehprogramme *Enjoying Everyday Life* (*Das Leben genießen*) werden weltweit ausgestrahlt und Joyce bereist viele Länder, um dort Konferenzen abzuhalten. Sie und ihr Mann Dave haben vier erwachsene Kinder und leben in St. Louis, Missouri, USA.

Über Joyce Meyer Ministries (JMM)

Hilfe für Arme und Leidende

Joyce und Dave Meyers zentrales Anliegen ist es, armen und verletzen Menschen in der ganzen Welt zu helfen. Es geht darum, nicht nur zu reden, sondern auch konkret zu handeln. Darum bringt Joyce Meyer Ministries (JMM) humanitäre Hilfe in verschiedene Krisenregionen der Welt. Dies geschieht mit 15 internationalen Büros und in Zusammenarbeit mit über 35 weltweit tätigen Missionsgesellschaften.
Auf diese Weise werden über zehn Millionen Mahlzeiten pro Jahr in den Hungerregionen der Welt ausgegeben, über 45 Waisenheime in armen Ländern unterhalten, Dörfer mit sauberem Trinkwasser versorgt und Tausende von Gefängnisinsassen unterstützt. Außerdem gründet und fördert JMM Gemeinden in Ländern, wo Christen unter Verfolgung leiden, bietet medizinische Hilfe und hilft alten wie jungen Menschen in den „Ghettos" von Großstädten, wie mit dem Dream Center in St. Louis.

TV und Radio

Die *Enjoying Everyday Life* (*Das Leben genießen*) Sendungen in Radio und Fernsehen erreichen täglich Hunderttausende weltweit. Im September 1993 wurde das Programm wöchentlich auf zwei Kanälen ausgestrahlt. Heute kann *Enjoying Everyday Life* täglich und wöchentlich auf über 400 Kanälen, darunter mehrere große Kabel- und Satelliten-Stationen, weltweit empfangen werden und außerdem auf www.joyce-meyer.de rund um die Uhr. Das Programm wird mittlerweile auch in weitere Sprachen, unter anderem Deutsch, übersetzt und kann sogar in der arabischen Welt empfangen werden. So wird das Evangelium täglich weltweit verbreitet.

Konferenzen

Konferenzen quer durch die USA (bis zu 14 im Jahr) und auch im Ausland sind nach wie vor Joyce' Leidenschaft. Die Menschen kommen in Scharen, und Joyce predigt das Wort Gottes und gibt praktische Lebenshilfe in der ihr eigenen direkten und humorvollen Art. Gleichzeitig werden diese Konferenzen für Fernsehsendungen aufgezeichnet.

www.joyce-meyer.de

Treffen Sie JMM im Internet. Infos, Videos, Kontaktmöglichkeit, weitere Bücher, DVDs und CDs bestellen und vieles mehr.

Joyce Meyers persönliches Geschenk an Sie

Als Leser dieses Buches können Sie jetzt ein kostenloses Geschenk von Joyce Meyer erhalten. Einfach diesen Gutschein-Code [BK0409] mit Ihrer Anschrift versehen und an

Joyce Meyer Ministries
Postfach 76 10 01
D-22060 Hamburg

schicken, oder ins Internet gehen unter
www.joyce-meyer.de/geschenk

Dort Adresse und Gutschein-Code eingeben, abschicken. Das Geschenk wird vierteljährlich verschickt. Wir bitten deshalb um etwas Geduld.

Weitere Bücher von Joyce Meyer

Das Schlachtfeld der Gedanken
Gewinne die Schlacht in deinem Verstand
288 Seiten, Pb, Euro 17,- [D], 17,50 [A], sFr. 29,90,
ISBN 978-3-939627-00-5
Ein wahrer Bestseller. Mit diesem Buch hat Joyce Meyer Millionen geholfen, ihre Gedankenwelt in göttliche Bahnen zu lenken. Gedanken von Sorgen, Furcht und Zweifel müssen nicht mehr ihr ungehindertes Spiel mit Ihnen treiben. Fangen Sie an darüber nachzudenken, worüber Sie nachdenken, und erneuern Sie Ihr Denken mit dem Wort Gottes. Ihr Leben wird sich drastisch positiv verändern. Die Wahrheit macht frei.

Süchtig nach Anerkennung
Hör auf, allen gefallen zu wollen
304 Seiten, Pb, Euro 16,- [D], 16,50 [A], sFr. 28,-,
ISBN 978-3-939627-01-2
Ist es Ihnen wichtiger, was andere über Sie denken, als was Gott über Sie denkt?
Fühlen Sie sich unsicher in Ihren Entscheidungen?
Brauchen Sie ständig Bestätigung von anderen für das, was Sie tun? Dann sind Sie höchstwahrscheinlich süchtig nach Anerkennung. Joyce Meyer zeigt einen Weg auf, sich selbst zu finden, zu akzeptieren, wer man ist und sich auf Gott zu verlassen. Die Botschaft ist, dass Gott uns alle Anerkennung gibt, die wir brauchen.

Der richtige Start in den Tag
Andachten für jeden Morgen
390 Seiten, Hardcover, Euro 15,- [D], 15,50 [A], sFr. 26,50,
ISBN 978-3-939627-02-9
Ein neuer Tag – Was gibt's Neues? – Gottes Gnade ist jeden Morgen neu. Finden Sie es heraus. In kurzen, knackigen Andachten gibt Joyce Meyer einen Gedankenanstoß pro Tag mit einem passenden Bibelvers und seiner praktischen Umsetzung im Alltag. Herausfordernd, humorvoll, anregend.

Die geheime Kraft von Gottes Wort in deinem Mund
200 Seiten, Hardcover, Euro 13,50 [D], 13,90 [A], sFr. 24,-,
ISBN 978-3-939627-03-6
Während ihres Lebens und Dienstes hat Joyce Meyer wiederholt die schöpferische Kraft erfahren, die im Aussprechen des Wortes Gottes liegt. In diesem Buch trägt sie die wichtigsten Verheißungen und Bekenntnisse aus der Bibel für verschiedenste Lebensumstände zusammen: Bekenntnisse für Eltern, Singles und Familien, und was die Bibel über Ärger, Sorge und gesellschaftliche Verantwortung sagt. „Gottes Wort in deinem Mund“ im Alltag angewandt wird Ihr Leben verändern.

Traum statt Trauma
Tipps für lebenslanges Eheglück
368 Seiten, Pb, Euro 17,- [D], 17,50 [A], sFr. 29,90,
ISBN 978-3-939627-04-3
„Unsere Ehen sollen ein Triumph und keine Tragödie sein,“ sagt Joyce Meyer, die selber mehr als 30 Jahre verheiratet ist. Gott bietet uns praktische Hilfe durch sein Wort, damit Ehen zu dem werden können, wozu er sie erdacht hat. Egal ob 30 Tage oder 30 Jahre verheiratet, ob noch Single, ob in einer Ehekrise oder einfach nur bemüht, die Ehe zu verbessern. In diesem Buch findet der Leser biblische Prinzipien und viele praktische Tipps zur „Traum-Ehe“.

Heilung für zerbrochene Herzen
Erlebe Wiederherstellung durch die Kraft des Wortes Gottes
96 Seiten, Pb, Euro 9,80 [D], 10,- [A], sFr. 17,90,
ISBN 978-3-939627-05-0
Gott hat einen wunderbaren Plan für unser Leben, aber oft fällt es uns schwer, dies zu glauben und zu erleben, weil uns Verletzungen aus der Vergangenheit plagen und uns gefangen halten. Dieses Buch gibt Antwort. Lernen Sie, wie Gott Sie sieht. Sie werden erleben, wie Seine Liebe Sie zur Ruhe bringt, Hoffnung für die Zukunft gibt und Ihr verwundetes Herz heilt.

Freu dich des Lebens auf dem Weg zum Ziel
224 Seiten, Pb,
Euro 13,80 [D], 14,20 [A], sFr. 24,60
ISBN 978-3-939627-06-7
Kennen Sie das? - „Wenn dieses und jenes endlich in meinem Leben eintritt, dann werde ich mich freuen." So hat wohl jeder schon mal gedacht. Joyce Meyer zeigt den biblischen Weg, wie man zu einer beständigen Freude findet, die einen unabhängig von Umständen und (un)erfüllten Wünschen das Leben genießen lässt.

Gottes Plan für dich
Entdecke die Möglichkeiten
132 Seiten, Hardcover,
Euro 18,- [D], 18,50 [A], sFr. 31,60
ISBN 978-3-939627-07-4
Viele Menschen erleben kein erfülltes Leben, weil sie sich ständig vergleichen und versuchen, jemand anderes zu sein. Ihnen ruft Joyce Meyer zu: Sei du selbst! Entwickle dein Potenzial! Mit einem Schlüssel-Gedanken pro Seite untermauert mit Wort Gottes führt dieses Buch den Leser durch Schritte wie Selbstannahme, Heilung und Vertrauen. Kurz wie ein Andachtsbuch mit tiefen Einsichten und erfrischend einfach für jeden Tag.

Schlüssel zum außergewöhnlichen Leben -
Verwandle dein Leben mit der Frucht des Geistes
256 Seiten, Pb,
Euro 13,50 [D], 13,90 [A], sFr. 24,-
ISBN 978-3-939627-08-1
Gott möchte, dass Liebe, Freude und Frieden in unserem Leben wachsen, ebenso Geduld, Sanftmut und Güte, Treue, Demut und Selbstbeherrschung. Lernen Sie das Geheimnis von geistlichem Wachstum kennen. Und Sie werden sehen, wie Ihr Leben die Welt um Sie herum positiv beeinflussen wird.

Gut aussehen. Gut fühlen
12 Schlüssel für ein gesundes, erfülltes Leben
256 Seiten, Pb,
Euro 14,50 [D], 14,90 [A], sFr. 25,70
ISBN 978-3-939627-09-8
New York Times Bestseller
Sie sind unendlich wertvoll für Gott! Dennoch haben viele Menschen ein niedriges Selbstwertgefühl und gehen auch entsprechend nachlässig mit ihrem Körper um. Joyce Meyers 12-Punkte-Plan führt Sie durch überraschende biblische Erkenntnisse sowie praktische Tipps für einen gesunden, entspannten Lebensstil, damit Sie sich gut fühlen und obendrein noch gut aussehen.

Jetzt mal Klartext
Gefühlskämpfe überwinden durch die Kraft des Wortes Gottes
424 Seiten, Hardcover,
Euro 19,- [D], 19,60 [A], sFr. 33,20
ISBN 978-3-939627-10-4
Joyce Meyer sagt Angst, Einsamkeit und Sorgen den Kampf an. Niemand muss sich durch negative Gefühle klein kriegen lassen. In *Jetzt mal Klartext* liefert Joyce erfrischende, lebensverändernde Einsichten mit Geschichten aus ihrem persönlichen Leben, praktischen Ratschlägen, alles untermauert mit Bibelstellen.

Ein völlig neues Leben
Wie man Christus annimmt und was das bedeutet
80 Seiten, Pb,
Euro 5,- [D], 5,10 [A], sFr. 9,30
ISBN 978-3-939627-13-5
Das Leben ist voller Entscheidungen. Aber es gibt eine Entscheidung, die wichtiger als alle anderen ist. Ob Sie Jesus Christus als Herrn annehmen oder nicht, ist die Entscheidung, von der alles andere im Leben abhängt, einschließlich die Frage, wo Sie die Ewigkeit verbringen werden. Dieses Buch ist ein Muss für ganz neue Christen und solche, die es werden wollen. Auch gut zum Verschenken geeignet.

Frauen, die vertrauen
Mit Mut und Zuversicht das Leben gewinnen
304 Seiten, Pb,
Euro 16,- [D], 16,50 [A], sFr. 28,-
ISBN 978-3-939627-14-2
In unserer heutigen Gesellschaft wimmelt es von unsicheren Menschen. Dieses Problem wirkt sich schlecht auf Beziehungen aus und ist mit ein Grund für Scheidungen. Im Laufe Ihres Lebens hat Joyce Meyer viel über echtes Vertrauen gelernt. In diesem Buch teilt sie Ihre Erkenntnisse Frauen mit und ermutigt sie, alles zu werden, wozu Gott sie geschaffen hat. Sein Ziel ist, dass Sie kühn und mutig und voller Vertrauen sind, respektiert, bewundert, umsorgt und vor allem geliebt werden.

Das Schlachtfeld der Gedanken für Teens
176 Seiten, Pb,
Euro 8,50 [D], 8,70 [A], sFr. 15,60
ISBN 978-3-939627-15-9
Mal ehrlich: Das Leben als Teenager kann ein ständiger Kampf sein. Aber der wichtigste Kampf, dem du dich stellen musst, ist nicht der auf dem Schulhof, im Internet-Chat, auf einer Party oder im Wohnzimmer deiner Familie. Der allerwichtigste Kampf um dein Heute und deine Zukunft wird in deinen Gedanken ausgetragen. Anhand von Umfragen unter Jugendlichen und biblisch fundierten Recherchen liefert Joyce Meyer dir die Munition, damit du die Schlacht hoch gewinnst.

Nur durch die Gnade Gottes
Lernen Sie zu leben – unabhängig von Kämpfen und Enttäuschungen!
200 Seiten, Pb,
Euro 13,80 [D], 14,20 [A], sFr. 25,80
ISBN 978-3-939627-16-6
Viele Christen verstehen, dass sie nur aus Gnade errettet werden, versuchen dann aber, das Christsein aus eigener Anstrengung zu leben. Jetzt ist Schluss mit dem Frust. Lesen Sie in dieser deutschen Neuauflage, wie die Gnade Gottes Ihr gesamtes Leben zu Erfolg und Entspannung führen will. Entdecken Sie den Unterschied zwischen Gnade und Glauben und lernen Sie, so zu werden, wie Gott Sie sieht.

Schönheit statt Asche
Empfange Heilung für deine Gefühle
288 Seiten, Pb,
Euro 11,- [D], 11,40 [A], sFr. 20,50
ISBN 978-3-939627-17-3
Viele Menschen erwecken äußerlich den Eindruck, als wäre alles in bester Ordnung. In ihrem Inneren aber sind sie ein Wrack. Ihre Vergangenheit hat sie zerbrochen, erschüttert und verletzt. Joyce Meyer, die als Kind körperlich, emotional und sexuell missbraucht wurde, berichtet in diesem Mut machenden Buch, wie Jesus ihr Leben wiederherstellte.

100 Dinge, die das Leben leichter machen
216 Seiten, Hardcover,
Euro 13,80 [D], 14,20 [A], sFr. 25,80
ISBN 978-3-939627-19-7
Viele Menschen empfinden ihr Leben als kompliziert und sind deshalb frustriert, verwirrt, gestresst und erschöpft. Doch vielleicht wird es erst anstrengend durch die Art, wie wir es anpacken? Joyce Meyer erklärt, wie man Stressfaktoren reduzieren oder beseitigen kann, die ansonsten unseren Tagesablauf verkomplizieren, vollstopfen und verhindern, dass wir unser Leben wirklich genießen.

Wie man Gottes Reden hört
Erkennen Sie Gottes Stimme und treffen Sie die richtigen Entscheidungen
280 Seiten, Pb,
Euro 12,- [D], 12,40 [A], sFr. 21,80
ISBN 978-3-939627-18-0
Gott möchte Sie bei allem, was Sie tun, leiten: ob bei schwerwiegenden Fragen des Lebens oder bei kleinen Herausforderungen des Alltags. Er will Sie auch seine Absichten für Ihr Leben wissen lassen. Lebensnah erklärt Joyce Meyer welche Wege Gott wählt, um zu Ihnen zu sprechen. Gott redet gerne mit Ihnen. Und wenn Sie zuhören, werden Sie ihn hören.

Schreiben Sie uns!

Was hat Ihnen dieses Buch konkret gebracht? Haben Sie Anregungen? Möchten Sie Joyce Meyer Ministries etwas mitteilen? Dann schreiben Sie uns.

Joyce Meyer Ministries
Postfach 76 10 01
D-22060 Hamburg